LAS SIETE
FIESTAS
de JEHOVÁ

Un estudio basado en Levítico 23

Eduardo Cartea Millos

Editorial CLIE
www.clie.es

EDITORIAL CLIE
C/ Ferrocarril, 8
08232 VILADECAVALLS
(Barcelona) ESPAÑA
E-mail: clie@clie.es
http://www.clie.es

Las siete fiestas de Jehová
ISBN: 978-84-17620-40-0
Depósito Legal: B 8864-2020
Estudios bíblicos
Antiguo Testamento
Referencia: 225122

Acerca del autor

EDUARDO CARTEA MILLOS, Licenciado en Teología, es uno de los pastores y enseñadores en su iglesia y las iglesias en Argentina. Profesor del Instituto de Educación Superior Juan A. Comenio, del Instituto de capacitación misionera CeCaBiM; asimismo Profesor y director del Instituto Bíblico Jorge Müller, y responsable, junto a otros escritores del Tratado de Estudios Bíblicos y Teológicos en cuatro tomos del IBJM. Ha ejercido por años un ministerio musical como organista y director de coro. Es escritor de varios libros, entre ellos, "Que nadie tome tu corona", un estudio sobre el Tribunal de Cristo. Está casado con Mª Ligia Pérez y tienen un hijo, Mariano Sebastián, casado con Gianinna Vallejo, todos radicados en Buenos Aires, Argentina.

ÍNDICE

Las citas bíblicas, salvo indicación contraria, son extraídas de la versión RV 1960.

En algunas referencias al pie faltan datos editoriales, títulos y ubicación de las fuentes consultadas. En unos casos, por ser libros que no contienen todos los datos y, en otros, por no contar el autor con ellas. Pedimos disculpas por ello, pero damos fe de su autenticidad.

PRÓLOGO

Nuevamente, Eduardo Cartea Millos vuelca su muy amplio y reconocido conocimiento de las Escrituras en este trabajo que lleva el título de *"Las siete fiestas de Jehová"*.

Este libro nos conduce por sendas poco transitadas. Invita al lector a bajar el ritmo de su paso normal y a veces detenerse, asombrarse y aun emocionarse al considerar la belleza que las rodea.

La consideración de este tema del Antiguo Testamento se asemeja a encontrar un tesoro cubierto de polvillo, poder quitarlo y verlo brillar como en su estado original.

Vivimos en un mundo donde lo más valioso es lo más nuevo, lo más vistoso, lo más rápido, lo más potente. No es así, o no debe ser así con las Escrituras. Lo antiguo tiene mucho valor. Romanos 15.4 justifica el estudio y la enseñanza del Antiguo Testamento como se aprecia en este libro, pues tiene mucha relevancia en la vida cotidiana del creyente en la actualidad: *"Porque las cosas que se escribieron antes, para nuestra enseñanza se escribieron, a fin de que por la paciencia y la consolación de las Escrituras tengamos esperanza"*.

Una frase del autor resume el estudio de Las siete fiestas de Jehová de esta manera: "Aunque no tengan valor de precepto para guardar, tienen un hondo mensaje espiritual para dejarnos, pues, *"toda la*

Escritura es inspirada por Dios y útil para enseñar, para redargüir, para corregir, para instruir... (2 Ti. 3:16).

En junio de 1836 el renombrado pastor escocés Robert Murray McChane, siendo un estudiante de veintidós años de edad, dijo a un amigo, también escocés: "Sería un estudiante mediocre el que limitara su vista a los campos fructíferos y las huertas bien regadas de la tierra cultivada. No podría tener un concepto completo del mundo si no ha estado sobre las rocas de nuestras montañas, o no ha visto los lugares desérticos; si no ha caminado por la cubierta de un barco en medio del vasto océano cuando no hay vista de la costa sobre el horizonte. De la misma manera, sería un estudiante mediocre de la Biblia, el que no quisiera conocer todo lo que Dios ha inspirado; el que no indagara en los capítulos más "desérticos" para recoger el bien para el que fueron escritos; el que no intentara entender todas las sangrientas batallas que en ella se registran, para descubrir que "del devorador salió comida y del fuerte salió dulzura".

Quizás el libro de Levítico sea clasificado por muchos como un libro "desértico". En reuniones donde he pedido la lectura de este libro, les he dicho a los presentes: "¡Lo van a encontrar en la parte limpia de sus Biblias!". Pero, ¡cuánta riqueza hay en él! Bueno, Eduardo nos conduce a descubrir esa riqueza y nos despierta el apetito para seguir descubriendo más aún.

Una de mis primeras experiencias después de ser bautizado a los trece años fue la de asistir a una serie de reuniones sobre el Tabernáculo. Huelga decir que lo disfruté mucho. Quedé atrapado por ese tema. Bueno, la misma sensación experimentará el adolescente, el joven y también el adulto al descubrir la riqueza del Antiguo Testamento que el autor presenta en "Las siete fiestas de Jehová".

El autor de la presente obra ha puesto en evidencia su don de exposición clara y concisa. La explicación de cada fiesta es el resultado de una investigación personal meticulosa y regada con oración. La bibliografía amplia enriquece su arduo trabajo. Por otra parte, encontré una transparencia loable en el método adoptado de colocar las obras citadas al pie de la página correspondiente. Resulta ser mucho más cómodo que una larga lista al final, que pocas veces se lee o se consulta.

Eduardo ha logrado de forma magistral que "Las siete fiestas de Jehová" no sea un libro técnico. Es expositivo, pero intercaladas prácticamente en cada página encontramos palabras prácticas de exhortación, de aliento o de consuelo. El lector podrá respirar lo eterno junto con lo necesario para la vida moderna actual.

Es evidente que el escritor no decidió escribir un libro por el solo hecho de hacerlo. En la lectura de "Las siete fiestas de Jehová" se percibe una preocupación santa por la condición personal y congregacional del pueblo de Dios. A través de ella, el autor nos toma de la mano para hacernos subir unos escalones en la santidad y madurez espiritual. El lector sentirá la necesidad de expresar —igual que el himnólogo— aquellas sentidas palabras: "Cerca, más cerca, ¡oh Dios de ti! Cerca yo quiero mi vida llevar".

Felicitamos, pues, a Eduardo Cartea Millos por esta obra que llega a cubrir una necesidad en el mundo de habla hispana. Sin lugar a dudas, este libro, escrito para esta generación, recompensará ampliamente su estudio también para sucesivas generaciones, pues, el contenido del mismo no caduca.

Jaime G. Burnett

Pastor, misionero, reconocido conferencista y escritor escocés, radicado en la ciudad de Panamá, provincia de Entre Ríos, Argentina.

INTRODUCCIÓN

Seguramente has contemplado muchas veces paisajes preciosos. También yo lo he hecho. Pero ¿no es cierto que algunos te han dejado extasiado? En mi caso, en este maravilloso país que es Argentina, las cataratas del Iguazú, el glaciar Perito Moreno, la incomparable belleza de los cerros jujeños de siete colores de Purmamarca, las imponentes alturas de la cordillera de los Andes, y tal vez un par más, son para mí paisajes supremos. Su contemplación me dejó pasmado y me hizo elevar himnos de alabanza al Creador. Así nos pasó junto a mi esposa más de una vez, y no hay forma de impedir que brote del corazón aquella antigua canción: *Cuán grande es El...*

Así también ocurre con la Biblia, ese libro fascinante, único, que contiene tesoros insondables que asombran a todo aquel que aborda sus páginas. Toda ella es maravillosa. Pero hay ciertos capítulos, ciertos fragmentos que son sublimes. Este libro trata de uno de ellos.

Cristo es el cumplimiento del eterno plan de Dios. En él Dios escogió a *los que habían de ser salvos* (Ef. 1.4; Hch. 13.48; 2.47); en él realizó la obra de la redención (2Co. 5.19); en él unió a judíos y gentiles en uno, reconciliando con Dios a ambos en un solo cuerpo, y *"haciendo la paz mediante la sangre de su cruz"* (Col. 1.20; Ef. 2.13-16); en él, la plenitud de la iglesia, cuando el último salvo sea agregado

(Ro. 11.25); en él, su recogimiento en las nubes, cuando venga a buscar a los suyos y sean con él glorificados (1Ts 4.14-18); en él, todos los juicios sobre hombres y ángeles (Jn. 5.22; Hch. 10.42); en él, la consumación de todas las cosas, cuando *"entregue el reino al Dios y Padre, cuando haya suprimido todo dominio, toda autoridad y potencia",* cuando *"el Hijo mismo se sujetará al que le sujetó a él todas las cosas, para que Dios sea todo en todos"* (1Co. 15.24, 28).

De modo que toda la Escritura, toda la revelación, todos los eternos propósitos de Dios tienen su cumplimiento en Cristo, en el hombre Jesús, en el Mesías, en el Señor y Rey. Bien lo expresa el Apóstol Pablo en Efesios 1.7-10: "En quien tenemos redención por su sangre, el perdón de pecados según las riquezas de su gracia, que hizo sobreabundar para con nosotros en toda sabiduría e inteligencia, dándonos a conocer el misterio de su voluntad, según su beneplácito, el cual se había propuesto en sí mismo, de reunir todas las cosas en Cristo, en la dispensación del cumplimiento de los tiempos, así las que están en los cielos, como las que están en la tierra".

Las verdades de Dios escritas en el Antiguo Testamento están muchas veces escondidas detrás de tipos, de figuras, de símbolos, cuya realización se explica conociendo la revelación del Nuevo Testamento. Indudablemente, nosotros somos bienaventurados por acceder a verdades a las cuales los santos de la antigüedad no podían. La revelación de Dios ha sido progresiva y nos ha tocado a nosotros, los santos del "nuevo pacto", recibir la Palabra de Dios en forma completa, que, por efecto de la iluminación del Espíritu Santo en nuestras mentes espirituales, nos llegan haciéndonos conocer los grandes misterios de Dios, las cosas profundas de Dios.

Así lo dice el Apóstol Pablo en 1 Corintios 2.7-13: "Mas hablamos sabiduría de Dios en misterio, la sabiduría oculta, la cual Dios predestinó antes de los siglos para nuestra gloria, la que ninguno de los príncipes de este siglo conoció; porque si la hubieran conocido, nunca hubieran crucificado al Señor de gloria. Antes bien, como está escrito: Cosas que ojo no vio, ni oído oyó, ni han subido en corazón de hombre (ninguna mente humana ha concebido), son las que Dios ha preparado para los que le aman. Pero Dios nos las reveló a nosotros por el Espíritu; porque el Espíritu todo lo escudriña, aun lo profundo de Dios. Porque ¿quién de los hombres sabe las cosas del hombre, sino el espíritu del hombre que está en él? Así tampoco nadie conoció las cosas de Dios, sino el Espíritu de Dios. Y nosotros no hemos recibido el espíritu del mundo, sino el Espíritu que proviene de Dios, para que sepamos lo que Dios nos ha concedido, lo cual también hablamos, no con palabras enseñadas por sabiduría humana, sino con las que enseña el Espíritu, acomodando lo espiritual a lo espiritual" ("interpretando verdades espirituales a mentes espirituales", o bien, "explicando cosas espirituales con palabras espirituales").

Así que los tipos o figuras del Antiguo Testamento tienen su concreción, su realidad, su "anti-tipo" en las verdades del Nuevo Testamento, muchas de ellas en la Persona de Cristo y en su Iglesia. Colosenses 2.17 dice: *"todo lo cual es sombra de lo que ha de venir, pero el cuerpo es de Cristo".* Hebreos 10.1 agrega: *"Porque la ley, teniendo la sombra de los bienes venideros, no la imagen misma de las cosas...".* El *cuerpo*, la realidad, cuya sombra es proyectada en el Antiguo Testamento anticipando tipológicamente lo que habría de venir, está en el Nuevo Testamento. Así pues, el Nuevo Testamento es la explicación y la aplicación del Antiguo.

Entendemos con sincero convencimiento que la Biblia ha de ser interpretada literalmente, siguiendo el método de hermenéutica literal, o histórico-gramatical, que proporciona una interpretación llana de las Escrituras, pero teniendo en cuenta, a su vez, las figuras del lenguaje que en ella se utilizan. Así que, dentro del marco de una sana hermenéutica, es necesario dar valor —entre otras figuras— a la rica tipología y simbología bíblicas.[1]

---

[1] El *tipo* es una figura de dicción y constituye una analogía ordenada por Dios para significar algo más elevado en el futuro, su *anti-tipo*. Es algo que se ve "como en un espejo, oscuramente", pero que tiene perfecta explicación de su significado en el anti-tipo que aparece en el futuro.

"En griego, *typos* (tipo) aparece catorce veces en el NT, y en algunas de ellas se destaca el sentido que estamos estudiando: Ro. 5.14; 1Co. 10.6, 11 (traducida como "figura" y "ejemplo", respectivamente). Los *tipos*, en general, tienen una conexión entre determinadas personas, acontecimientos, cosas, animales, instituciones, etc., del Antiguo Testamento con personas, hechos, cosas, etc. del Nuevo Testamento, cuyo tipismo y significado están provistos por Dios mismo y corresponden al desarrollo de la revelación progresiva y a la unidad esencial de la teología de las Escrituras. Los *símbolos* son seres u objetos que representan conceptos abstractos, invisibles,

Sin caer en la espiritualización del texto, es decir, en una caprichosa alegorización y misticismo, es necesario y muy provechoso descubrir en la Biblia su tipología, particularmente desplegada en el Antiguo Testamento pues, como dice E. Trenchard "la verdad encarnada en Cristo aún no se había manifestado", pues los tipos más prominentes son aquellos que tienen su realización en la Persona y la Obra de Jesucristo.

El estudio de los tipos bíblicos es una fuente de conocimiento doctrinal que maravilla al alma sensible a la Palabra de Dios. Dice Sir Robert Anderson:

"La tipología del Antiguo Testamento es el alfabeto del lenguaje en el cual el Nuevo Testamento está escrito; y, como muchos de nuestros grandes teólogos son admitidamente ignorantes acerca de la tipología, necesitamos no sorprendernos si ellos no son siempre los exponentes más saludables de las doctrinas".

Las grandes verdades de la Palabra no están en la superficie. Las perlas, las piedras preciosas o los tesoros tampoco lo están. Es necesario profundizar, penetrar en las entrañas de la roca, bucear en el océano insondable de la sabiduría divina expresada en la Revelación. ¡Y allí están! ¡Allí podemos encontrar esos tesoros! ¡Vale la pena hacerlo!

Lo importante es la lección que los tipos dejan y la profunda aplicación espiritual para la vida cristiana y la iglesia del Señor.

---

por alguna semejanza o correspondencia. Así, el perro es símbolo de fidelidad; la balanza, de justicia; el cetro, de autoridad; la bandera, de la patria; la rama de olivo, de la paz, etc." (J. M. Martínez, *Hermenéutica*, Clie, 1984, pág. 181). Existe una gran cercanía entre tipo y símbolo, a tal punto que a veces pueden confundirse uno con el otro. Podemos decir que todo símbolo es un tipo, ya que siempre es figura de algo o de alguien. La diferencia radica —dice J. M. Martínez— en que el tipo tiene su confirmación y frecuentemente su explicación en el Nuevo Testamento, requisito que no distingue necesariamente al símbolo.

El libro de Levítico

Es probable que este sea un libro muchas veces salteado al leer la Biblia. Tal vez porque es algo difícil de entender. O porque se puede pensar: ¿qué tiene para enseñarnos una serie de leyes ceremoniales y morales dadas a Israel hace tres mil quinientos años?

¿Quieres sorprenderte? Ora al Señor y comienza a leer este breve libro de la Palabra de Dios. Recuerda lo que dice el apóstol Pablo en 2 Timoteo 3.16: *"Toda la Escritura es inspirada por Dios, y útil para enseñar, para redargüir* —reprender— *para corregir, para instruir en justicia* —para mostrar cómo se debe vivir— *a fin de que el hombre de Dios sea perfecto* —maduro— *enteramente preparado para toda buena obra"*.

Levítico, el tercer libro del Pentateuco, cuyo título en español derivado de la Septuaginta o traducción al griego de las Escrituras significa "acerca de los levitas"[2], es una colección de instrucciones ceremoniales para el sacerdocio aarónico, proveniente de la tribu de Leví, y morales para todo el pueblo, que Dios dio a Moisés después de que Israel construyera el tabernáculo en el desierto (Éx. 40.17; Lv. 1.1). No solo fue escrito para que los sacerdotes supieran cómo debían celebrar el culto, sino para conocer el estado espiritual que ellos y el pueblo necesitaban para adorar a Dios.

Así que, el gran tema de Levítico es la santidad de Dios (Lv. 11.44). Por un lado, la provisión que Él hizo para que el pecador pueda tener acceso a Su presencia santa, y por otro, los requisitos que Su pueblo tiene para acercarse a Él, para tener comunión con Él, para adorarle en *"la hermosura de la santidad"* (Sal. 110.3).

Es un libro lleno de tipos y símbolos cuya aplicación espiritual está desplegada en las grandes verdades para la Iglesia del Señor en el Nuevo Testamento, donde existen de él unas noventa menciones. El sacerdocio, los sacrificios, el culto del santuario, etc., contienen

---

[2] En hebreo el libro se titula *"Vayikra"*, que significa "y Él llamó", y deriva de las primeras palabras del libro (cp. 1.1): *"Llamó Jehová a Moisés... "*.

profundas enseñanzas espirituales para el creyente, y su mejor comentario explicativo es la epístola a los Hebreos.

Antes de seguir adelante, permíteme un consejo: lee el libro de Levítico. Léelo con oración, pidiendo que el Señor abra tus ojos y te muestre las maravillas de su ley. Léelo con mente espiritual, tratando de aprender las lecciones que contiene, léelo a la luz del Nuevo Testamento. Léelo con un corazón dispuesto a obedecer los mandamientos del Señor. Tal vez, muchos de ellos pertenecen a la ley ceremonial para el Israel bíblico, pero su valor moral y espiritual, permanecen inalterables para la vida cristiana. Finalmente, léelo con deseos de que Dios te hable profundamente. Él lo hará y cada lección de este bendito fragmento de la Sagrada Escritura será para ti una fuente de bendición y progreso espiritual para conocer al Señor. Para amarle más. Para servirle mejor.

Los grandes capítulos de Levítico, del 1 al 7 —las leyes de los sacrificios— del 8 al 10 —la consagración y pureza de los sacerdotes—; el 16 —el día de la expiación— el 23 —las fiestas solemnes de Jehová— etc., son caudales de riquísima enseñanza que solo el creyente iluminado por el Espíritu Santo es capaz de comprender, pero que requieren al mismo tiempo humildad, interés y dedicación para apreciar lo que la mente del Soberano ha vertido a través de la pluma inspirada de su siervo Moisés.

Justamente el capítulo 23 es la base temática de este libro. Un capítulo que recorre el propósito divino "de eternidad a eternidad". Es el capítulo que trata sobre las fiestas de Jehová, el Señor. Y el contenido tipológico y alcance profético de cada una de ellas es tal, que comprende todo el proyecto de Dios, desde la designación del Cordero de Dios en el consejo trinitario, antes de la fundación del mundo —del universo— hasta la consumación de todas las cosas en su Reino milenial, preludio de su Reino eterno.

¡Un solo capítulo resume sus eternos designios! Un solo capítulo para permitirnos contemplar el pensamiento de esa Mente excelsa, a la cual, a pesar de nuestra abrumadora limitación, nos permite penetrar por la iluminación que el Espíritu Santo produce en nuestras mentes.

Un fascinante viaje por los siglos, contemplando la sabiduría y la gracia de Dios. No podemos por menos que decir con el apóstol Pablo en Romanos 11.33-36: *"¡Oh profundidad de las riquezas de la sabiduría y de la ciencia de Dios! ¡Cuán insondables son sus juicios, e inescrutables sus caminos! Porque ¿quién entendió la mente del Señor? ¿O quién fue su consejero?*

¿O quién le dio a él primero, para que le fuese recompensado?

Porque de él, y por él, y para él, son todas las cosas. A él sea la gloria por los siglos. Amén".

Oro al Señor para que pueda transmitir al lector el mismo entusiasmo que produjo —y sigue produciendo— en mí este tema, y del que, sinceramente, solo puedo extraer un puñado de verdades sublimes que llenan el alma de admiración, alabanza y adoración.

Permíteme dar unos agradecimientos:

- A María Ligia, mi incomparable esposa, sin cuya ayuda, sostén y estímulo cariñoso ningún aspecto del ministerio que el Señor, en su gracia, me permite desarrollar para su sola gloria sería posible.
- A mi querido hermano y amigo Jaime G. Burnett por las palabras tan amables con las cuales prologa esta obra, y cuyo ministerio y enseñanza siempre he admirado.
- A los queridos hermanos de la amada iglesia en Munro, Buenos Aires, donde el Señor me ha permitido congregar desde siempre, y ejercer el pastorado junto a otros hermanos, por el apoyo en oración que siempre recibo.
- Al Señor, por darme el privilegio de escribir humildemente algo sobre Su inmensa y asombrosa revelación.

CAPÍTULO 1

LAS FIESTAS

"Habla a los hijos de Israel y diles: Las fiestas solemnes de Jehová,
las cuales proclamaréis como santas convocaciones..."
Lv. 23.2.

¿Cómo nos imaginamos a Dios? Para muchos es un ser indolente, ajeno a la problemática de la humanidad. Para otros, es un ser adusto, que está siempre dispuesto a juzgar y castigar al hombre por sus pecados. Para otros, un anciano venerable y tolerante, que pasa por alto los errores, las maldades. Y así podríamos seguir discurriendo lo que es para la filosofía, la religión, ese Dios místico, mítico, lejano, implacable. Pero, ¿ese es el Dios de la Biblia? ¿Ese es el Dios que nos presenta la única fuente que nos habla la verdad sobre Su Persona? ¿Nos podemos imaginar un Dios feliz, dichoso, bondadoso, lleno de gracia y misericordia; de amor, porque es amor; de paz, porque es Dios de paz; de luz, porque habita en luz y es luz? ¿Podemos imaginar —y más que imaginar— aquellos que le conocemos como Padre, pensar en Dios como Aquel que es bendito, bienaventurado, feliz, en el sentido más amplio y profundo del término, y que busca la bendición y esa misma felicidad que el pecado se encargó de empañar, para aquellos que redimió, que salvó y que son suyos para siempre?

¡Ese es el Dios de la Biblia! ¡Ese es el Dios de Israel! ¡Ese es el Dios de los cristianos! ¡Ese es nuestro Dios personal!

El capítulo 23 del libro de Levítico —junto con otras Escrituras paralelas que analizaremos oportunamente— está dedicado íntegramente a presentar a este Dios, un Dios festivo que instituyó para Su pueblo un programa de celebraciones para que el gozo y la bendición fueran su permanente experiencia.

Es un capítulo extraordinario; sin duda, uno de los grandes capítulos de la Biblia. Contiene la enseñanza sobre varios eventos que afectaban las costumbres y la cultura de Israel, pero que cuando el lector se interna más en su contenido, puede ver a través de él un desarrollo profético que atraviesa el tiempo, y abarca de eternidad a eternidad, exhibiendo gloriosamente los propósitos de un Dios sabio, soberano e inefable.

Las *fiestas de Jehová*, o "en honor al Señor", no solo eran fechas, periodos del calendario anual hebreo, en las cuales se celebraban distintos acontecimientos que eran parte de la vida del pueblo de Dios, sino que, además, tienen un trasfondo espiritual profundo, una proyección histórico-profética y una tipología cristológica maravillosa.

Dios las instituyó para el pueblo de Israel por medio de Moisés mientras andaba por el desierto antes de llegar a la tierra prometida, cosa que Dios daba por hecho (Lv. 23.10). El orden de ellas y la ley de los sacrificios se mencionan una vez más en Números 28 y 29. Y en Éxodo 34 y Deuteronomio 16, Dios establece las tres principales fiestas anuales, en las cuales todo varón debía ir a presentarse a la casa de Dios.

¿Qué significado tenían para Israel las fiestas de Jehová? Cuando Dios las instituyó lo hizo para que su pueblo se gozara con sus bendiciones y recordara siempre con gratitud su misericordia, bondad y gracia para con ellos. Sin duda, eran un motivo de recuerdo permanente. Dios quería que Su pueblo tuviera siempre presente lo que había sido antes de que les libertara *"con mano fuerte y con brazo*

extendido" de su opresión y esclavitud; de cómo les había sosteni-
do, guardado, alimentado, guiado y aun disciplinado en el desierto y
cómo les había prometido vez tras vez la tierra a la cual les introdujo
finalmente. Por eso leemos repetidas veces la expresión "acuérdate",
"te acordarás" (Éx. 32.13; Nm. 15.40; Dt. 5.15; 7.18; 8.2, 18; 9.7, 27;
15.15; 16.3, 12; 24.9; 24.18, 22; 32.7).

Como ellos, también nosotros somos propensos a olvidar. Nuestra mente frágil se entretiene muchas veces con las circunstancias del
presente y olvida el pasado en el cual Dios intervino en nuestra vida,
librándonos del yugo de esclavitud y trasladándonos al reino de su
amado Hijo (Col. 1.13). ¡Cómo deberíamos tener siempre presentes
aquellas palabras sublimes del Salmo 103.2!: *"¡Bendice alma mía, a
Jehová, y no olvides ninguno de sus beneficios"*.

Levítico 23.1-3 presenta varias características de estas fiestas que
nos permiten apreciar su verdadera dimensión espiritual y que veremos en el capítulo 2 de este libro. Pero consideremos el nombre que
Dios les da. Son *las fiestas de Jehová* (v. 2).

La traducción podría ser también "festividades" o "festivales". El
carácter de ellas era festivo. Podían tener el propósito de hacerlos
sentir afligidos (Lv. 23.27) o de estar alegres (v. 40), pero siempre
significaban eventos para que el pueblo estuviera unido en gozosas
celebraciones en comunión unos con otros y con Dios.

La palabra *"fiesta solemne"* (heb. *mo'ed*) significa "una cita, un
tiempo señalado[1], un ciclo o año, una asamblea, un tiempo determinado, preciso"[2], y se aplica a todas las ocasiones festivas, entre las
cuales se incluyen los sábados.

Las citas de Dios

Dios siempre ha establecido citas (heb. *moadim)* con los hombres
para el cumplimiento de Sus soberanos propósitos (Gá. 4.2, 4, 5;

---

[1] La palabra "señales" en Gn. 1.14 es *mo'ed*.
[2] EDWARD CHUMNEY, *The Seven Festivals of the Messiah*.

Hch. 17.31). El pecado interrumpió aquella cita que Dios tenía con su criatura, cuando —como bellamente lo expresa Gn. 3.8— *"se paseaba en el huerto, al aire del día"*. Y hasta consumar su cita con Su pueblo al fin de los tiempos, cuando lo llamará a Su presencia para *"entrar por las puertas en la ciudad"* (Ap. 22.14) y estar para siempre con Él en gloria, su intención fue siempre estar en medio de Su pueblo. Así fue, teniendo estrecha comunión con sus siervos los patriarcas (Gn. 17.1; 18.17; Stg. 2.23); acompañándoles en su travesía por el desierto con la nube y la columna de fuego (Éx. 13.21,22; 14.19); morando en medio de ellos en la *Shekinah* —la nube de gloria— sobre el lugar Santísimo del Tabernáculo (Éx. 30.6; 40.34-38); y en el Templo (2Cr. 7.1-3); haciendo su "tienda" entre los hombres en la Persona de Su Hijo (Jn. 1.14); habitando en Su iglesia y en cada creyente (2Co. 6.16; Ef. 3.17); morando finalmente en medio de los suyos para siempre (Ap. 21.3).

Así que estas fiestas eran ocasiones en las cuales Dios se gozaba en medio de Su pueblo. Nos parece oír Su voz en el Salmo 50.5: *"Juntadme mis santos, los que han hecho conmigo pacto con sacrificio"*. O en Proverbios 8.31: *"Me regocijo en la parte habitable de su tierra; y mis delicias son con los hijos de los hombres"*.

El versículo 6 de Levítico 23 contiene otra palabra hebrea, también traducida como "fiesta solemne", pero con una connotación diferente. Es la palabra *hag*, o *chag*. Una vez más, Chumney nos dice: "La palabra hebrea *chag*, que significa "festival", se deriva de la raíz hebrea *chagag*, que, a su vez, encierra la idea de "moverse en círculos, marchar en una procesión sagrada, celebrar, danzar, celebrar una fiesta solemne"[3]. También incluye el concepto del gozo que reinaba en la mayoría de las fiestas. En Deuteronomio 16.15, dice: *"Estarás verdaderamente alegre"*. ¡Y era un mandamiento de Dios para Su pueblo! Y ¿cuál era la razón? *"Porque te habrá bendecido Jehová, tu Dios"*. Por cierto, *"la bendición de Dios es la que enriquece y no añade tristeza con ella"* (Pr. 10.22). La RVC traduce: "La bendición del Señor es un tesoro; nunca viene acompañada de tristeza".

---

[3] EDWARD CHUMNEY, *op. cit.*

Pero esta palabra solo se aplica a las tres fiestas en las cuales anualmente todo varón debía presentarse para adorar, es decir, la Pascua, Pentecostés y la de los Tabernáculos o las Cabañas (Dt. 16). Dios quería tener contacto con Su pueblo de forma permanente y reiterada año a año.

Cuando el pueblo asistía a las fiestas, cosa que debían hacer *"en sus tiempos"* (Lv. 23.1), es decir, "en las fechas señaladas para ellas", al menos tres veces al año, iban recitando lo que nuestras Biblias titulan como el "Cántico gradual" y que comprende quince salmos: del 120 al 134. Eran canciones entonadas por los peregrinos a medida que iban saliendo en procesión de sus aldeas; y atravesando montes y valles se decían uno al otro: *"Yo me alegré con los que me decían; a la casa de Jehová iremos"* (Sal. 122.1). Al fin, llegaban a Sión para celebrar las fiestas y al llegar, en un clima de gozosa festividad recitaban las palabras del salmo 133: *"Mirad cuán bueno y cuán delicioso es habitar los hermanos juntos en armonía... allí envía Jehová bendición y vida eterna"*.

Un Dios feliz

Decíamos que hay un concepto en la Escritura que muchas veces olvidamos: Dios es un Dios festivo. Esto no admite de ningún modo el menor atisbo de frivolidad. Dios es festivo porque es un Dios feliz. Puede parecer un concepto extraño, pero, a la luz de las Escrituras, podemos ver que es así.

El término bíblico para "feliz" es en el original griego la palabra *makários* (que corresponde a su equivalente hebreo *ashré*, u *ósher*, Gn. 30.13), y nada tiene que ver con el concepto superficial y pasajero con que el mundo entiende la felicidad, sino que significa *bienaventurado, dichoso, supremamente bendecido, bendito, feliz en sí mismo* y aun, *glorioso*.

Referido a Dios, *makários* aparece en el NT solo en dos versículos: 1 Timoteo 1.11 y 6.15; en el primero traducido como *"bendito"* y en el segundo como *"bienaventurado"*.

Esta última palabra —bienaventurado— se repite más de cincuenta veces en el Nuevo Testamento aplicada a los hombres, especialmente en los Evangelios Sinópticos (por ejemplo en Mateo 5 y 6; en Lucas 1.48). También en Santiago 5.11 y en Apocalipsis 1.3; 14.13; 16.15; 19.9; 20.6; 22.7, 14.

Pero "bienaventurado", aplicado a los hombres, es mucho más que ser "feliz" o ser "dichoso", sino que más bien tiene que ver con la vida de la persona que alcanza las bendiciones de Dios por mantener una relación correcta y obediente hacia Él[4]. Y esta relación es a través de la Persona de Jesucristo.

Pero Dios es el único que es eternamente y permanentemente dichoso en sí mismo. Dice S. Pérez Millos:

"Cuando se le califica de *bienaventurado* se está expresando que ninguna cosa le afecta en Su absoluta e infinita felicidad. A pesar de las circunstancias y rebeldía del hombre, del deterioro que el pecado ocasiona en la creación, nada altera o afecta la intimidad de Dios. Los hombres son bienaventurados cuando son escogidos por Dios (Sal. 65.4); cuando son justificados sin tener en cuenta sus obras (Ro. 4.6-9); los que obedecen la Palabra (Stg. 1.25). Dios, en cambio, no necesita nada que le haga bienaventurado porque lo es esencialmente, es decir, forma parte de Su misma naturaleza"[5].

Dios es la felicidad suprema, no en el concepto limitado, superficial, pasajero y aun carnal en el que comúnmente se utiliza ese término, sino en la esfera de comunión íntima, de santidad, luz y pureza. De modo que la felicidad verdadera es algo provisto por Dios, y recibido de parte de Dios.

El concepto de *makários* es interesante, pues es una de esas palabras a las cuales el cristianismo llenó de contenido, sublimando y dignificando su significado. En su origen se aplicaba a alguien grande,

---

[4] *New International Dictionary of Old Testament Theology and Exegesis* - Vol. I, citado por E. Carballosa, Mateo T. I., Ed. Portavoz, 2007, pg. 168.

[5] SAMUEL PÉREZ MILLOS, *Comentario Exegético al Texto Griego del NT, 1ª. y 2ª. Timoteo, Tito y Filemón*, CLIE, 2016, pg. 354.

materialmente próspero; así que era sinónimo de *rico*. Era aplicado a los dioses que adoraba Grecia, pero, justamente por ello, esa riqueza no era esencialmente moral. Poco a poco fueron incorporándose en su contenido los valores íntimos del hombre, las virtudes, el conocimiento, que, para los griegos, eran las bases de la felicidad humana, según la filosofía griega, para la cual era desconocido el concepto de *pecado*. Así que la *bienaventuranza*, llegó a significar "el alegre reconocimiento del hecho maravilloso de que una persona está en un estado de felicidad"[6].

En la Biblia, especialmente en el Nuevo Testamento, el término adquiere un valor más elevado, pues tiene que ver con la vida espiritual, no temporal.

Aunque el Salmo 32.1-2 expresa gozosamente que es bienaventurado el hombre *cuya transgresión ha sido perdonada y cubierto su pecado*, pues recibirá el favor de Dios (v. 3, 4, 10), en el Antiguo Testamento el concepto tiene que ver fundamentalmente con la posesión o, al menos, el estar alcanzado por la promesa de prosperidad en la familia, los bienes, el dinero, la honra, la sabiduría.

Dice M. R. Vincent[7]:

"En el Antiguo Testamento significa más la prosperidad material que en el Nuevo Testamento, donde generalmente ocurre enfatizando, como su principal elemento, un sentido de aprobación divina fundada en la justicia que descansa finalmente en el amor de Dios. Así que esta bienaventuranza tiene que ver con la bendición que proviene del evangelio y con la pureza de carácter".

Agrega Vincent:

"La palabra cristiana *bendecido* está llena de la luz del cielo".

---

[6] F. J. Pop, *Palabras Bíblicas y sus Significados*, Ed. Escatón, 1972, pg. 28.
[7] M. R. Vincent, *Word Studies in the New Testament - Vol. I*, Hendrickson Publish., pg. 35.

Y esto es así porque se goza en Dios aun en las tribulaciones, esperando alcanzar la corona de gloria. Así que, la bienaventuranza, la felicidad de los creyentes del Nuevo Testamento es fundamentalmente de carácter escatológico, y aunque en la vida presente sean pobres y perseguidos, les aguarda la bendición indescriptible de la casa de Dios en el cielo (cp. Mt. 5.3-6, 10).

El gozo, la alegría, son sentimientos que anidan en el corazón de Dios y que desea transmitir a los suyos. Dios no es un ser adusto, circunspecto, como lo presenta muchas veces la religión humana. Como alguien dijo: "Dios no es un aguafiestas". El Dios de la Biblia es un Dios afable, feliz, gozoso, alegre, festivo.

Dios se goza en su propia gloria: "Por amor mío, por amor mío, lo haré, porque ¿cómo podría ser profanado mi nombre? Mi gloria, pues, no la daré a otro." (Is. 48.11); se gozó contemplando su creación, viendo que todo era bueno en gran manera (Gn. 1.31); se goza bendiciendo a su pueblo: "Jehová volverá a gozarse sobre ti para bien..." (Dt. 30.9); se gozó viendo a su Hijo: "Este es mi Hijo amado, en quien tengo complacencia" (Mt. 3.17); se goza y se gozará estando en medio de los suyos: "Jehová está en medio de ti, él salvará; se gozará sobre ti con alegría, callará de amor, se regocijará sobre ti con cánticos" (Sof. 3. 17) [8].

Cristo, el reflejo del carácter de Dios

Pero el carácter de Dios no lo podemos ver mejor revelado que en la Persona de su Hijo, aquel que es *el resplandor de su gloria y la imagen misma de su sustancia* —la exacta representación de la esencia, de la naturaleza de Dios (Heb. 1.3). Por eso el Señor dijo a Felipe: *"El que me ha visto, ha visto al Padre".*

Jesús era un hombre festivo. De él decían: *"Este a los pecadores recibe y con ellos come" (Lc. 15.2).* Los hipócritas escribas y fariseos le preguntaron con malicia: *"¿Por qué los discípulos de Juan ayunan muchas*

---

[8] Justamente, la NVI traduce este versículo de esta manera: *"se alegrará por ti con cantos, como en los días de fiesta".*

veces y hacen oraciones, y asimismo los de los fariseos, pero los tuyos comen y beben?". A lo cual el Señor les respondió: *"¿Podéis acaso hacer que los que están de bodas ayunen, entre tanto que el esposo está con ellos?" (Lc. 5.33-34)*. Y agrega en Mt. 11.19: *"Vino el Hijo del Hombre, que come y bebe, y dicen: He aquí un hombre comilón y bebedor de vino, amigo de publicanos y de pecadores"*. Muchas veces vemos a Jesús en cenas, recepciones, bodas, banquetes. En Caná, en casa de Mateo, de Zaqueo, de Simón el leproso, en Betania, etc. Él no rehuía estar con aquellos que tenían motivos para celebrar. Los circunspectos religiosos de su tiempo, a quienes el Señor tildó de "sepulcros blanqueados", vivían la áspera superficialidad de una religión vacía de contenido y juzgaban con su mezquina mirada la vida abundante y gozosa de Aquel que dijo a la mujer en el brocal del pozo de Jacob: *"Si conocieras el don de Dios y quién es el que te pide de beber, tú le pedirías a él y él te daría agua viva"*, porque *"el que bebiere del agua que yo le daré no tendrá sed jamás; sino que el agua que yo le daré será en él una fuente que salte para vida eterna" (Jn. 4.10, 14)*. De Aquel que dijo en el último y gran día de la fiesta: *"Si alguno tiene sed, venga a mí y beba. El que cree en mí, como dice la Escritura, de su interior brotarán ríos de agua viva. Esto dijo del Espíritu que habían de recibir los que creyesen en él" (Jn. 7.37-39)*.

¿Qué es el gozo del Señor? Es fruto del Espíritu Santo, cuando Él tiene plenitud en la vida del creyente: *"El fruto del Espíritu es amor, gozo..." (Gá. 5.22)*; es la fuerza del cristiano que le vigoriza para la vida y la lucha espiritual: *"el gozo de Jehová es vuestra fuerza"* (Neh. 8.10); es la fuente de bendición que halla todo lo que necesita en el Señor, que es para él el motivo, el modelo y la meta: *"Regocijaos en el Señor siempre; otra vez os digo: ¡Regocijaos!"* (Fil. 4.4). Así que Dios, como dice el Salmo 147.11: *"se complace en los que le temen, y en los que esperan en su misericordia"*.

Es notable el capítulo más breve de la profecía de Isaías, el 12, por el gozo que trasunta. Es un verdadero himno de alabanza a Aquel que es la fuente de gozo y salvación del creyente:

"En aquel día dirás: Cantaré a ti, oh Jehová, pues aunque te enojaste contra mí, tu indignación se apartó, y me has consolado.

He aquí Dios es salvación mía; me aseguraré y no temeré; porque mi fortaleza y mi canción es JAH Jehová, quien ha sido salvación para mí.

Sacaréis con gozo aguas de las fuentes de la salvación. Y diréis en aquel día: Cantad a Jehová, aclamad su nombre, haced célebres en los pueblos sus obras, recordad que su nombre es engrandecido.

Cantad salmos a Jehová, porque ha hecho cosas magníficas; sea sabido esto por toda la tierra. Regocíjate y canta, oh moradora de Sion; porque grande es en medio de ti el Santo de Israel".

El gozo del creyente siempre es el fruto de la salvación, del perdón, de las magníficas obras que Dios ha hecho en su vida, y de la presencia santificadora del Señor por su Espíritu en su ser. Y esta es una experiencia gloriosa que no puede ocultarse, que brota como las aguas de un manantial de vida (Jn. 4.14; 7.37-39) y que se proyecta en bendición a otros.

Las fiestas instituidas por Dios para su pueblo no eran tiempos de melancolía y tristeza, salvo, lógicamente, el *día de la expiación*. Eran fiestas alegres, llenas del gozo del cielo, de la bendición derramada por Dios sobre los suyos. Cuando Israel oyó en tiempos de Nehemías las palabras de la ley, y entendieron y lloraron sus pecados, el siervo de Dios les dijo:

"Id y comed grosuras, y bebed vino dulce, y enviad porciones a los que no tienen nada preparado; porque día santo es a nuestro Señor; no os entristezcáis, porque el gozo de Jehová es vuestra fuerza... Y todo el pueblo se fue a comer y a beber y a obsequiar porciones, y a gozar de grande alegría" (Neh. 8.10-12).

El pecado trae tristeza y llanto. No es de extrañar ver a los cautivos en Babilonia colgar las arpas en los sauces, mientras los que les habían llevado les pedían alegría diciendo: *"Cantadnos algunos de los cánticos de Sión".* A lo que ellos respondían: *"¿Cómo cantaremos cántico de Jehová en tierra de extraños?"* (Sal. 137.3-4).

Pero la vida perdonada, vivida en comunión estrecha con Dios y plena en el Espíritu conduce a la alegría verdadera, espiritual, a la felicidad de Dios, del Dios bienaventurado, bendito, feliz. No extraña ver como resultado inmediato de la llenura del Espíritu en Efesios 5.18-20 lo que expresa el apóstol Pablo:

"Hablando entre vosotros con salmos, con himnos y cánticos espirituales, cantando y alabando al Señor en vuestros corazones, dando siempre gracias por todo al Dios y Padre...".

¿Cuándo canta el creyente? Santiago responde:

"¿Está alguno alegre? Cante alabanzas" (Stg. 5.13).

Siendo joven, tuve la oportunidad de visitar muchas veces a una anciana de nuestra congregación, Doña Julia; una hermana pequeña de estatura, pero grande en carácter y santidad, que llevó muchas almas a los pies de Cristo. Doña Julia vivía en una casita —si se la puede llamar así— o mejor dicho, en un pasillo cubierto que más parecía una casa de muñecas. Una pequeña cama, una pequeña mesa, un pequeño armario, una cocinita y una pequeña biblioteca con varios libros cristianos, muy gastados por el uso. Era muy pobre, de verdad. Pero nunca recuerdo haberla visto triste. Nunca quejosa. Nunca desagradecida a Su Señor. Leíamos la Biblia y orábamos juntos y siempre había en su conversación motivos de alegría y de gratitud a quien la había salvado y le sostenía en sus últimos años. Cantaba, testificaba, alentaba. ¡Una verdadera fuente de agua viva! Doña Julia vivía la *gracia de la vida;* ella *celebraba la fiesta.* Pronto la veré en el cielo, en las amplias moradas de Dios. Y estoy seguro que mantendrá fresca y para siempre aquella misma sonrisa gozosa...

Celebremos la fiesta

Sí; la vida cristiana debería ser una continua festividad sagrada. Pablo dice en 1 Corintios 5.8: *"Así que, celebremos la fiesta".* El apóstol no se refiere a que debemos celebrar nosotros también la Pascua judía. Tampoco se refiere exactamente a la celebración de la Cena del Señor, aunque esta es una explicación espiritual de lo que la Pascua era para Israel, a la cual alude el apóstol en el v. 7. Se refiere más bien a la vida gozosa que el creyente debería vivir sabiendo que es un hombre perdonado, libre en Cristo, viviendo ahora en obediencia a la voluntad de Dios. El tiempo del verbo *celebremos* indica permanencia: es una fiesta continua, permanente. No porque no haya motivos para tristeza, no porque se viva en un clima de frivolidad y continua diversión. Es celebrar la fiesta en sentido espiritual. En una vida gozosa, llena de confianza en las promesas de Dios. En una vida santificada, dedicada a Dios en una actitud de permanente sacrificio de adoración (Ro. 12.1).

Dice Gordon Fee[9]:

"Sobre la base de la crucifixión de Cristo, el pueblo de Dios debe mantener una fiesta continua de celebración del perdón de Dios mediante una vida santa".

Sabiamente también, agrega Ch. Swindoll[10]:

"Me parece trágico que personas religiosas que matan la alegría, tengan un éxito tan grande en arrebatar la libertad y el gozo de la fe. La gente necesita conocer que la vida cristiana es algo más que entrecejos fruncidos, dedos acusadores y expectativas utópicas. Ya hemos sido acosados por demasiado tiempo. Es hora de que demos lugar al despertar de la gracia".

Agrega A. C. Thiselton que "parece ser una referencia al sacrificio diario de nuestra vida"[11].

Que el Señor nos ayude y el Espíritu Santo nos llene de tal modo que podamos, personal y congregacionalmente, alcanzar y vivir este gran concepto:

¡ Celebremos las fiestas de Jehová!

---

[9] GORDON FEE, *Primera Epístola a los Corintios,* Ed. Nueva Creación, 1994, pg. 248.
[10] CH. R. SWINDOLL, *El Despertar de la Gracia,* Ed. Bethania, 1995, pg. 11.
[11] A. C. THISELTON, *The First Epistle to the Corinthians,* NIGTC, Grand Rapids MI, Eerdmans, Carlisle, Paternoster, 2000, pg. 406.

CAPÍTULO 2

EL MENSAJE DE LAS FIESTAS

"Estas son las fiestas solemnes de Jehová, las convocaciones
santas, a las cuales convocaréis en sus tiempos"
Lv. 23.4.

Las fiestas solemnes del Señor eran siete, a la que se les agregaba el sábado. El capítulo 23 del libro de Levítico nos las presenta en el orden en que las consideraremos: el Sábado, que era una fiesta semanal y luego las siete fiestas anuales: la Pascua, los Panes sin levadura, las Primicias, las Semanas (Pentecostés), las Trompetas, el día de la Expiación (o del Perdón) y la de los Tabernáculos (o cabañas). Algunas características de estas fiestas anuales: Eran siete. Además del sábado —que era una fiesta semanal— las celebraciones anuales eran siete. Aunque en Éxodo 23.14 dice: *"Tres veces en el año me celebraréis fiesta"*, se trata de las tres veces en que, dentro de sus posibilidades, todo israelita —estuviera en Israel o en el extranjero (cp. Hch. 2.5-11)[1]— debía asistir a Jerusalén a celebrar las fiestas del Señor (Dt. 16.16). De todos modos, las fiestas se celebraban:

---

[1] El término "moraban" del v. 5, en la RVR significa "estaban de visita", "estaban de paso".

- En el mes primero: Pascua, día 14; Panes sin levadura, días 15 al 22 y desde ese día, las Primicias.
- En el mes tercero: Pentecostés.
- En el mes séptimo: Trompetas, día 1; de la Expiación, día 10 y Tabernáculos, día 15.

Observamos que en torno a las festividades de Israel hay una serie de "sietes" muy notable, de modo que deben tener, sin duda, un significado singular.

Notemos: se contaban siete semanas desde el comienzo del año eclesiástico y se celebraba la fiesta de *Pentecostés*. El mes séptimo era el mes más sagrado, comenzando con la Fiesta de las Trompetas y concluyendo con la de los Tabernáculos. Cada año séptimo era llamado *"año sabático"* y después de siete series de siete años, se llegaba al año del *Jubileo*. Por otra parte, durante el año había siete días que eran los más festivos, y en los cuales no estaba permitido realizar *"ninguna obra de siervos"*[2]

Indudablemente, el *siete* es un número prominente en las Escrituras, y es el que más se menciona.[3] *Siete* es el número de la perfección espiritual.

El significado del término *siete* —heb. *Shevah*— proviene de una raíz hebrea —*savah*— que significa "estar satisfecho, tener algo de forma suficiente". Así que está asociado a la idea de consumación, cumplimiento y perfección. El siete, pues, encierra la idea de algo completo, perfecto, pleno. Como en los colores, como en la música, por ejemplo. Pero, sobre todo, puede verse claramente en el hecho de que en el séptimo día Dios descansó de la obra de la creación. Esto se verá más claramente cuando estudiemos el sábado. Dios descansó porque quedó satisfecho de su obra. Génesis 1.31: *"Y vio Dios todo lo que había hecho, y he aquí que era bueno en gran manera"*.

---

[2] Ellos eran: el primero y el séptimo día de la Fiesta de los Panes sin levadura, el Día de Pentecostés, el Día de Año Nuevo, el Día de la Expiación, y los primero y octavo días de la Fiesta de los Tabernáculos.

[3] Según E. W. BULLINGER, "siete" se menciona 287 veces en la Biblia, o sea 7 x 41. *Cómo entender y explicar los números de la Biblia*, CLIE, 1990, pg.174.

Es notable que la semana de siete días es observada universal-mente e históricamente en todas las naciones y en todo tiempo. A través de toda la Sagrada Escritura, maravillosamente se puede ver el número *siete* repetido en innumerables tipos y símbolos, nombres, títulos, milagros, doxologías, etc.[4]

De este concepto deriva el término hebreo *shavath*, que significa cesar, reposar, estar satisfecho, y de este tenemos *Shabbath* o *Sabbath*, es decir, *sábado* o *día de reposo, de descanso*.

Dentro de este panorama de fiestas anuales, dice A. Edershe:[5]

"Se pueden distinguir dos o hasta tres ciclos festivos. El primero comenzaría con el sacrificio de la Pascua y terminaría en el día de Pentecostés, para perpetuar la memoria del llamamiento de Israel y de la vida en el desierto; el otro, que ocurre en el mes séptimo (de reposo), señalando la posesión por parte de Israel de la tierra y su homenaje reconocido a Jehová. Puede que deba distinguirse el Día de la Expiación de estos dos ciclos, como intermedio entre ambos, pero poseyendo un carácter peculiar, tal como lo llama la Escritura: "un Sabbath de Sabatismo", en el que no solo estaba prohibido hacer "obra servil", sino que, como el sábado semanal, estaba prohibido el trabajo de todo tipo".[6]

Las fiestas, esencialmente, eran "sabáticas" en su carácter. La ex-clusividad de esos días se demuestra por los enfáticos términos he-breos con que se señalan: *sabbath sabbathon*. Equivale a decir: un

---

[4] Recomendamos la lectura del libro citado de E. W. Bullinger.

[5] A. EDERSHEIM, *El Templo, su Ministerio y Servicios en Tiempos de Cristo*, CLIE, 1990, pg. 214.

[6] "El patrón de separar el séptimo día para descansar también se observa en Su mandato de no cultivar ni trabajar la tierra cada séptimo año, llamado en hebreo "*shmitá*", o año sabático (Éx. 23.10-11; Lev. 25.3-22). Luego, el año del jubileo cada cincuenta años tiene el propósito de dejar descansar la tierra otro año más. De esa forma, se cultiva la tierra en siete ciclos de seis años cada uno, descansando cada séptimo, y entonces también descansa el quincuagésimo (50º.) año. Dios prometió proveer a Su pueblo gran abundancia durante el año anterior al "*shmitá*" y Jubileo, para que su alimento dure los dos años posteriores hasta que puedan nuevamente recoger el producto de la tierra" (2005 CasaIsrael.com, traducido por Teri S. Riddering).

"sábado de sabatismo", o, un "sábado de solemne descanso". No se permitía absolutamente ningún trabajo.

La santidad de este concepto responde a dos razones:

- Eran un recuerdo del descanso de Dios. Cuando Dios hizo al hombre, como cumbre de su actividad creadora, descansó (Gn. 2.2, 3). El pecado interrumpió ese descanso "sabático". La creación fue sujeta a vanidad (Gn. 3.17, 28; Ro. 8.20). Dice S. H. Kellogg[7]:

> "En ese estado de cosas, el Dios de amor no pudo descansar y se vio envuelto en el trabajo de una nueva creación que tenía por objeto la completa restauración del hombre y la naturaleza, recordando que el estado de reposo de todas las cosas en la tierra se había quebrado por el pecado. Ello significó que el sábado semanal no solo miraba hacia el pasado, sino también hacia el futuro; y hablaba no solo del descanso que proporcionaba, sino también del gran descanso del futuro, a ser provisto a través de la promesa de redención".

- Justamente, la segunda razón incluía un concepto de redención, como se ve claramente en Éxodo 31.13. Era una señal a través de las generaciones futuras de que Jehová, el Señor, había santificado para sí a aquel pueblo, a través del cual extendería su salvación a todas las naciones. También se lee en Deuteronomio 5.15, donde dice: *"Acuérdate que fuiste siervo en tierra de Egipto, y que Jehová tu Dios te sacó de allá con mano fuerte y brazo extendido; por lo cual Jehová tu Dios te ha mandado que guardes el día de reposo".*

El librarles de la esclavitud de Egipto fue para aquel pueblo un verdadero descanso. Así como para aquellos que somos de Cristo, su redención y liberación del yugo del pecado y Satanás significa un verdadero descanso (Mt. 11.28-30).

Como ya comentamos arriba, aunque son siete las fiestas,[8] en Deuteronomio 16 encontramos detallada la ordenanza divina tocante

---

[7] S. H. KELLOGG, *Studies in Leviticus,* Kregel Publications 1988, pg. 464.

[8] En 1 Reyes 12.32, 33 Jeroboam I, rey de Israel instituye una fiesta en el mes octavo. Nada tenía que ver con el programa que Dios había establecido, que concluía en el mes séptimo. Era una fiesta pagana que "él había inventado de su propio corazón".

a las tres grandes fiestas anuales a las cuales debían concurrir todos los varones al lugar donde Dios era adorado. Estas son: la Pascua y los panes sin levadura (las dos eran consideradas como una sola), la de Pentecostés y la de los Tabernáculos. Dice G. A.[9]: "La Pascua recordaba la aflicción de Egipto; Pentecostés preanunciaba el gozo compartido con los gentiles (los dos panes); y los Tabernáculos, el gozo completo: "estarás ciertamente alegre". Y agrega, como aplicación espiritual: "El israelita como el cristiano ahora, no se presentaba ante Dios para adquirir una bendición o un mérito, sino para dar gracias, según la bendición recibida".

La vigencia de congregarse

Dice J. Burnett[10]:

"En realidad eran meses en que estaban muy ocupados en sus tierras, pero era necesario ser obedientes primero a los reclamos de Dios. Sus planes anuales, y también de forma perpetua sus vidas enteras giraban alrededor de los compromisos con Dios y su casa. Estos compromisos establecieron sus prioridades y la mayordomía de su tiempo y sus bienes"...

"Los encuentros tres veces por año promovieron el espíritu de unidad en la nación y de esta manera evitar los peligros del aislamiento y la fragmentación en el pueblo de Dios".

Y agrega:

"Los peligros del aislamiento y de la fragmentación son evidentes en la actualidad. Las reuniones de células, o las de los grupos pequeños pueden ser provechosas, muy especialmente para los creyentes nue-

---

[9] *Las Siete Fiestas de Jehová*, LEC, 1960, pg. 11.
[10] JAIME BURNETT, *Las fiestas de Jehová*, Serie de artículos en Revista Campo Misionero, agosto 2012, pg. 3.

vos y el pastoreo general, pues permite un mayor acercamiento de las personas. Deben ser un suplemento pero no un reemplazo de las reuniones congregacionales".

Sin duda, en la Escritura tenemos clara referencia a la necesidad de que la iglesia local esté reunida en un solo lugar. Esta práctica, no solo era la que el pueblo de Dios mantenía en el principio (Hch. 2.44; 1Co. 11.18; 14.23), sino que además, promueve el orden (1Co. 14.40), la unidad armoniosa y la bendición de la congregación (Sal. 133.1-3). No dejemos de congregarnos (Heb. 10.25).

Eran solemnes. Llamadas *fiestas solemnes* o *solemnidades* (Lv. 23.2). Debían observarse como un mandamiento divino. Eran tiempos fijados por Dios para acercarse a Él y para presentarle sacrificios en su honor. Que fueran solemnes no significa que fueran pomposas, litúrgicas o formales. Eran fiestas, por lo tanto, su carácter era festivo. Eran días en los cuales imperaba la alegría y el regocijo. Como dijimos en el capítulo anterior, salvo una de ellas, el día de la Expiación —precedida por la fiesta de las Trompetas— que era tiempo de ayuno, de recogimiento, las demás eran fiestas para reconocer la bondad de Dios para con Su pueblo, y por lo tanto la gratitud y la alegría eran la tónica. Pero todas respondían al precepto divino y a tiempos sagrados dedicados al Señor. Por eso estas *santas convocaciones* eran solemnes.

Nuevamente citamos a J. Burnett[11]:

"El hecho de que sean solemnes no significa la ausencia de gozo. El Señor es quien convida a su pueblo a gozarse en lo que Él se goza; que su pueblo se deleite en lo que Él se deleita y se sienta satisfecho con lo que Él encuentra plena satisfacción".

Además, no solo eran para que las guardasen los sacerdotes, sino todo el pueblo. Por lo tanto, todo el pueblo de Dios era el que las celebraba.

---

[11] Ibíd., mes de septiembre 2012, pg. 2.

Ninguna otra cosa se debía hacer en ellas. *"Ningún trabajo haréis* (v. 3)... *ningún trabajo de siervos haréis"* (v. 7).

Eran **santas** (Lv. 23.2, 37). Nada tenían que ver con ritos paganos; tampoco eran convocatorias con un significado superficial o intrascendente. Encuentros de un Dios santo, con un pueblo santo y con propósitos santos. Un tiempo apartado, dedicado a Dios, a través de vidas apartadas y dedicadas a Dios[12].

Notar que en Éxodo 23.14ss; 34.18ss, se les llama sencillamente "fiestas" (heb. *haggim),* pero en nuestro capítulo de Levítico se agrega "fiestas solemnes" y "santa convocación" (heb. *mo 'adim).*

Eran convocaciones (Lv. 23.2). Todo Israel era convocado a ellas. Eran tiempos de comunión festiva para el pueblo de Dios[13]. La raíz de la palabra "fiestas" realmente significa "citas". Eran —como ya dijimos arriba— citas, encuentros, reuniones entre Dios y su pueblo.

Es enfático el mandamiento para las *santas convocaciones:* Lv. 23.2, 3, 4, 7, 21, 24, 25, 35, 36, 37.

Eran dedicadas a Dios (Lv. 23.2). Eran las *"fiestas solemnes de Jehová".* En Números 28.2 leemos, en un capítulo dedicado a la ley sobre las ofrendas diarias y las fiestas anuales: *"Manda a los hijos de Israel y diles: Mi ofrenda, mi pan con mis ofrendas encendidas en olor grato a mí, guardaréis, ofreciéndomelo a su tiempo".* Notemos la apropiación divina de estas celebraciones y su contenido: *Mi... mis....* Eran instituidas por Dios y solo para Él.

Con el tiempo, la tradición y los ritos le despojaron de esa condición, y, ya desvirtuadas, carentes de su contenido genuinamente

---

[12] El término hebreo para "santo" es **kódesh** y significa "consagrar, dedicar, santificar, poner aparte".

[13] El vocablo hebreo para "convocación" es **miqrá**, y significa, "una reunión pública, una asamblea, un ensayo". Si es un **ensayo**, es la preparación para una "obra final". Esta llegará a ser el eterno reposo de Dios con Su pueblo, cuyo anticipo será la era del Reino de Cristo en la tierra.

espiritual y excluyendo al mismo Señor, llegaron a llamarse *"las fiestas de los judíos"* (Jn. 2.13; 5.1; 7.2; cp. Is. 1.13, 14: "vuestras fiestas"*)*.

Eran sacrificiales (Lv. 23.8, 12-14, 16, ss; etc.). En todas ellas había ofrendas dedicadas a Dios. La premisa era, según leemos en Deuteronomio 16.17: *"Y ninguno se presentará delante de Jehová con las manos vacías; cada uno con la ofrenda de su mano, conforme a la bendición que Jehová tu Dios te hubiere dado"*. No era posible presentarse con las manos vacías. Justamente "las manos llenas" era la expresión de la consagración de los sacerdotes delante de Dios. En Levítico 8.26-28, después de haber sido ungidos los sacerdotes mediante la sangre aplicada sobre el lóbulo de la oreja derecha, el pulgar de la mano derecha y el pulgar del pie derecho de cada uno de ellos, que les santificaba y separaba para el oficio santo, los sacerdotes eran rociados con la sangre y con el aceite de la unción. Y luego se les llenaba las manos con varias porciones de las ofrendas. Entonces, según Éxodo 29.24, esas ofrendas en las manos de los sacerdotes, Aarón y sus hijos, eran mecidas y luego lo hacían *"arder en el altar, sobre el holocausto, por olor grato delante de Jehová. Es ofrenda encendida a Jehová"*. Eso significaba la consagración (heb. *'él millu'ím)* de los sacerdotes. Y entonces ellos las presentaban delante de Dios como una entrega consagrada.

Dice J. A. Motyer[14]:

"En Éxodo 29.9 "consagrarás a Aarón" es (lit.) "llenarás las manos de Aarón". La consagración es la preocupación y el compromiso total sobre algo, tener las manos llenas. Obsérvese que el *'él millu'ím,* "el carnero de consagración (de llenura)" es puesto en las manos de Aarón (v. 24) y desde ahora él es un hombre "con las manos llenas".

Las ofrendas que el pueblo presentaba podían ser: un cordero (v. 12), flor de harina (v. 13), vino derramado (v. 13), grano nuevo (v. 16), un macho cabrío (v. 19), etc. Podían ser *encendidas,* es decir, presentadas por fuego; o de cereal (oblaciones) o de libación (derramamiento de líquidos), pero siempre implicaba un sacrificio y su

---

[14] J. A. Motyer, *Éxodo*, Libros Desafío, 2009, pg. 353.

tipología apunta siempre a la gran ofrenda del Señor Jesucristo, su vida inmaculada y su muerte expiatoria.

Eran recordatorios permanentes (Lv. 23.31, 41). Cada una tenía un significado y eso era recordado de generación en generación, *por estatuto perpetuo.*

Dios les dice vez tras vez que debían *guardar* estas fiestas como memoriales (p. ej. Éxodo 12.42). La palabra "guardar" (heb. *shamar)* significa "observar", "tener en cuenta", "obedecer".

Dicen Ceil y Moishe Rosen[15]:

"Para los antiguos padres hebreos un memorial era algo más que una señal de una tumba o un acontecimiento importante relacionado con el tiempo o el espacio. Usaban el memorial para recordar o para conceder autenticidad a los sucesos importantes. A lo largo del libro de Génesis, Abraham, Isaac y Jacob construyeron altares o colocaron señales en los lugares donde Dios se les había aparecido. Estas señales habían sido colocadas para recordar las promesas de Dios a la simiente de Abraham, de convertirles en una gran nación, dándoles tierra y convirtiéndoles en una bendición para todas las naciones".

"Dios había mandado el recordatorio anual de la observación de la Pascua para que el pueblo pudiese reflexionar con regularidad acercad de todo lo que Él había hecho por ellos".

Lo que se aplica a la Pascua, obviamente, es aplicable a todas las fiestas que Dios les había ordenado.

Una verdadera proyección profética

Las fiestas solemnes de Jehová presentan un panorama completo de los eternos propósitos de Dios primeramente para con Su pueblo Israel, pero también para la Iglesia del Señor.

Indudablemente, para Israel estas fiestas tenían un significado profundo, ya sea de recordatorio, de gratitud, de aflicción, de

---

[15] Ceil & Moishe Rosen, *Cristo en la Pascua,* Portavoz, 2006, pg.43.

esperanza, todas tenían el propósito de que el pueblo de Dios no olvidara que Dios era su Dios ni la obra que Él había hecho con ellos y en ellos. Pero también encierran, en su tipología, lo que Dios hará en el futuro con su pueblo terrenal y su pueblo celestial.

El año judío

El calendario judío es *luni-solar,* es decir, que los meses coinciden con el ciclo de la Luna, por lo tanto, las fiestas siempre caen en la misma fase de aquella. Los meses son, alternativamente, de 29 y 30 días. Para que el año lunar de 354 días se corresponda con el solar de 365, es necesario insertar un mes adicional, *Adar Bet* o *Adar Shení,* siete veces cada diecinueve años. Este ajuste en el calendario permite que las fiestas caigan siempre en la misma estación, aunque haya alguna fluctuación en la fecha civil de las fiestas entre un año y otro.

Los hebreos tenían un calendario, aunque no es posible saber de qué tipo era antes del mandato divino a Moisés de cambiarlo, según leemos en Éxodo 12.1. Pero es de suponer que tenía que ver con los ciclos agrícolas. Pero Dios lo cambió, determinando así un año religioso que comenzaba en el mes de Abib —luego se llamó Nisán— (Éx. 23.15), correspondiente a un periodo entre el mes de marzo y abril de nuestro calendario. ¿Cuál fue la razón? No necesariamente por razones biológicas o climáticas, sino para que su pueblo Israel recordara para siempre que su vida como nación comenzaba con la Pascua, la primera de las fiestas anuales. La fiesta que recordaba su redención, su liberación y su constitución como pueblo.

Por eso, al ser meses lunares, la variación que existe año tras año con nuestra "Semana Santa", la que corresponde con la fiesta pascual, está dada por la diferencia de nuestros meses que son de orden solar.

El día judío

El día judío comienza y termina al anochecer; particularmente comienza con la salida de tres estrellas y termina con el ocaso, a diferencia del calendario gregoriano, usado en Occidente, que discurre de medianoche a medianoche. La base para ver comenzar el día con la caída del sol está en Génesis 1.5, donde dice al final del primer día de la creación: *y fue la tarde y la mañana, un día.* La semana, culmina en el sábado —*Sabbath*— el día santo de descanso.

Actualmente, los judíos que profesan su religión, aún observan estos principios, tanto semanales como anuales.

Dice Nicholas de Lange[16]:

"El año también tiene su ritmo regular, llegando al máximo de actividad en las dos épocas festivas de otoño y primavera. Las fiestas mayores tienen orígenes bíblicos, en relación con la peregrinación, tres veces por año, a Jerusalén, en el tiempo de la cosecha. La cosecha ha dejado de ser el tema dominante en la observancia de estas fiestas (aunque se ha recuperado hasta cierto punto dentro del moderno Israel), pero todavía se siente fuertemente la influencia bíblica. El *Sukkot* (los Tabernáculos) toma su nombre de las chozas o cabañas construidas para la cosecha, adornadas con frutas y flores, que recuerdan las tiendas que habitaban los israelitas en su peregrinar por el desierto, tras el éxodo de Egipto. En la antigüedad, el *Sukkot* era la culminación del año, y los rabinos antiguos lo llamaban simplemente «la Fiesta»; hoy en día ha quedado relegado, en cierto modo, por las festividades de Año Nuevo y el solemne Día de la Expiación o Día del Perdón, víspera del anterior. El Éxodo se celebraba anualmente en *Pessah (Pascua).* Siete semanas después, el *Shavuot* (las Semanas o Pentecostés), conmemora la entrega de la *Torah* en el monte Sinaí".

"Pero cada fiesta tiene su mensaje espiritual: la transitoriedad de la vida humana en los *Sukkot;* la liberación de la opresión en *Pessah;* la revelación divina en *Shavuot.* Además, en cada una de ellas se respira el aire de la estación: la madurez en otoño, que en el Oriente Medio es un tiempo de lluvias frescas y vida nueva; la promesa de la primavera y la plenitud del estío. El período de año nuevo tiene un

---

[16] NICHOLAS DE LANGE, *Atlas cultural del Pueblo Judío,* Editorial Optima, pgs. 88-89.

tono especial de introspección y penitencia, en el que la alegría de la renovación está matizada con una reverente búsqueda interior".

"A lo largo de los siglos han ido surgiendo muchas otras observancias, y el calendario incluye días de ayuno y festividades menores. En particular, dos fiestas han adquirido una gran importancia en los sentimientos de los judíos: *Hanukkah*, en mitad del invierno, es una festividad de luz de diez días, que conmemora la nueva dedicación del Templo por los hasmoneos[17]; *Pu- rim*, a su vez, celebra la liberación de la persecución persa, según la narración del Libro de Ester, y se celebra con fiestas de disfraces y gran alboroto[18] ... Hay otro detalle del calendario que merece una explicación. En la diáspora, surgió la costumbre de observar un día adicional para cada fiesta de peregrinaje (incluidos el primero y último día de *Sukkot* y *Pessah)*. Esta costumbre, que se remonta a la antigüedad, fue abandonada por algunos judíos reformados y conservadores, que, como los israelíes, siguen la normativa bíblica".

"Los años se numeran a partir de la fecha tradicional de la creación del mundo, en 3.761 a. C. De modo que, por ejemplo, el año comenzado en el otoño de 2.000 es el A. M. *(Anno Mundi)* 5.761".

Los meses judíos

1. *Tishrei* o *Tishrí*, 30 días (תשרי) - cae aproximadamente en septiembre u octubre.
2. *Jeshván,* 30 días (חשוון, llamado también *Marjeshván* -מרחשוון) - octubre o noviembre.
3. *Kisleu,* 30 ó 29 días (כסלו) - noviembre o diciembre.
4. *Tevet,* 29 días (טבת) - diciembre o enero.
5. *Shevat,* 30 días (שבט) - enero o febrero.

---

[17] Se celebra el 25 de *Kisleu* (entre noviembre y diciembre). Referencias bíblicas: Daniel 8:13-14 y Juan 10:22-23.

[18] Se celebra los días 14 y 15 del mes hebreo de *Adar* (que usualmente cae en marzo). Ref. bíblica: Ester 9:20-28.

6. *Adar,* 29 días (אדר) - febrero o marzo.
7. *Nisán,* 30 días (ניסן) - marzo o abril.
8. *Iyar,* 29 días (אייר) - abril o mayo.
9. *Siván,* 30 días (סיוון) - mayo o junio.
10. *Tamuz,* 29 días (תמוז) - junio o julio.
11. *Av,* 30 días (אב, llamado también *Menajém Av* - אב מנחם) julio o agosto.
12. *Elul,* 29 días (אלול) - agosto o septiembre.

Las fiestas anuales

Había tres fiestas en el primer mes, una en el tercero y tres en el séptimo. Y como apunta J. A. Hartill: "Jehová era el anfitrión; Israel los convidados"[19].

El siguiente cuadro ilustra sencillamente las fiestas anuales instituidas por el Señor para su pueblo Israel:

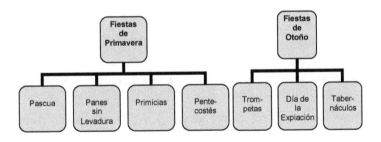

Ver Apéndices IV y V, Tablas de las Fiestas anuales.

Significado de las fiestas

El contenido histórico y escatológico. Vistas todas en conjunto, presentan un panorama del plan de Dios para los siglos. La primera, la

---

[19] EUGENIO DANYANS, *Conociendo a Jesús en el Antiguo Testamento,* CLIE, pg. 402.

Pascua, habla de redención en base a la muerte de Cristo (1Co. 5.7). La última, la fiesta de los *Tabernáculos,* habla de la gloria milenaria, es decir, *los tiempos de la restauración de todas las cosas* (Hch. 3.21). Ese tiempo futuro, escatológico, es el reino milenial, en el cual, el Señor, el Mesías de Israel reinará en medio de Su pueblo terrenal y lo hará con poder y gloria.

Así que, las siete fiestas prefiguran eventos singulares en la historia de la redención. Los cuatro primeros ya se han cumplido históricamente, los siguientes tres, aún esperan su cumplimiento profético.

Eventos ya cumplidos en el pasado:
La Pascua: la muerte del Señor Jesús, el Cordero de Dios.
Los panes sin levadura: El hombre perfecto que cargó con nuestros pecados; su cruz y su sepultura.
La fiesta de las primicias: La resurrección de Cristo.
Pentecostés: El nacimiento y la consumación de la Iglesia.

Eventos a cumplirse en el futuro:
Las trompetas: La reunión de Israel previa a la segunda venida de Cristo.
El día de la expiación: El arrepentimiento de Israel al ver al Mesías herido que siempre rechazó.
La fiesta de las cabañas o tabernáculos: La gloria del reino milenial del Señor Jesucristo.

La tipología Cristológica.
En el marco de Levítico 23:

La Pascua	v.4-5	Mes: Primero, a 14 días del mes.	Cristo, el Cordero Pascual
Panes sin Levadura	v.6-8	Mes: Primero, a 15 días del mes.	Cristo, su perfecta humanidad, su muerte y sepultura.

Las Primicias	v.9-14	Mes: Primero, a 22 días del mes. (1er. día de la semana siguiente al final de la fiesta de los Panes sin levadura).	Cristo, su resurrección, primicias de los que durmieron.
Pentecostés	v.15-22	Mes: Tercero (50 días después del 15 de Abib o Nisán).	El Espíritu que habla de Cristo, muestra su Persona y su obra en toda su dimensión.
Las Trompetas	v.23-25	Mes: Séptimo, el 1er. día.	Cristo obrando para la reunión de su pueblo terrenal.
Día de la Expiación	v.26-32	Mes: Séptimo, a 10 días del mes.	Cristo revelado a su pueblo Israel como Mesías y Redentor.
Los Tabernáculos	v.33-43	Mes: Séptimo, a 15 días del mes.	Cristo reconocido como Rey sobre Su pueblo Israel.

Lección espiritual para el cristiano.

Estas fiestas tienen un precioso significado espiritual que tiene aplicación directa a nuestra experiencia como creyentes.

Es cierto que los cristianos no tenemos obligación de "guardar" estas fiestas. Esto pertenece al antiguo pacto, a la antigua dispensación de la Ley. Colosenses 2.16-17 nos dice: *"Por tanto, nadie os juzgue en comida o en bebida, o en cuanto a días de fiesta, luna nueva o días de reposo, todo lo cual es sombra de lo que ha de venir; pero el cuerpo es de Cristo"*. O dicho de otra forma: "la realidad se halla en Cristo".

Pablo escribe a los Gálatas y les dice a modo de reproche: *"Ahora, conociendo a Dios, o más bien, siendo conocidos por Dios, ¿cómo es que os volvéis de nuevo a los débiles y pobres rudimentos, a los cuales os queréis volver a esclavizar? Guardáis los días, los meses, los tiempos y los años. Me temo de vosotros, que haya trabajado en vano con vosotros"* (4.9-11).

Pero, aunque no tengan valor de precepto para guardar, tienen un hondo mensaje espiritual para dejarnos, pues *"toda la Escritura es inspirada por Dios y útil para enseñar, para redargüir, para corregir, para instruir...* " (2 Ti. 3.16).

Dice Hugo Zorrilla[20]:

"Jesús es el culto verdadero como el cordero de Dios. Pues bien, si los verdaderos adoradores de Dios no tienen que ir a Jerusalén a festejar, y si a Dios se le encuentra en Jesús, entonces el culto está en el seguimiento a él. El culto es obediencia en amor sacrificial. La iglesia primitiva llega, entonces, a aceptar la invalidación de víctimas y de materias sacrificiales. Jesús pone su vida y la vuelve a tomar por sus ovejas (Jn. 10. 17, 18). Las ovejas sacrificadas siguen siendo un culto imperfecto e injusto. Él es el sacrificio perfecto, nuestra pascua, como dice Pablo: "Limpiaos, pues, de la vieja levadura, para que seáis nueva masa, sin levadura como sois; porque nuestra pascua, que es Cristo, ya fue sacrificada por nosotros" (1Co. 5.7). Más tarde el Apocalipsis expresará su visión de la nueva Jerusalén: "Y no vi en ella templo; porque el Señor Dios Todopoderoso es el templo de ella, y el Cordero" (Ap. 21.22)".

Es notable la secuencia de estas fiestas y su significado. Es notable como el Espíritu Santo ha querido presentar un vivo mensaje de lo que es la experiencia personal del creyente a través del significado de estas fiestas, desde que nace a los pies de la cruz, hasta que transpone los portales de esplendor en la casa del Padre.

Es interesante la formulación que hace Derek Tidball[21] sobre las siete fiestas y su significado en el capítulo 23 de ese libro:

- La Pascua: Dios libera (23.4, 5).
- Los Panes sin levadura: Dios alimenta (23.6-8).
- Los Primeros frutos: Dios reclama (23.9-14).
- Las Semanas: Dios provee (23.15-22).
- Las Trompetas: Dios recuerda (23.23-25).
- La Expiación: Dios perdona (23.26-32).
- Los Tabernáculos: Dios recuerda (23.33-43).

---

[20]   Hugo Zorrilla, *Las Fiestas de Yavé*, Ed. La Aurora, 1988, pg. 70.
[21]   Derek Tidball, *Comentario al Levítico*, Andamio, pg. 357.

Proponemos el siguiente esquema, que guiará nuestro comentario:

La Pascua	v.4-5	Mes: Primero, a 14 días del mes.	Redención
Panes sin levadura	v.6-8	Mes: Primero, a 15 días del mes.	Santificación
Las Primicias	v.9-14	Mes: Primero, a 22 días del mes. (1er. día de la semana siguiente al fin de la fiesta de los panes sin levadura)	Consagración o dedicación
Pentecostés	v.15-22	Mes: Tercero (50 días después del 15 de Abib o Nisán)	Plenitud del Espíritu Santo
Las Trompetas	v.23-25	Mes: Séptimo, el 1er. día.	Encuentro y comunión plena
Día de la Expiación	v.26-32	Mes: Séptimo, a 10 días del mes.	Confesión para perdón
Tabernáculos	v.33-43	Mes: Séptimo, a 15 días del mes.	Gozosa esperanza

CAPÍTULO 3

EL SÁBADO

Día de descanso

Génesis 1.31 "Y vio Dios todo lo que había hecho, y he aquí que era bueno en gran manera".

Génesis 2.2 "Acabó Dios en el día séptimo la obra que hizo; y reposó el día séptimo de toda la obra que hizo".

Éxodo 20.11 "Porque en seis días hizo Jehová los cielos y la tierra, el mar, y todas las cosas que en ellos hay, y reposó en el séptimo día; por tanto, Jehová bendijo el día de reposo y lo santificó".

Ezequiel 20.10-12, 20 " Los saqué de la tierra de Egipto, y los traje al desierto,

11. y les di mis estatutos, y les hice conocer mis decretos, por los cuales el hombre que los cumpliere, vivirá.

12. Y les di también mis días de reposo, para que fuesen por señal entre mi y ellos, para que supiesen que yo soy Jehová que los santifico...

20. Yo soy Jehová vuestro Dios: andad en mis estatutos... y santificad mis días de reposo, y sean por señal entre mí y vosotros para que sepáis que yo soy Jehová vuestro Dios".

Isaías 58.13, 14 "Si retrajeres del día de reposo tu pie, de hacer tu voluntad en mi día santo, y lo llamaras delicia, santo, glorioso de Jehová; y lo venerares, no andando en tus propios caminos, ni buscando tu voluntad, ni hablando tus propias palabras,

14. entonces te deleitarás en Jehová; y yo te haré subir sobre las alturas de la tierra, y te daré a comer la heredad de Jacob tu padre; porque la boca de Jehová lo ha hablado".

¿Debe el cristiano guardar el sábado? Esta es una pregunta que ha surgido y aún surge muchas veces. Es el cuarto mandamiento de la ley y se supone que todo cristiano debe cumplir todos los mandamientos. Pero, ¿es así? ¿Ese mandamiento está vigente en la era de la iglesia del Señor, o ha cambiado? ¿Ha sido cambiado por el domingo? Entonces ¿qué sería "guardar el domingo"?

Veamos qué nos enseña la Escritura en el marco de nuestro estudio de las fiestas de Jehová.

El día de descanso "era una de las grandes innovaciones de Israel"[1]. Aunque el sábado está incluido en el capítulo 23 del libro de Levítico junto a las siete fiestas anuales, es una festividad diferente. Era un día observado, no anualmente, sino semanalmente. Comenzaba a la puesta del sol del viernes y concluía a la puesta del sol del día siguiente. Los hebreos —como ya vimos— contaban el día desde el ocaso de un día hasta el ocaso del siguiente día. El viernes era llamado "la víspera del sábado" o "la preparación"[2] (Mr. 15.42;

---

[1] B. A. LEVINE, *Leviticus*, JPS Torah Commentary, Philadelphia, PA: Jewish Publication Society, 1989, pg. 261.

[2] El día de la preparación (gr. *paraskeve*) semanal era solemne; pero este viernes era especial, pues era el día de la preparación de la Pascua. Este día era de gran solemnidad (Éx. 12.16).

Jn. 19.31). Si el día fuera nublado, es decir, que no se viera el sol, se contaba desde la hora en que las aves se posaban para su descanso. A esa hora cesaban todos los trabajos y también los viajes.

En Levítico 23 aparece al principio del capítulo (v. 3) y al final (v. 39). La primera mención es el sábado semanal. La última, anuncia el sábado eterno.

Era un día de descanso que recuerda el reposo de Dios después de su asombrosa creación (Gn. 2.1-3), y prefigura el descanso final que llegará para Dios y para Su pueblo. Dios hasta ahora trabaja (Jn. 5.17), pero un día descansará de sus obras cuando sus planes sean plenamente cumplidos en Cristo. Su pueblo trabaja, pero un día "entrará en el reposo" de Dios (Heb. 4.9).

Es notable que hasta este versículo de la epístola a los Hebreos, el apóstol utiliza el término griego *katápausis* (descanso, cese de tareas), pero en este caso el vocablo es *sabbatismós,* que significa un reposo sabático, es decir el reposo eterno que los creyentes gozarán en comunión con el Señor, en contraste con el sábado que indicaba la ley. Se menciona en Éxodo 4.10 y 16.30 como el reposo de Dios, por lo tanto, los creyentes gozaremos en plenitud de ese gozo en nuestro hogar celestial.

Cabe destacar que en Levítico 23 el sábado está al principio del capítulo, antes del detalle de las fiestas anuales, y es oportuno el comentario de P. Chevalley, traductor del librito *Les Sept Fétes de L 'eternel (Etapes de la vie chretienne* - Las Siete Fiestas del Eterno - Etapas de la vida cristiana)[3]:

"En los designios de Dios, el reposo es primero, pero como resultado es último; es la meta y fin de todos sus caminos; y para que el pueblo de Dios sea llevado a ese reposo, se requiere el trabajo de todo el ciclo espiritual de las siete fiestas. No hablamos, pues, del reposo que Dios gozó después de la creación, sino el de la redención; la satisfacción

---

[3] *Las Siete Fiestas de Jehová,* LEC, 1960, pg. 7.

completa que encontró en la persona y la obra de su Hijo muy amado; reposo de la Iglesia y del redimido en el cielo; reposo de Israel en el reinado mesiánico y reposo que gozará la creación en la libertad gloriosa de los hijos de Dios (Ro. 8.21)". **Y agrega:** "El fundamento del reposo está en el hecho de que Dios ha hallado su plena satisfacción en la obra de su Hijo cumplida en la cruz".

El lugar del sábado en la Escritura

Sábado, es un término hebreo muy parecido, prácticamente transliterado: *shabbat*, o *sabbat*. La palabra hebrea —שבת— consiste de tres letras consonantes: *shin*, *bet* y *tav*, y significa "cesar", "detenerse", "descansar", "reposar".

Dios lo instituyó. Génesis 1.31 dice: *"Y vio Dios todo lo que había hecho, y he aquí que era bueno en gran manera".* Y agrega en 2.2: *"Acabó Dios en el día séptimo la obra que hizo; y reposó el día séptimo de toda la obra que hizo".* Reposó o descansó, es literalmente "cesó"; cesó de trabajar, cesó de sus trabajos creadores. Ch. Ryrie, en sus comentarios a la Biblia lo expresa claramente:

> "Después que la obra de la creación fue terminada, Dios descansó, esto es, disfrutó del sentimiento de satisfacción y reposo que surge de dar cumplimiento a una tarea".

Éx. 20.11 nos dice: *"Porque en seis días hizo Jehová los cielos y la tierra, el mar, y todas las cosas que en ellos hay, y reposó en el séptimo día; por tanto, Jehová bendijo el día de reposo y lo santificó".*

En Éx. 31.17, a su vez, leemos: *"...porque en seis días hizo Jehová los cielos y la tierra, y en el séptimo día cesó y reposó".* Notemos que dice *"cesó y reposó".* Esto es, cesó en su trabajo y *"retomó aliento",* o como traduce otra versión —la BJ—: *"tomó un respiro".* El descanso de Dios es de una obra acabada. Él cesó la tarea. Concluyó la obra de la creación y descansó.

El descanso de Dios no es de fatiga, pues dice Isaías 40.28: *"¿No has sabido, no has oído que el Dios eterno es Jehová, el cual creó los confines de la tierra? No desfallece ni se fatiga con cansancio, y su entendimiento no hay quien lo alcance. Él da esfuerzo al cansado, y multiplica las fuerzas al que no tiene ningunas"*.

Tampoco es de inactividad. Leemos en Apocalipsis 4.11:

"Señor, digno eres de recibir la gloria y la honra y el poder; porque tú creaste todas las cosas, y por tu voluntad existen y fueron creadas".

Pero, la entrada del pecado produjo una ruptura en el descanso de Dios. Dice Hugh Downie[4]:

"El divino amor no podía descansar o quedar inactivo en un mundo de pecado; así que Dios tuvo que comenzar a trabajar otra vez, no en la creación esta vez, sino en la tarea infinitamente más importante: la redención".

Donde Downie dice que Dios "tuvo que comenzar a trabajar otra vez", obviamente entendemos que lo dice desde la dimensión temporal humana, pues la obra de la redención ya estaba planeada y en el eterno ser de la deidad, ya realizada (1Pe. 1. 18-20; Ap. 17.8).

Cuando Jesús hizo muchos milagros en sábado y los religiosos le reclamaron ese hecho, él les dijo lo que leemos en Juan 5.17: *"Mi Padre hasta ahora trabaja, y yo trabajo"* (Jn. 5.17).

Un grito desde el Gólgota

Pero un día desde la colina del Calvario se oyó una voz potente resonar: "Consumado es", y la obra de la redención quedó concluida. Ahora el creyente puede experimentar la promesa dicha por el mismo Señor: *"Venid a mí todos los que estáis trabajados y cansados, y yo os haré descansar. Llevad mi yugo sobre vosotros y aprended de mí que*

---

[4] HUGH K. DOWNIE, *Harvest Festivals*, Gospel Folio Press, 1994, pg. 27.

soy manso y humilde de corazón y hallaréis descanso para vuestras almas" *(Mt. 11.28, 29).*

Finalmente un día volverá a ejercer su obra creadora, cuando la actual creación sea consumida por el fuego de sus juicios, y en su lugar haga "cielos nuevos y tierra nueva" (2Pe. 3.10-13). Así, pues, un día se cumplirá lo expresado en Apocalipsis 21. 5: *"Y el que estaba sentado en el trono dijo: He aquí, yo hago nuevas todas las cosas. Y me dijo: Escribe; porque estas palabras son fieles y verdaderas. Y me dijo: Hecho está. Yo soy el Alfa y la Omega, el principio y el fin".* Y Dios completará la obra de la restauración de todas las cosas, en Cristo.

En Hebreos 2.9 leemos: *"Pero vemos a aquel que fue hecho un poco menor que los ángeles, a Jesús, coronado de gloria y de honra, a causa del padecimiento de la muerte, para que por la gracia de Dios gustase la muerte por todos".* La expresión "por todos", debería leerse con el original: "por todo". Esto concede una enorme dimensión a la muerte de Cristo, pues la redención del hombre incluye, además, la de todas las cosas. Como lo asegura Romanos 8.19-22: *"Porque la creación fue sujetada a vanidad —frustración—, no por su propia voluntad, sino por causa del que la sujetó en esperanza; porque también la creación misma será libertada de la esclavitud de corrupción, a la libertad gloriosa de los hijos de Dios. Porque sabemos que toda la creación gime a u una y a una está con dolores de parto hasta ahora".*

Pertenece a la Ley. Desde la cita de Génesis 2.2 y por el resto del primer libro de la Biblia, es decir por un periodo de unos 2.500 años, no se vuelve a mencionar el sábado. Así que se interrumpe en el Edén y es nuevamente instituido en el desierto. Aparece luego formando parte de la Ley mosaica (Éx. 20.8-11; Dt. 5.12-15)[5].

Algunos dicen que la cita de Génesis 2.2 es la base para asegurar que Dios instituyó el sábado como ordenanza perpetua para la

---

[5] Algunos interpretan que, ya que el relato de la creación fue escrito por Moisés después del Éxodo, la cita de Génesis 2.2 no necesariamente indica que Dios santificó el sábado inmediatamente después de los seis días, sino cuando incluyó el cuarto mandamiento en las piedras de la Ley. Ver libro *"La ley, el sábado y el domingo"*, Dr. W. Q. Maer, Edit. Evang. Bautistas, 1956, pg. 85.

raza humana, y que, por lo tanto es un día santo en sí mismo. Pero, el hecho de que fuera un día santificado por Dios conmemorando su reposo no enseña de ningún modo que fuera impuesto por Dios como institución religiosa en forma perpetua, incluida la dispensación llamada comúnmente "de la gracia", o, tal vez mejor dicho, "de la iglesia". Dice L. S. Chafer acerca del sábado: "Investido de carácter de señal entre Jehová y la nación Israel, en ningún sentido fue hecho extensivo a los gentiles".

Por eso decimos que fue particularmente dado a Israel. Y guardado especialmente por él como señal de su relación con el único Dios vivo y verdadero, a diferencia de los otros pueblos de la tierra. Deuteronomio 5.15 dice: "Acuérdate de que fuiste siervo en tierra de Egipto, y que Jehová tu Dios te sacó de allí con mano fuerte y brazo extendido; por lo cual Jehová tu Dios te ha mandado que guardes el día del sábado". Ezequiel 20.10-12, 20, agrega: "Los saqué de la tierra de Egipto, y los traje al desierto, y les di mis estatutos, y les hice conocer mis decretos, por los cuales el hombre que los cumpliere, vivirá. Y les di también mis días de reposo, para que fuesen por señal entre mi y ellos, para que supiesen que yo soy Jehová que los santifico... Yo soy Jehová vuestro Dios: andad en mis estatutos... y santificad mis días de reposo, y sean por señal entre mí y vosotros para que sepáis que yo soy Jehová vuestro Dios".

El día de reposo era importante para Israel, teniendo en cuenta la dramática experiencia vivida en Egipto, donde el trabajo era las veinticuatro horas del día, todos los días de la semana (Éx. 20.8-11; Dt. 5.12-15). Y debía ser guardado de forma permanente al llegar a Canaán (Lv. 23.14, 21, 31, 41). El duro y agotador trabajo, que había sido tan traumático para ellos, no debía ser trasladado tiránicamente a los demás. Debía ser un instrumento de libertad.

A tal punto que "el sábado ha sido la reina 'y la novia' del alma judía, un día señalado por Dios para el descanso y la adoración", según Víctor Buksbazen[6].

---

[6] *The Gospel in the Feasts of Israel*, The Friends of Israel Gospel Ministry, Inc., 1954,

Juntamente con la circuncisión son dos marcas del judaísmo. Ningún hombre que se llame judío puede serlo cabalmente sin observar ambas marcas. Particularmente, el sábado fue claramente una "señal" del pacto entre Dios y su pueblo Israel, Éxodo 31.12-17: "... *es señal entre mí y vosotros por vuestras edades...*", reconocido como un pueblo en relación con Jehová y puesto bajo la responsabilidad que es consecuencia de esta relación.

Es notable que a partir de la liberación de Egipto, se comienzan a mencionar lugares santos, cosas santas, tierra santa, el pueblo santo y el *día santo*. Ese era el sábado[7].

Un regalo de parte de Dios

En Éxodo 16.23, la primera vez que se menciona el sábado, leemos: *"Mañana es el santo día de reposo, el reposo consagrado a Jehová..."*.

Según los v. 27 a 29, el sábado fue concedido como un don, un regalo de parte de Dios al pueblo (*"os dio el sábado"*, v. 29). Y era un día para celebrar con alegría, no con tristeza, con libertad y no como una carga. Oigamos a Isaías en 58.13:

"Si retrajeres del día de reposo (Shabat) tu pie, de hacer tu voluntad en mi día santo, y lo llamares delicia, santo, glorioso del Señor; y lo venerares, no andando en tus propios caminos, ni buscando tu voluntad, ni hablando tus propias palabras, entonces te deleitarás en el Señor; y yo te haré subir sobre las alturas de la tierra, y te daré a comer la heredad de Jacob tu padre; porque la boca del Señor lo ha hablado."[8].

2004, pg. 77.

[7] El término hebreo que se traduce como "santo" es **kádesh / kódesh**, y significa *"hacer limpio, consagrar, dedicar, purificar, poner aparte, hacer santo"*. Cuando Dios bendijo el Shabat, y lo santificó, lo que hizo fue dedicar, consagrar, poner aparte, hacer santo ese día especial y así determinó que el séptimo día de la semana (desde la puesta del sol del viernes a la puesta del sol del sábado) fuese un día santificado, distinto de cualquier otro día de la semana.

[8] El término hebreo usado para la ceremonia del matrimonio bíblico judío es **kidushím:** desposorio, y significa "sagrado/consagrado" (Cp. Jer. 2.1, 2). Esta palabra hebrea

Notemos cómo Dios considera a este día: delicia, santo y glorioso. Sin duda, fue constituido para ser una bendición para los hombres. Era santo porque pertenecía a Dios. Era santo porque era separado para Dios, dedicado a Dios.

En Éxodo 20.10-11 leemos: *"...día de reposo para Jehová tu Dios... por tanto Jehová bendijo el día de reposo y lo santificó".* Aquí no se presenta como regalo de Dios, sino como una imposición, como una ley para ser obedecida. Y a que el hombre no acepta las bendiciones de Dios, deberá aceptar sus demandas. Ya que no acepta su gracia, deberá obedecer su ley.

La primera vez que se menciona el sábado en el libro de Isaías está en el cap. 28.12 y es una manifestación de la frustración divina por la indiferencia del pueblo de Dios a sus mandatos y demandas: *"Este es el reposo; dad reposo al cansado; y este es el refrigerio; mas no quisieron oír".* Notablemente el término usado para "reposo" es el hebreo *menujá,* que significa "una morada, sentirse cómodo, quietud, lugar de descanso, un lugar tranquilo, paz, hogar". Israel pudo haber hallado en Dios la paz y el descanso de un hogar. Pero, como el pródigo, se fue lejos, *"a la provincia apartada, y desperdició sus bienes, viviendo perdidamente".* No obstante, Dios, en su amor y misericordia espera su retorno y restauración, que sucederá, de acuerdo con Sus promesas, cuando Jesucristo se manifieste en su segunda venida gloriosa.

---

proviene de una raíz hebrea de tres letras *(k:* kaf; *d:* dálet; *sh:* shin). Por otra parte, el término hebreo *kádesh* que se traduce como "santo" deriva también de las mismas letras de raíz hebrea (kaf, dálet y shin). Por esa razón, los judíos tradicionales, interpretan la declaración bíblica de que "Dios bendijo el día sábado y *lo santificó (vayekádesh)"* (Gén. 2.3) como que Dios "desposó el Sábado a Su pueblo". Siguiendo este simbolismo, el "anillo" que fue dado a la novia (la casa de Jacob) por el novio (el Dios de Israel) sería el sábado (el *Shabat).* Así, el cumplimiento de guardar el sábado es una señal del amor eterno que une a ambos.

En la literatura judía, tanto en sus poesías como sus cánticos, el *shabat* se describe como una novia o reina, según se encuentra en el himno popular: *"Lejá dodí likrat kalá",* que significa "Ven, mi amado, para recibir la novia [el shabat]". No significa que se idolatra el día, sino que se personifica como cuando se espera por un ser querido o se ansía la llegada del día de bodas o un evento especial. Hay una frase común que dice: "No es tanto que Israel haya guardado el shabat, sino que el shabat ha guardado a Israel." (2005 CasaIsrael.com, traducido por Teri S. Riddering).

Y Dios fue claro. Sus mandamientos eran inexorables. Dice Éxodo 31.14: *"el que lo profanare, de cierto morirá; porque cualquiera que hiciere obra alguna en él, aquella persona será cortada de en medio de su pueblo".*

Después de regresar del cautiverio babilónico, los judíos volvieron a descuidar la observancia del sábado, por lo cual, Nehemías impulsó una reforma civil y religiosa para retornar a la obediencia del mandamiento divino. En Nehemías 9.12-14, leemos parte de la oración que eleva a Dios por el pueblo: *"... les ordenaste el día de reposo santo para ti, y por mano de Moisés tu siervo les prescribiste mandamientos, estatutos y la ley".*

Al fin, la era del reino de Cristo, el Mesías de su pueblo, y aun la nueva creación tendrá en el sábado un permanente día de descanso y oportunidad para la adoración a Dios. Leemos en Isaías 66.22, 23: *"Porque como los cielos nuevos y la nueva tierra que yo hago permanecerán delante de mí; dice el Señor, así permanecerá vuestra descendencia y vuestro nombre. Y de mes en mes, y de día de reposo en día de reposo, vendrán todos a adorar delante de mí, dijo el Señor".*

Lamentablemente, hoy en día, el pueblo judío no observa el sábado en su sentido bíblico, sino en el sentido que le dan los rabinos, y dista mucho uno del otro. Los escritos rabínicos que datan de los siglos segundo a quinto de la era cristiana, conocidos como el *Talmud*, y que son una colección de comentarios sobre la Escritura, leyendas, historias y discusiones sobre aspectos de la vida hebrea, contienen mandamientos muy precisos sobre el sábado. Hay 39 categorías, subdivididas en otras 39 clases de actividades que no se pueden realizar en sábado: ¡un total de 1 521 actividades prohibidas! De más está decir que es imposible observarlas por ningún judío, por más estricto que sean sus convicciones. No fue esa la motivación que impulsó a Dios el constituir el sábado. Paradójicamente, ¡Dios es más sencillo !

Era física, moral y espiritualmente necesario. El sábado era necesario para el descanso de las labores de la semana. Evitaba el materialismo, el cansancio y el agotamiento y propiciaba la reflexión y el culto a Dios. Éxodo 23.12: *"Seis días trabajarás, y al séptimo día reposarás, para que descanse tu tierra y tu asno, y tome refrigerio el hijo de tu sierva, y el extranjero".*

Dios concede este día a un pueblo de hombres y mujeres libres de la esclavitud. En Egipto no había sábados. Los hubo desde el día de la redención pascual. El descanso solo era posible para aquellos que eran libres; física y espiritualmente libres.

Entendamos bien

El sábado fue creado para el hombre y no el hombre para el sábado. En el periodo intertestamentario, ante la influencia persa, griega y romana, las sectas judías con sus escuelas de maestros, cargaron lamentablemente ese día con una larga y fatigosa lista de regulaciones. Lo que era un símbolo de libertad, se convirtió en una carga, una imposición y un tortuoso legalismo ritual. Transformaron el día creado para el hombre en una actitud de hombres creados para guardar el día, como si el sábado fuera un fin en sí mismo.

Ese fue uno de los mayores conflictos que el Señor tuvo con los escribas y fariseos, quienes no cesaban de perseguirle por contravenir el sábado con sus obras.

"¿Por qué tus discípulos no guardan el sábado?" Fue una de las preguntas en tono de reproche que hicieron los ancianos y fariseos al Señor y los suyos. Jesús no rechazó la observancia del sábado como tal. Él, dice Gálatas 4.4, 5: *"nació de mujer y nació bajo la ley".* Pero, en base a sus prerrogativas como Mesías, les dijo: *"El día de reposo fue hecho por causa del hombre, y no el hombre por causa del día de reposo. El Hijo del Hombre es Señor aun del día de reposo".*

Dice Víctor Buksbazen: "La ley vino para mostrar a los hombres qué requería Dios de ellos. Pero Cristo vino para traer la gracia que les habilita a hacer la voluntad de Dios"[9].

---

[9] Víctor Buksbazen, *op. cit.,* pg. 86.

Una vez, dice Mateo 12.1-8, sus discípulos recogieron espigas para satisfacer su acuciante apetito. Cuando lo vieron los fariseos le dijeron: *"He aquí tus discípulos hacen lo que no es lícito hacer en el día de reposo"*. La ley permitía recoger espigas con las manos, aun en un campo ajeno, pero no "aplicar la hoz", es decir, segar (Dt. 23.25). Los religiosos, legalistas al extremo, que habían puesto sus tradiciones por encima de la ley (Mt. 15.3, 6; Mr. 7.8-13)[10], acusaron a los discípulos de Jesús (y a él, en última instancia, que era lo que pretendían) de hacer algo ilícito.

El Señor les respondió con varios argumentos absolutamente irreprochables:

- La ley no permitía segar en sábado (Éx. 34.21). Pero ellos no estaban segando, sino arrancando espigas con su mano para satisfacer su necesidad perentoria. Por lo tanto, la ley no les alcanzaba.
- La historia era testigo de un acto de David, ya escogido como rey, aunque aún sin ocupar el trono, cuando pidió al sacerdote Ahimelec pan para él y los jóvenes que estaban con él, y el sacerdote le dio del pan sagrado, como excepción, ante la necesidad de satisfacer su hambre (1Sa. 21.1-6).
- Los sacerdotes cambiaban el pan de la proposición en día sábado. Era un trabajo, sin duda, pero, como dice S. Pérez Millos: "Una ley superior que tenía que ver con el culto a Dios sustituía al mandamiento de otra inferior que regulaba el descanso semanal"[11]. Y agrega F. Lacueva: "Esto nos muestra que en el día de reposo están permitidas las *obras de piedad,* además de las *obras de necesidad,* puesto que la ley del sábado estaba destinada a promover, no a impedir el culto del sábado"[12].

---

[10] Los rabinos habían codificado una serie de acciones ilícitas en día sábado, subdivididas en numerosas categorías, haciendo de ello una gravosa carga para el pueblo por lo absurdo de sus conceptos. En el caso de recoger espigas, profanar el sábado era hacerlo en cantidad mayor a lo que un cordero podía comer de un bocado.

[11] SAMUEL PÉREZ MILLOS, *Comentario Exegético al Texto Griego del NT, Ev. de Mateo,* CLIE, 2009, pg. 776.

[12] FRANCISCO LACUEVA, *Comentario Exegético Devocional "Matthew Henry", Ev. Mateo,*

- Jesús era mayor que el Templo, era la misma Persona del Verbo divino encarnado. Por lo tanto, si los sacerdotes podían ministrar en sábado, cuánto más los discípulos podían hacerlo para Aquel que era la realidad del Templo, del cual, el de Jerusalén no era sino un tipo (Jn. 2.20, 21).
- Jesús les dijo: *"Si supieseis qué significa: Misericordia quiero, y no sacrificio, no condenaríais a los inocentes"* (Mt. 12.7; cp. Os. 6.6). Los fariseos solo veían la letra de la ley, no el espíritu de ella (2Co. 3.6; Ro. 7.6). Y la ley se resumía en la misericordia, que no es sino el amor en acción.
- Finalmente, concluyó diciéndoles: *"porque el Hijo del Hombre es Señor del día de reposo"*. El Señor estaba por encima aun de la ley. Como dice Lacueva nuevamente: "Cristo podía alterar, dispensar de, y acabar con la ley del sábado, pues, con él, *todo fue hecho nuevo* (Ro. 10.4; 2Co. 5.17), hasta el punto de que todo lo ceremonial quedó destituido de valor y de vigencia (Col. 2.14-17)"[13].

Tampoco Jesús dudó en socorrer y sanar enfermos ese día, como por ejemplo, el hombre que tenía seca una mano, en la sinagoga. Y, ante la pregunta que, para poder acusarle, le hicieron sobre si era lícito sanar en el día de reposo, les contestó: *"¿Qué hombre habrá de vosotros que tenga una oveja, y si esta cayere en un hoyo en día de reposo, no le eche mano, y la levante? Pues, ¿cuánto más vale un hombre que una oveja? Por consiguiente, es lícito hacer el bien en los días de reposo"*. Jesús le curó la mano y, dice la Escritura: *"ellos tuvieron consejo para destruirle"* (Mt. 12.9-14).

Así que, cuando los religiosos de su tiempo acusaron a Jesús de no guardar el *shabat* (Mat. 12.3-5), él les aclaró que su conducta, que para ellos era reprochable, ciertamente estaba dentro de la expectativa divina respecto al sábado. Y lo hizo enseñando cuatro propósitos requeridos para guardarlo según la voluntad de Dios: hacer el bien;

CLIE, 1983, pg. 222.
[13] F. LACUEVA, *ib id.*, pg. 223.

salvar vidas, demostrar misericordia, y librar a hombres, mujeres y animales de la esclavitud física y espiritual (Mt. 12.7,12; Mr. 3.4; Lc. 13.16).

El Señor Jesús lo guardó. A pesar de los ataques de sus enemigos, para Jesús, el sábado era un día de gozo y de gratitud para Dios y no había mejor forma de celebrarlo que haciendo bien a otros, sanando y bendiciendo a los hombres, en vez de hacerlo mediante el ritualismo opresivo impuesto por los religiosos de su tiempo. Ese era el principio liberador del día de reposo.

Como judío, guardó todos los preceptos de la Ley. Él dijo: *"No penséis que he venido para abrogar la ley o los profetas; no he venido para abrogar, sino para cumplir" (Mt. 5.17).*

Pero Jesús le dio al sábado su verdadero significado (cp. Mt. 5.22, 28, 32, 34, 39). No un rito formal, legal, externo, sino un mandamiento a cumplirse con alegría, libertad y gratitud a Dios, dedicando un tiempo especial para su adoración y la comunión con Su palabra.

¿La iglesia del NT guardaba el sábado?

El sábado y la iglesia.
En el libro de los Hechos de los Apóstoles se menciona el sábado nueve veces, y siempre se refiere a un día guardado para fines religiosos por parte de judíos no creyentes en el Señor Jesús (Hch. 13.14, 15, 42, 45; 15.21; 16.13; 17.1, 2; 18.4).

Pablo entraba en las sinagogas a predicar, pero es evidente que lo hacía antes de que se constituyera una iglesia en esas ciudades, y su interés no era participar del culto —la lectura de la ley y su explicación conforme al ritual hebreo— sino, como estrategia evangelística y muchas veces con profundas discusiones, para persuadir a los judíos que Jesús "es el Hijo de Dios" o "persuadiendo acerca del reino de Dios" (Hch. 9.20; 17.17; 18.4; 19.8).

Cuando en este mismo libro se menciona que los creyentes iban al Templo en sábado (Lc. 24.53; Hch. 2.46; 3.1), es porque, obviamente, aun después de la inauguración de la Iglesia, persistían las costumbres rituales judías.

Pablo enseñó a los cristianos que el sábado, como institución religiosa, fue abolido: Colosenses 2.14-16: *"...anulando el acta de los decretos que había contra nosotros, que nos era contraria, quitándola de en medio y clavándola en la cruz... por tanto nadie os juzgue en comida o en bebida, o en cuanto a días de fiesta, luna nueva o días de reposo, todo lo cual es sombra (gr, typos: tipo, figura) de lo que ha de venir; pero el cuerpo —la realidad que el tipo prefigura— es de Cristo".*

Por otra parte, censura a los creyentes gálatas porque estaban volviendo a los *"débiles y pobres rudimentos"*, a los cuales —les dice— *"os queréis volver a esclavizar. Guardáis los días, los meses, los tiempos y los años"* (Gá. 4.9-10). Y les enseña que la ley fue "el ayo" —el pedagogo, gr. *Paidagogós*— para llevarnos a Cristo (Gá. 3.23-27).

En las trece cartas paulinas, plenas de exhortaciones a cumplir los deberes cristianos, hay una completa omisión a guardar el sábado. Al contrario, Colosenses 2.16-17 dice claramente que estos mandamientos legales fueron abolidos en la cruz de Cristo. Para el apóstol Pablo, aferrarse a esos preceptos era cambiar la realidad gloriosa en Cristo por meras sombras, que son lo que representa la ley de Moisés.

Tampoco aparece ningún mandamiento al respecto en las cartas de Pedro, Juan, Santiago o Judas.

Por lo tanto, podemos decir sin dudar que no existe en el Nuevo Testamento mandamiento alguno que ordene a la iglesia del Señor a guardar el séptimo día.

Dice C. H. Mackintosh, comparando el sábado y el domingo:

"A Israel se le mandó guardarlo; la iglesia recibe el privilegio de gozar del primer día de la semana. Aquel fue dado para poner a prueba la actitud moral del pueblo; este es la evidencia del estado de gracia en que se halla la Iglesia. Aquel sirvió para indicar cuánto pudo hacer Israel por Dios; este es declaración de lo que Dios hizo por nosotros. El séptimo día pertenece a Israel y la vida terrenal; el primer día, a la Iglesia y la vida celestial".

¿Es necesario que los creyentes guardemos el día de reposo? Ya hemos visto que antes de la Ley de Moisés no había mandamiento de guardar ese día. Es curioso que se citen algunos elementos que formaban parte de los ritos del pueblo de Dios del AT como la circuncisión, el altar y los sacrificios, el diezmo, etc., pero nada se dice del sábado.

Por otra parte, como ya vimos, no hay en el Nuevo Testamento —después de la constitución de la Iglesia del Señor— mandamiento alguno sobre la observancia del sábado para los cristianos[14]. Es notable que todos los mandamientos del Decálogo están mencionados de alguna forma en el Nuevo Testamento como parte del código de ética que atañe a los cristianos, sean judíos o gentiles, salvo el cuarto mandamiento: el guardar el sábado.

De todos modos, no estaría mal que como necesidad biológica y psicológica, reserváramos el sábado para nuestro descanso, pues tampoco hay versículo alguno que lo derogue como día de descanso. Al menos, *"el sábado inglés"* así llamado a la mitad de ese día.

Dice Derek Tidball[15]:

"El día de reposo frena nuestro ímpetu; interrumpe nuestro interés en las cosas materiales; reajusta nuestros valores; hace que volvamos a lo básico, a depender de Dios otra vez, y nos da lugar para renovar nuestra relación con él".

Y agrega:

"Hay sabiduría en observar y aplicar el principio del día de reposo en nuestra vida. Crear un espacio regular para Dios, dejar a un lado el trabajo que se puede convertir en un tirano tan fácilmente; reenfocar nuestros valores espirituales, y recordar la necesidad de no oprimir a otros, además de celebrar gozosamente la vida irreprensible de nues-

---

[14] Romanos 14.15; Gálatas 4.8-10; Colosenses 2.16.
[15] Derek Tidball, *Levítico, Comentario al AT Andamio*, Publicaciones Andamio, 2009, pg. 356.

tro Señor resucitado; todos estos elementos siguen siendo cruciales en la formación de la vida espiritual".

El sábado judío y el domingo cristiano

¿Cuáles son las diferencias entre el sábado y el domingo, el día del Señor?
Incluimos el comentario de C. H. Mackintosh[16]:

"El sábado era el séptimo día; el día del Señor es el primero. El sábado era una señal entre Dios e Israel; el día del Señor es la prueba de la aceptación de la iglesia, sin condición alguna.

El sábado pertenecía a la vieja creación; el día del Señor pertenece a la nueva.

El sábado era un día de descanso corporal para el judío; el día del Señor es un día de descanso espiritual para el cristiano.

Si el judío trabajaba el día del sábado, debía ser condenado a muerte; si el cristiano no trabaja en el día del Señor, prueba con ello que no posee mucha vida; es decir, si no trabaja en provecho de las almas, y para la extensión de la gloria de Cristo y de la verdad. De hecho el cristiano consagrado a Dios, que posee algún don, se encuentra generalmente más fatigado al fin del día del Señor que al terminar cualquier otro día de la semana; porque ¿cómo podría él descansar mientras que las almas perecen a su alrededor?

Al judío le era ordenado por la ley quedar en su tienda durante el día del sábado; el cristiano es conducido fuera por el espíritu del Evangelio, ya sea para asistir a la asamblea pública (a los cultos de la iglesia), ya sea para anunciar el evangelio a los pecadores que perecen".

---

[16] C. H. MACKINTOSH, *Estudios sobre el libro del Éxodo*, Ed. Buenas Nuevas, 1960, pg. 31.

Agregamos a esto algunos conceptos, siguiendo a Víctor Buksbazen[17]:

- El sábado conmemora el fin de completa creación de Dios (Gn. 2.1-3). El primer día de la semana es el día de la resurrección del Señor y nos habla de una completa redención (Mt. 28.1-6).
- El sábado es una señal del pacto entre Dios y su pueblo Israel (Éx. 31.13). El primer día de la semana significa la comunión entre la iglesia y su Señor (Hch. 20.7).
- La observancia del sábado fue ordenada por la Ley. La muerte era el castigo por no cumplirla (Éx. 31.14). La comunión del día del Señor es voluntaria y espontánea.
- El sábado es el día que corona la semana, preservando al hombre de sus trabajos. El día del Señor nos recuerda lo que Dios hizo por el hombre a través de su Hijo unigénito.

De qué es figura el sábado para los cristianos

El sábado tiene varios significados, según podemos ver en la Escritura:

Es una figura del descanso de Dios después de la creación (Gn. 2.2, 3). Por eso leemos en el capítulo 4 de Apocalipsis aquel himno de adoración que todo lo creado, ángeles y hombres, rinden al que está sentado en el trono de gloria: *"Señor, digno eres de recibir la gloria y la honra y el poder; porque tú creaste todas las cosas, y por tu voluntad existen y fueron creadas"* (v. 11). Todo lo que hizo el Dios Soberano y Todopoderoso es perfecto y para la bendición del hombre. Tristemente, el hombre, a causa de su pecado frustró el propósito divino y por ello *"la creación fue sujeta a vanidad —frustración— no por su propia voluntad, sino por causa del que la sujetó en esperanza;*

---

[17] VÍCTOR BUKSBAZEN, *The Gospel in the Feasts of Israel,* The Friends of Israel Gospel Ministry Inc., 2005.

porque también la creación misma será libertada de la esclavitud de corrupción a la libertad gloriosa de los hijos de Dios. Porque sabemos que toda la creación gime a una, y a una está con dolores de parto hasta ahora" (Ro. 8.20-22).

Es una figura de la abrogación del antiguo pacto. Es notablemente significativo que el Señor Jesús pasó el sábado en el sepulcro. Era el sello de que el antiguo régimen de la ley quedaba para siempre atrás, y nacía con el primer día de la semana, el día de la resurrección de Cristo, una nueva etapa en la relación de Dios con los hombres.

Es una figura del descanso de la redención. A los pies del Sinaí, Moisés juntó al pueblo de Israel y, dándoles la ley recibida en las tablas, les dijo: *"Acuérdate de que fuiste siervo en tierra de Egipto, y que Jehová tu Dios te sacó de allá con mano fuerte y brazo extendido; por lo cual Jehová tu Dios te ha mandado que guardes el día de reposo".* Aquel pueblo de esclavos había sido liberado, emancipado de su esclavitud. Y ello, en base a la sangre derramada de un cordero por familia.

Siglos después, el Cordero de Dios entre los hombres pronunció aquellas memorables palabras: *"Venid a mí todos los que estáis trabajados y cargados, y yo os haré descansar"* (Mt. 11.28). Ese Cordero *"sin mancha y sin contaminación, ya destinado desde antes de la fundación del mundo, pero manifestado en los últimos tiempos, por amor de vosotros"* (1Pe. 1.18-20) había de morir en la cruz, derramando su preciosa sangre como precio del rescate por todos. Y por su salvación y perdón otorga descanso al alma atribulada por el pecado y la expectativa del juicio divino. El reposo de la redención.

Es una figura del descanso "de la tierra prometida". ¿De qué es figura Canaán? Muchas veces hemos escuchado y también cantado en antiguas canciones que Canaán es un tipo del cielo, por ser el fin de nuestro peregrinaje. Dejando atrás el desierto y atravesando el río Jordán, símbolo de la muerte, nos hallaremos en la "tierra prometida" de la patria celestial. Pero Canaán no es exactamente una figura del cielo, sino de la vida cristiana. En Canaán hubo luchas. En el cielo no las habrá. Canaán debía ser conquistada. El Señor Jesús prometió a los suyos las mansiones que Él está preparando mientras no vuelve a buscarnos. Pero sí hay necesidad de luchas contra nuestros enemigos y de conquistas en la vida cristiana, particularmente cuando esta anhele ser vivida en la plenitud del Espíritu.

Para Israel, Canaán debía ser un lugar de descanso y de victoria. El propósito de Dios era que llegaran allá todos aquellos que habían salido de Egipto. Pero conocemos la historia de aquel pueblo de corazón duro que, a pesar de haber visto las maravillas de Dios, se quejó vez tras vez; codició lo que no debía; fue idólatra, inmoral, murmurador, desobediente, incrédulo, llegando hasta tentar al Señor (1Co. 10.6-10). La rebelión final del pueblo fue en Cades-Barnea (Nm. 14), donde la incredulidad llegó a su máxima expresión. Por ello, Dios se enojó con ellos y, lleno de ira, juró que no entrarían en su reposo (Sal. 95.8-11; Hb.3.7-11).

Así que Canaán no es un tipo del cielo. Es figura de la vida vivida en el poder del Espíritu Santo. La vida que vive el cristiano espiritual. Aquel que descansa en Dios. Aquel que vive "en lugares celestiales en Cristo", y no por vivir en el cielo, sino por dejar el desierto de la vida vivida en la esfera de la carne, en el dominio de la carne, y entrar al disfrute de la vida de plenitud espiritual en una experiencia de identificación con el Señor resucitado y victorioso. En una vida llena, es decir, gobernada, guiada, controlada por el Espíritu.

Vida del cielo aquí en la tierra

Es cierto que en el cielo gozaremos de la perfecta comunión con Cristo y los suyos para siempre, pero también es cierto que el creyente puede vivir aquí en la tierra la calidad de vida eterna que Dios nos dio en el momento de creer, y que exige una separación del desierto del mundo y un cruce del Jordán de la muerte del yo para alcanzar un nivel más elevado de la vida cristiana.

Indica el fin de una vida egoísta, para vivir la vida en Cristo. La terminación de una vida basada en esfuerzos humanos, para vivir una vida de fe y obediencia. Una vida vivida en un plano superior. Como dijo Pablo el apóstol: *"Para mí, el vivir es Cristo"* (Fil. 1.21). Tampoco el descanso "de la tierra prometida" de la vida abundante es un descanso de inactividad. Al contrario, en medio de las luchas, pruebas y servicio consagrado, el creyente experimenta el descanso de la presencia de Dios, de la guía de Dios. Dice J. Patrick, en *Hastings'Bible Dictionary[18]:*

"El reposo que Cristo da no es un reposo del trabajo, sino en trabajo: no el reposo de la inactividad, sino del obrar armonioso de todas las facultades y afectos (de la voluntad, corazón, imaginación, conciencia) debido a que cada una de estas cosas ha hallado en Dios la esfera ideal de su satisfacción y desarrollo".

Citamos nuevamente Mateo 11.28, 29, donde Jesús dice: *"Venid a mí todos los que estáis trabajados y cargados, y yo os haré descansar. Llevad mi yugo sobre vosotros, y aprended de mí, que soy manso y humilde de corazón... y hallaréis descanso para vuestras almas".* Notemos que en el v. 28 el descanso es por venir al Señor, por creer en él. Como dice un escritor: "es el descanso de la conciencia". Pero en el v. 29 habla de otro descanso. Es el del corazón, el de nosotros mismos. Los israelitas salieron de Egipto, esto es, experimentaron la redención. Pero salvo dos, Josué y Caleb, todos murieron en el desierto y no llegaron a experimentar el descanso de Canaán. En otras palabras: obtuvieron el descanso de Mateo 11.28, pero no el de 11.29.

¿No es lo que ocurre con muchos creyentes? Son salvos, y nada ni nadie quitará su salvación. Conocen el descanso de la salvación, pero no viven la vida plena, gozosa. No gozan de las bendiciones del descanso del Señor, de la paz del Señor. AÚn viven en la energía de la carne, no en el poder del Espíritu. Nunca llegan a experimentar Isaías 26.3: *"Tú guardarás en completa paz a aquel cuyo pensamiento en ti persevera, porque en ti ha confiado".*

---

[18] *Dictionary of the Bible*, edited by James Hastings, Charles Scribner's Sons, 1909.

El descanso de Canaán, entonces, es un tipo del descanso de Dios en el cual pueden entrar ahora, espiritualmente, todos los que creen, para vivir una vida de plena comunión con Él. Es cierto que la salvación produce descanso en el pecador que acude a Cristo, que ha encontrado el camino, como dice Jeremías 6.16: *"Paraos en los caminos y mirad, y preguntad por las sendas antiguas, cuál sea el buen camino, y andad por él, y hallaréis descanso para vuestra alma"*. Pero el descanso no queda en el momento en que un alma es justificada por la fe. También se manifiesta en su vida de salvación, cuando esta se desarrolla en la esfera de la comunión y dependencia por la fe de las Personas de la Divina Trinidad, y no en base a esfuerzos humanos. Como la ovejita del Salmo 23, puede decir: *"En lugares de delicados pastos me hará descansar"*.

Decía Agustín de Hipona: "Mi corazón, Señor, no reposa, hasta reposar en Ti". Es el *descanso sabático* que será consumado en la presencia del Señor, pero que puede ser anticipado y vivido ya aquí, en una vida que descansa en Su gracia y se somete con agrado a Su perfecta voluntad.

Escribe D. Pentecost [19]:

"Esto nos lleva a concluir lógicamente que el *reposo* en este pasaje debe referirse a lo que podríamos llamar el de la vida por fe, apropiado por la fe y disfrutado incluso en medio de conflictos, obstáculos y oposiciones en la vida. Tal era el que la generación del éxodo dejó escapar; y en el que entró la generación dirigida por Josué cuando por la fe poseyeron la tierra y gozaron de sus bendiciones".

No se refiere, pues, a un descanso milenial, como algunos enseñan, sino a un descanso en la vida cristiana apoyada con toda fe y obediencia en las promesas y las demandas del Señor para los suyos. Aun las demandas del Señor son una "carga ligera" (Mt. 11.30).

Tengamos en cuenta que el apóstol está hablando a creyentes cuando les dice en el v. 11 de Hebreos 4: *"Procuremos, pues, entrar en aquel reposo…"*. Y a los mismos dice en el v. 1: *"Temamos, pues, no sea*

---

[19] DWIGHT PENTECOST, *Una fe que perdura*, Ed. Caribe, Inc., 1995, pg. 76.

que permaneciendo aún la promesa de entrar en su reposo, alguno de vo-sotros parezca no haberlo alcanzado". Y tengamos en cuenta también que algunos de ellos presentaban un cuadro de niñez espiritual, es decir, de falta de madurez (cp. 5.11, ss.), lo cual les ataba a preceptos, legalismos y viejas estructuras que habían quedado obsoletas por la nueva realidad de Cristo y su doctrina.

Es cierto que un día entraremos en el final descanso, en la casa del Padre, pero la invitación a vivir una vida de *reposo* es para aquí y ahora. Como dice F. F. Bruce[20]:

"La promesa de entrar al *reposo* de Dios permanece abierta. El significado de este *reposo* no se agotó en la Canaán terrenal, a la cual entraron los israelitas de la generación que había llegado a ser adulta en el desierto; la contrapartida espiritual de la Canaán terrenal es la meta actual para el pueblo de Dios".

El secreto del descanso

¿Cuál es el secreto para vivir en el reposo de Dios? La vida de obediencia y la fe. Miremos lo que dice Hebreos 4.18-19: *"¿Y a quiénes juró que no entrarían en su reposo, sino a aquellos que desobedecieron? Y vemos que no pudieron entrar a causa de incredulidad"*. Así sucedió. Solo dos hombres notables por su obediencia y fidelidad pudieron hacerlo: Josué y Caleb.

El creyente que confía en el Señor, descansa en sus promesas, en su fidelidad, en su poder, en su gracia. Todos los recursos divinos en Cristo son suyos, por medio de la fe, de modo que puede decir con toda confianza: *"Todo lo puedo en Cristo, que me fortalece"* (Fil. 4.13). Aun en las mayores carencias y circunstancias adversas de la vida, podemos oír la voz celestial diciéndonos, como a Pablo: *"Bástate*

---

[20] F. F. BRUCE, *La Epístola a los Hebreos*, Ed. Nueva Creación, 1987, pg. 73.

mi gracia" (2Co. 12.9). Dicho con otras palabras: "Eso es todo lo que necesitas".

Y entonces descansamos por la fe en nuestro Señor, y podemos cantar:

> *Salvo en los fuertes brazos del tierno Salvador,*
> *Dulce reposo tengo en su inmutable amor.*

El estado espiritual del pueblo de Israel, la dureza y maldad de su corazón, su incredulidad y su desobediencia les impedía entrar en el descanso que Dios tiene reservado para aquellos que son fieles y obedientes a Él y a Su Palabra, y están rendidos por completo a Su voluntad (Heb. 3.7-19).

De modo que la entrada a este reposo no es "automática", sino que requiere de actitud (*"temamos"* Heb. 4.1) y de esfuerzo (*"procuremos"*, v.11). Pero tengamos en cuenta que la fe cristiana es dinámica y activa, no estática y pasiva, a pesar de estar apoyada en la promesa del Señor: *"Dios es el que en vosotros produce* —gr. Energein— *el querer como el hacer, por su buena voluntad"*, Fil. 2.13. Nosotros los creyentes cooperamos con Dios ocupándonos *en* (no, *de*) nuestra salvación, con temor y temblor (v. 12) y Dios sostiene nuestra debilidad con su poder.

Hermano querido, tenemos un descanso a nuestra disposición. Que oigamos la voz del Señor apelando a nuestra voluntad: *"Si oyereis hoy su voz, no endurezcáis vuestro corazón"*. No apaguemos al Espíritu. Inclinemos el corazón, seamos dóciles a su voz y disfrutemos plenamente del descanso que Él nos ofrece.

Finalmente, el sábado:

Es una figura del reposo eterno, de la obra terminada, de la redención consumada.

El descanso sabático es un tipo de aquel reposo que aún queda para el pueblo de Dios, y del cual habla el cap. 4 de la epístola a los Hebreos. Es el descanso de Dios que aún no ha llegado a su total cumplimiento. Dice el v. 9: *"Por tanto, queda un reposo para el pueblo de Dios".*

Es notable que el autor de la epístola a los Hebreos, inspirado, utiliza en el contexto de este capítulo nueve veces la palabra *reposo,* o sus derivados. En ocho de ellas utiliza la palabra griega *katapaúo,* que significa exactamente reposo, pero en forma intensiva (por el prefijo *katá*). Pero en el v. 9 usa una palabra distinta a las otras ocho. El término original, que sale solo esta vez en el Nuevo Testamento, es ***sabattismós,*** "un descanso sabático", o "un sábado de descanso". Este descanso va más allá de los otros mencionados. El sentido es más profundo. Es un descanso final, total, eterno. Como el de Dios al completar su obra creadora, o al consumar su obra redentora, ya completa definitivamente con la muerte del Salvador. Dice Hugh K. Downie[21]:

"El eterno sábado no es el séptimo día, sino el octavo. El primer día de la Fiesta de los Tabernáculos era un Sabbath, y el octavo día era un Sabbath. La fiesta de los Tabernáculos apunta hacia el Milenio, pero, como era la única fiesta que tenía un día octavo, el descanso contemplado no es el descanso milenial, sino el eterno. El octavo día es el de la resurrección, en el cual el Señor fue levantado de entre los muertos, así que el eternal Sabbath es basado en la resurrección. Es la nueva creación cuando "las primeras cosas pasaron" y Dios haga "nuevas todas las cosas" (Ap. 21.4, 5)".

Es el glorioso final que esperamos. Ahora es tiempo de trabajar, de luchar, de andar por la fe. Un día descansaremos. Un día entraremos en el final descanso, en la casa del Padre, cuando se cumpla aquella palabra de Apocalipsis 14.13: *"Bienaventurados los muertos que de aquí en adelante mueren en el Señor. Sí, dice el Espíritu, descansarán de sus trabajos...".*

---

[21] HUGH K. DOWNIE, *op. cit.,* pg. 31.

Sábado o día del Señor

¿Por qué en vez del sábado los creyentes celebramos "el día del Señor"?

El primer día de la semana, el día del Señor, corresponde al *octavo día* en las celebraciones festivas de Israel. El *ocho*, "siete más uno", es un número particular en la Escritura que siempre está relacionado con algo nuevo. Habla de *resurrección*, de *restauración*, de *regeneración*. Por ejemplo: 1 Pedro 3.20; 2 Pedro 2.5; Génesis 17.12; Éxodo 22.29, 30[22].

Además de no haber ningún expreso mandamiento para observar el sábado por parte de la iglesia del Señor, sí podemos hallar en el Nuevo Testamento varias citas que nos indican que los creyentes de la iglesia primitiva se reunían el domingo, el "día del Señor" para celebrar el culto cristiano (Hch. 28.7; 1Co. 16.2; Ap. 1.10). Dice el Dr. Pablo A. Deiros:

"Hasta el siglo IV, el día del Señor se observaba en algún momento entre el atardecer del sábado y la hora de iniciar la jornada de trabajo, el domingo por la mañana".[23]

A su vez, dice Justo L. González[24]:

"Desde sus mismos inicios, la iglesia cristiana acostumbraba a reunirse el primer día de la semana para "partir el pan". La razón por la que el culto tenía lugar el primer día de la semana era que en ese día se conmemoraba la resurrección del Señor. Luego el propósito principal del culto no era llamar a los fieles a la penitencia, ni hacerles sentir el peso de sus pecados, sino celebrar la resurrección del Señor

---

[22] Ver libro *Cómo entender y explicar los números de la Biblia* de E. W. BULLINGER, CLIE, 1990, pg. 213, ss.

[23] PABLO DEIROS, *Historia del Cristianismo - Primeros 500 años*, Edic. del Centro, Bs. Aires, Argentina, 2005, pg. 49.

[24] JUSTO L. GONZÁLEZ, *Historia ilustrada del Cristianismo - Tomo 1, La era de los mártires*, Ed. Caribe, 1978, pg. 162.

y las promesas de que esa resurrección era el sello. Es por esto que el libro de Hechos describe aquellos cultos diciendo que *"partiendo el pan en las casas, comían juntos con alegría y sencillez de corazón"* (Hch. 2.46). La atención en aquellos servicios de comunión no se centraba tanto en los acontecimientos del *viernes santo* como en los del *domingo de Resurrección*. Una nueva realidad había amanecido, y los cristianos se reunían para celebrarla y para hacerse partícipes de ella".

El primer día de la semana fue el día en que:

- El Señor resucitó (Jn.20.1, ss).
- El Señor se apareció varias veces a los discípulos, encontrándose con ellos en diferentes lugares (Mr. 16.9; Mt. 28.9; Lc. 24.13-32; 34 -cp. 1Co. 15.3-8-; Mr. 16.14).
- El Señor se reunió con sus discípulos y los bendijo (Jn. 20.19).
- El Señor anunció su ascenso al cielo después de resucitado para presentarse ante el Padre (Jn. 20.17).
- Se predicó por primera vez el evangelio del Cristo resucitado (Lc. 24.34).
- El Señor impartió a sus discípulos el Espíritu Santo y les encomendó el ministerio misionero del apostolado, además de restaurar a Tomás de su incredulidad (Jn. 20.19-29).
- Descendió, muy probablemente, el Espíritu Santo sobre
- Los creyentes reunidos (Hch. 2, cp. Lv. 23.15, 16).
- Los creyentes se reunían para celebrar la Cena del Señor (Hch. 20.6-7), y para oír la enseñanza de la Palabra.
- Las iglesias levantaban las ofrendas al Señor, muy probablemente como parte de su culto (1Co. 16.1, 2).
- Probablemente Juan recibió la revelación del Apocalipsis (Ap. 1.10)[25].

---

[25] Algunos piensan que la expresión "Día del Señor" en este texto no se refiere al domingo, sino a su concepto vétero-testamentario (Am. 5.18; Jl. 2.1,2; Is. 2.12: Zc. 14.1, etc.), también usada en el Nuevo Testamento (Hch. 2.20; 1 Ts. 5.2; 2 Ts. 2.2; 2 Pe. 3.10). Además, como apoyo de esta opinión dicen que la expresión bíblica que se halla en el texto del NT es "el primer día de la semana" (Jn. 20.1, 19; Hch. 20.7; 1Co.

El testimonio de los padres de la iglesia

No solo la Escritura asegura que el primer día de la semana es el día de encuentro del pueblo de Dios para celebrar el triunfo de Jesucristo -aunque bastaría con este solo apoyo-, sino también el testimonio de los "padres de la iglesia" sostiene el uso del "primer día de la semana" como el día dedicado al Señor.

En la *Didakhé*[26], o "Enseñanza de los Doce Apóstoles", que data aproximadamente del año 70 d. C., es decir, contemporáneo con algunas cartas apostólicas, podemos leer:

"En cada Día del Señor (los creyentes están) reunidos juntos para el partimiento del pan y el acción de gracias".

Bernabé, que escribió por el 90 d.C. una epístola no canónica, pero sí de gran importancia para los primeros cristianos, comenta con referencia al primer día de la semana:

"Finalmente él (Jesús) dice: "Vuestros sábados no me son aceptables. Haré un nuevo principio el octavo día, lo cual es el principio de otro mundo"; por lo tanto nosotros observamos gozosos el Día del Señor, el día en el cual Jesús resucitó de los muertos".

16.2). Es decir, la fórmula usada por Juan en Patmos, equivaldría a designar el éxtasis que experimentó y que le llevó a recibir las visiones contempladas y luego descritas en su escrito, que correspondían al periodo de tiempo que el AT llama *"el día de Jehová"* y que corresponde al *"día del Señor"* del NT.

[26] *Didakhé* o *Didaché*, es un término griego que significa «enseñanza» y con la que se conoce la obra llamada «Instrucción del Señor a los gentiles por medio de los doce Apóstoles» o también «Instrucciones de los Apóstoles». Es una colección de normas morales, litúrgicas y de organización eclesiástica que, probablemente vigentes entre la iglesia primitiva, fueron recopiladas sin la pretensión de sintetizarlas ni ordenarlas. Pareciera tener tal prestigio entre los cristianos de los primeros siglos, que Eusebio de Cesarea debió aclarar que no era un escrito canónico, es decir, perteneciente al texto sagrado del Nuevo Testamento. El texto de la *Didakhé* fue recuperado a fines del 1800, al hallarse inserta en un códice griego del patriarcado de Jerusalén datado del S. XI.

Agrega: "Nosotros guardamos el día del Señor con gozo, el día en el cual Jesús resucitó de la muerte".

Ignacio de Antioquía, otro reconocido obispo de la iglesia y discípulo del apóstol Juan, por el año 110 d.C. escribía:

"Si entonces aquellos que fueron instruidos según el antiguo orden, han llegado a poseer una nueva esperanza, sin seguir observando el sábado, pero moldean su modo de vivir guardando el Día del Señor, día en el cual nuestra vida resucitó por medio de Él... para que se nos llame discípulos de Jesucristo, nuestro único Señor".

También Justino Mártir, en el 135 d.C. escribió en un conocido párrafo:

"En el día que es llamado "día del sol"[27], el primero de la semana, todos los que viven en ciudades o en los campos se congregan en un lugar, y se leen las memorias de los apóstoles y los escritos de los profetas; entonces cuando el lector ha terminado, el que preside verbalmente enseña y exhorta a la imitación de estas buenas cosas. Entonces se ponen de pie y oran, y al terminar la oración, traen pan y vino y agua. Pero el domingo es el día en que celebramos nuestra asamblea común, porque es el primer día en el cual Dios, habiendo obrado un cambio en las tinieblas y en la materia, hizo el mundo; y Jesucristo, nuestro Salvador, en el mismo día resucitó de los muertos. Porque él fue crucificado en el día antes de Saturno (sábado) y en el día después de Saturno, que es el día del sol (domingo) habiendo aparecido a sus apóstoles y discípulos, les enseñó estas cosas".[28]

Ireneo, 178 d.C.:

"El misterio de la resurrección del Señor no puede celebrarse en otro día que el Día del Señor".

---

[27] Curiosamente, el domingo en inglés es "Sunday", "día del sol".
[28] JUSTINO MÁRTIR, *Primera Apología*, 67.

Pedro, obispo de Alejandría, 300 d.C.:

"Guardamos el Día del Señor como día de regocijo por causa de Él, quien resucitó en él".

Y así podríamos seguir con Clemente de Alejandría, 194 d.C.; Orígenes, 225 d.C.; Cipriano, 253 d.C., y otros.

Citamos, finalmente a Eusebio, 315 d.C., que escribía en forma concluyente:

"La palabra del nuevo pacto transfirió la fiesta del sábado a la luz de la mañana y nos dio el verdadero descanso; a saber, el día del Señor. En este día que es el primero de la luz y del verdadero sol, nos congregamos después de un intervalo de seis días... Las iglesias por todo el resto del mundo observan la práctica que ha prevalecido desde la tradición apostólica hasta el presente tiempo, de tal modo que no sería conveniente terminar nuestros ayunos en otro día que el de la resurrección de nuestro Salvador".

Por contraste, el mismo Eusebio escribió respecto de una pequeña secta que observaba el séptimo día:

"Son aquellos que abrigan opiniones bajas y malas de Cristo... Con ellos la observancia de la ley era del todo necesaria, como si no pudieran ser salvos solo por la fe en Cristo y una vida que corresponde. Ellos también celebran el sábado y otras medidas de los judíos en igual modo como estos, pero por otro lado también celebran el Día del Señor en modo semejante al nuestro en conmemoración de su resurrección".

Es evidente que la iglesia de los primeros siglos del cristianismo observaba el "día del Señor"[29], por lo cual no es cierto que esto

---

[29] "Día del Señor" es el significado de "domingo", que en latín se escribe *dies Dominious*. A finales del siglo I, se halla la expresión griega *Kyriaki himera*, del mismo significado.

sucedió —como aseguran, por ejemplo, los Adventistas— después del decreto del emperador Constantino a principios del s. IV[30] que instituía el domingo como día de descanso, siendo este el "día del sol", es decir, dedicado al dios sol del paganismo. Pero es necesario considerar que el decreto no estaba dirigido a los cristianos, ya que ya lo guardaban, sino particularmente a los paganos, a quienes Constantino, "convertido" al cristianismo pretendía asimilar. El decreto imperial nada cambió en la práctica eclesiológica cristiana, sino que hizo universal por todo el imperio la observancia de ese día.

El día del Señor: un día especial

Debemos tener en cuenta algunas cosas prácticas:

Es un día dedicado al Señor. Por lo tanto, no deberíamos hacer labores seculares, no por una demanda legalista, sino por un deseo genuino de tener comunión con Su pueblo, de dedicarlo a la adoración, al testimonio y al servicio para el Señor.

Es un día de descanso espiritual. No para cumplir prohibiciones, sino para experimentar la paz del Señor en el alma. *"La* letra mata, pero el Espíritu vivifica"* (2Co. 3.6).

Es un día de gozo. Habla de nuestra libertad, de nuestra redención, de nuestra esperanza.

El sábado de la ley quedó atrás. ¡Celebremos la fiesta en el día del Señor! ¡Él ha resucitado, y vive para siempre!

---

[30] El decreto de Constantino fue instituido el 7 de marzo del año 321 d.C. y fue uno de los siete decretos que el emperador sacó a favor del cristianismo, adoptado desde él como religión oficial del Imperio romano.

CAPÍTULO 4

LA PASCUA

Fiesta de redención

Levítico 23.4 Estas son las fiestas solemnes de Jehová, las convocaciones santas, a las cuales convocaréis en sus tiempos:

5. En el mes primero, a los catorce del mes, entre las dos tardes, pascua es de Jehová.

Éxodo 12.1 Habló Jehová a Moisés y a Aarón en la tierra de Egipto, diciendo:

2. Este mes os será principio de los meses; para vosotros será éste el primero en los meses del año.

3. Hablad a toda la congregación de Israel, diciendo:

En el diez de este mes tómese cada uno un cordero según las familias de los padres, un cordero por familia.

4. Mas si la familia fuere tan pequeña que no baste para comer el cordero, entonces él y su vecino inmediato a su casa tomarán uno según el número de las personas; conforme al comer de cada hombre, haréis la cuenta sobre el cordero.

5. *El animal será sin defecto, macho de un año; lo tomaréis de las ovejas o de las cabras.*

6. *Y lo guardaréis hasta el día catorce de este mes, y lo inmolará toda la congregación del pueblo de Israel entre las dos tardes.*

7. *Y tomarán de la sangre, y la pondrán en los dos postes y en el dintel de las casas en que lo han de comer.*

8. *Y aquella noche comerán la carne asada al fuego, y panes sin levadura; con hierbas amargas lo comerán.*

9. *Ninguna cosa comeréis de él cruda, ni cocida en agua, sino asada al fuego; su cabeza con sus pies y sus entrañas.*

10. *Ninguna cosa dejaréis de él hasta la mañana; y lo que quedare hasta la mañana, lo quemaréis en el fuego.*

11. *Y lo comeréis así: ceñidos vuestros lomos, vuestro calzado en vuestros pies, y vuestro bordón en vuestra mano; y lo comeréis apresuradamente; es la Pascua de Jehová.*

12. *Pues yo pasaré aquella noche por la tierra de Egipto, y heriré a todo primogénito en la tierra de Egipto, así de los hombres como de las bestias; y ejecutaré mis juicios en todos los dioses de Egipto. Yo Jehová.*

13. *Y la sangre os será por señal en las casas donde vosotros estéis; y veré la sangre y pasaré de vosotros, y no habrá en vosotros plaga de mortandad cuando hiera la tierra de Egipto.*

14. *Y este día os será en memoria, y lo celebraréis como fiesta solemne para Jehová durante vuestras generaciones; por estatuto perpetuo lo celebraréis.*

15. *Siete días comeréis panes sin levadura; y así el primer día haréis que no haya levadura en vuestras casas; porque cualquiera que comiere leudado desde el primer día hasta el séptimo, será cortado de Israel.*

16. *El primer día habrá santa convocación, y asimismo en el séptimo día tendréis una santa convocación; ninguna obra se hará en ellos, excepto solamente que preparéis lo que cada cual haya de comer.*

17. *Y guardaréis la fiesta de los panes sin levadura, porque en este mismo día saqué vuestras huestes de la tierra de Egipto; por tanto, guardaréis este mandamiento en vuestras generaciones por costumbre perpetua.*

18. *En el mes primero comeréis los panes sin levadura, desde el día catorce del mes por la tarde hasta el veintiuno del mes por la tarde.*

19. *Por siete días no se hallará levadura en vuestras casas; porque cualquiera que comiere leudado, así extranjero como natural del país, será cortado de la congregación de Israel.*

20. *Ninguna cosa leudada comeréis; en todas vuestras habitaciones comeréis panes sin levadura.*

21. *Y Moisés convocó a todos los ancianos de Israel, y les dijo: Sacad y tomaos corderos por vuestras familias, y sacrificad la pascua.*

22. *Y tomad un manojo de hisopo, y mojadlo en la sangre que estará en un lebrillo, y untad el dintel y los dos postes con la sangre que estará en el lebrillo; y ninguno de vosotros salga de las puertas de su casa hasta la mañana.*

23. *Porque Jehová pasará hiriendo a los egipcios; y cuando vea la sangre en el dintel y en los dos postes, pasará Jehová aquella puerta, y no dejará entrar al heridor en vuestras casas para herir.*

24. *Guardaréis esto por estatuto para vosotros y para vuestros hijos para siempre.*

25. *Y cuando entréis en la tierra que Jehová os dará, como prometió, guardaréis este rito.*

26. *Y cuando os dijeren vuestros hijos: ¿Qué es este rito vuestro?,*

27. *vosotros responderéis: Es la víctima de la pascua de Jehová, el cual pasó por encima de las casas de los hijos de Israel en Egipto, cuando hirió a los egipcios, y libró nuestras casas. Entonces el pueblo se inclinó y adoró.*

Números 9.1 Habló Jehová a Moisés en el desierto de Sinaí, en el segundo año de su salida de la tierra de Egipto, en el mes primero, diciendo:

2. *Los hijos de Israel celebrarán la pascua a su tiempo.*

3. *El decimocuarto día de este mes, entre las dos tardes, la celebraréis a su tiempo; conforme a todos sus ritos y conforme a todas sus leyes la celebraréis.*

4. *Y habló Moisés a los hijos de Israel para que celebrasen la pascua.*

5. *Celebraron la pascua en el mes primero, a los catorce días del mes, entre las dos tardes, en el desierto de Sinaí; conforme a todas las cosas que mandó Jehová a Moisés, así hicieron los hijos de Israel.*

6. *Pero hubo algunos que estaban inmundos a causa de muerto, y no pudieron celebrar la pascua aquel día; y vinieron delante de Moisés y delante de Aarón aquel día,*

7. *y le dijeron aquellos hombres: Nosotros estamos inmundos por causa de muerto; ¿por qué seremos impedidos de ofrecer ofrenda a Jehová a su tiempo entre los hijos de Israel?*

8. *Y Moisés les respondió: Esperad, y oiré lo que ordena Jehová acerca de vosotros.*

9. *Y Jehová habló a Moisés, diciendo:*

10. *Habla a los hijos de Israel, diciendo: Cualquiera de vosotros o de vuestros descendientes, que estuviere inmundo por causa de muerto o estuviere de viaje lejos, celebrará la pascua a Jehová.*

11. *En el mes segundo, a los catorce días del mes, entre las dos tardes, la celebrarán; con panes sin levadura y hierbas amargas la comerán.*

12. *No dejarán del animal sacrificado para la mañana, ni quebrarán hueso de él; conforme a todos los ritos de la pascua la celebrarán.*

13. *Mas el que estuviere limpio, y no estuviere de viaje, si dejare de celebrar la pascua, la tal persona será cortada de entre su pueblo; por cuanto no ofreció a su tiempo la ofrenda de Jehová, el tal hombre llevará su pecado.*

14. *Y si morare con vosotros extranjero, y celebrare la pascua a Jehová, conforme al rito de la pascua y conforme a sus leyes la celebrará; un mismo rito tendréis, tanto el extranjero como el natural de la tierra.*

Números 28.16 Pero en el mes primero, a los catorce días del mes, será la pascua de Jehová.

Deuteronomio 16.1 Guardarás el mes de Abib, y harás pascua a Jehová tu Dios; porque en el mes de Abib te sacó Jehová tu Dios de Egipto, de noche.

2. *Y sacrificarás la pascua a Jehová tu Dios, de las ovejas y de las vacas, en el lugar que Jehová escogiere para que habite allí su nombre.*

3. *No comerás con ella pan con levadura; siete días comerás con ella pan sin levadura, pan de aflicción, porque aprisa saliste de tierra de Egipto;*

para que todos los días de tu vida te acuerdes del día en que saliste de la tierra de Egipto.

4. *Y no se verá levadura contigo en todo tu territorio por siete días; y de la carne que matares en la tarde del primer día, no quedará hasta la mañana.*

5. *No podrás sacrificar la pascua en cualquiera de las ciudades que Jehová tu Dios te da;*

6. *sino en el lugar que Jehová tu Dios escogiere para que habite allí su nombre, sacrificarás la pascua por la tarde a la puesta del sol, a la hora que saliste de Egipto.*

7. *Y la asarás y comerás en el lugar que Jehová tu Dios hubiere escogido; y por la mañana regresarás y volverás a tu habitación.*

8. *Seis días comerás pan sin levadura, y el séptimo día será fiesta solemne a Jehová tu Dios; no trabajarás en él.*

1 Corintios 5.7b-8a "...nuestra pascua, que es Cristo, ya fue sacrificada por nosotros. Así que, celebremos la fiesta...".

Seguramente en más de un hogar hebreo, hace unos tres mil quinientos años en el antiguo Egipto, un niño preguntaría a su padre: "Papá, ¿por qué tiene que morir este corderito?" Y la respuesta, tal vez, sin ser del todo comprendida por el pequeño, sería: "O muere él, o mueres tú, hijo mío".

Esa era la razón de la Pascua, la primera de las fiestas de Jehová, la ceremonia que marcó el fin de la esclavitud en Egipto y el principio de una nueva era para el pueblo elegido. Y era una fiesta muy gozosa (Isaías 30.29).

Aquella noche un sentimiento de libertad llenaba las mentes y los corazones de los hebreos en el antiguo imperio. Después de cuatrocientos años, y de haber pasado varias generaciones de esclavos, llegaba, al fin, la liberación, el cumplimiento de la promesa, la perspectiva de llegar a la tierra *que fluye leche y miel.*

Este acontecimiento único, esta epopeya sin precedentes, debía repetirse año tras año en la tierra de promisión. La Pascua era la primera de las fiestas anuales que Dios habría de instituir para el gozo y la bendición de Su pueblo. Y la primera de las tres fiestas principales, llamadas "fiestas solemnes", en las que todo israelita debía presentarse tres veces al año para celebrarlas en el santuario de Dios. Así lo enseña Deuteronomio 16.16-17: *"Tres veces cada año aparecerá todo varón tuyo delante de Jehová tu Dios en el lugar que él escogiere: en la fiesta solemne de los panes sin levadura, y en la fiesta solemne de las semanas, y en la fiesta solemne de los tabernáculos. Y ninguno se presentará delante de Jehová con las manos vacías; cada uno con la ofrenda de su mano, conforme a la bendición que Jehová tu Dios te hubiere dado".*

Era la primera de las fiestas anuales y se celebraba en el mes de Abib, llamado "el mes de la redención" junto con la de los Panes sin levadura, y tomaba su nombre de esta última (Dt. 16.18). Las otras dos eran la de Pentecostés, o las Semanas (Dt. 16.912), y la de los Tabernáculos, o Cabañas (Dt. 16.13-15)[1].

La palabra *pascua* (heb. *pesach* o *pesaj)*, significa "pasar por encima" o "pasar de largo", en el sentido de perdonar, o bien de proteger, si el significado del término hebreo fuera "ensanchar las alas" (cp. Is. 31.5)[2]. Fue ordenada por Dios para el pueblo hebreo en la víspera de su salida, de su *éxodo* de Egipto, donde habían vivido en esclavitud y opresión por más de cuatro siglos (Éx. 12.1-27). Fue celebrada aquella noche memorable, en la que el Señor, a través de los ángeles —que siempre son los ejecutores de los juicios divinos (2 Sa. 24.15-17; 2 Re. 19.32-37)— y que la Escritura menciona como "un ejército de ángeles destructores" (Sal. 78.49-53) aniquiló a todos

---

[1] Algunos hebreos piensan que en ese mes también Israel será redimido de nuevo en el final de los tiempos. Por lo tanto en él se conmemora la liberación histórica y se proclama la liberación futura final o escatológica.

[2] El inglés recoge perfectamente el significado, ya que a la Pascua llaman *Passover*: pasar por encima. Leemos en 2 Corintios 5.19: "que Dios estaba en Cristo reconciliando consigo al mundo, no tomándoles en cuenta a los hombres sus pecados, y nos encargó a nosotros la palabra de la reconciliación". Aquí está el significado de la palabra pascua: pasar por alto. Dios pasó por alto, no tomó en cuenta nuestros pecados gracias a Cristo, nuestra pascua.

los primogénitos de la tierra de Egipto que no estaban protegidos por la sangre vertida del cordero pascual (Éx. 12.28-39; Sal.105.36; 136.10)[3].

Esta experiencia singular dio origen a esta celebración anual que tenía lugar el día catorce del primer mes (el mes de Abib, llamado Nisán después del retorno de la cautividad babilónica), en la que los hebreos deberían recordar la manera en que habían sido salvados no solamente de la tiranía de los egipcios, sino aun de morir bajo el juicio divino (Éx. 12.24, 25). Era un rito[4] que debían guardar para siempre.

La primera Pascua se celebró en el séptimo mes *(Tisrí* o *Etanim)*. Luego, Dios estableció un calendario nuevo, cambiando ese séptimo mes y transformándolo en el primero, *Abib* o *Nisán* (Éx. 12.2; 13.4). Esta fiesta no siempre fue celebrada. Hubo grandes periodos en los cuales el pueblo de Dios estaba lejos de Él y la fiesta no se celebró. Por eso es interesante ver que en épocas de avivamiento espiritual, la Pascua fue celebrada:

- En Canaán, después de cruzar el Jordán y haberse circuncidado el pueblo (Jos. 5.1-12).
- En tiempos de Samuel (2Cr. 35.18).
- En tiempos de Ezequías (2Cr. 30).
- En tiempos de Josías (2Cr. 35).
- En tiempos de Esdras (Esd. 6).
- Y luego, la última de ellas, en tiempos de Jesús, con sus discípulos (Lc. 22.15).

---

[3] Otro significado de *pesaj*, para algunos, es "saltar", en el sentido de que los israelitas fueron pasados por alto en la lista de los primogénitos condenados a ser muertos. Para otros, el término proviene del babilónico *pasahu,* que significa "aplacar la ira de una divinidad". Para otros, *pa-sh'*, "el recuerdo". Para otros aun, *pesah,* en egipcio, "golpe", en relación al juicio divino contra ese país la noche de la Pascua. A pesar de todo esto, entendemos que el verdadero significado es el expuesto arriba, es decir, "pasar por alto".

[4] Rito, en heb. *ebed*, significa "servicio".

Pero esta fiesta solemne, la Pascua, no era solamente un recordatorio de lo que había sido la misericordiosa provisión de Dios para ellos, salvándolos con "mano fuerte y brazo extendido", sino también un tipo, un anticipo del Cordero de Dios que vendría, pasados los siglos para poner su vida en sustitución por la de los pecadores, logrando para ellos eterna redención en su sangre. Y esto, no solo para un pueblo, sino también para todo el mundo. Por eso, el apóstol Pablo dice en 1Corintios 5.7: *"nuestra pascua, que es Cristo, ya fue sacrificada por nosotros"*.

Así como la Pascua anticipaba la cruz, la iglesia de Cristo celebra la Cena del Señor como un recordatorio de ese sacrificio (1Co. 11.23-26).

El mes de Abib[5], o Nisán, iba a ser el primero de los meses del calendario. Era como si Dios dijese: Este acontecimiento marca un antes y un después, "las cosas viejas, pasaron, he aquí todas son hechas nuevas", y la vida de ustedes como nación comienza con la Pascua. Es un nuevo comienzo. Una nueva vida.

Cómo nació la Pascua

El éxodo de Israel de Egipto se produjo alrededor del año 1440 a.C. Cuatrocientos treinta años antes, en la época en que José era gobernador de la tierra de Egipto, los hijos de Jacob, que moraban en tierra de Canaán, habían emigrado escapando de una terrible hambruna (Gn. 41.56). Dios, en su maravillosa providencia, les concedió un lugar en tierra de Gosén, en el delta del Nilo, en el cual pudieron continuar su oficio de pastores de ganado y se multiplicaron y consolidaron como nación. En poco más de cuatro siglos, de las setenta

---

[5] *Abib*, significa "espiga" en la lengua cananea. En él aparecían las espigas de trigo. *Nisán*, es el equivalente en lengua babilónica, y significa "flor", ya que coincidía con el principio de la primavera.

personas que llegaron originalmente de la familia de Jacob, pasaron a ser una multitud de, al menos, unos dos millones de almas (Éx. 1.7).

Para los egipcios, este tremendo crecimiento fue un problema difícil de solucionar. Las dinastías de reyes se fueron sucediendo y ya no conocían la histórica administración de José a favor de su país. Más bien, preocupados por la amenaza de ser invadidos y dominados por los hebreos, decidieron poner fin a aquella estirpe de semitas, que ya sentían peligrosa (Éx. 1.8-10).

El faraón reinante, probablemente Tutmosis I, comenzó un programa de explotación y opresión que convirtió a aquella incipiente nación extranjera en una masa de esclavos, trabajando en la fabricación de ladrillos y en la construcción de monumentales palacios y templos, o en enormes mausoleos para los reyes muertos, que aun hoy están en pie como testigos mudos de aquella página de la historia.

Tutmosis I fue el primer faraón en ser sepultado de esta manera en cercanía de la famosa ciudad de Tebas, ciudad que fue engrandecida en todo su esplendor probablemente por las fuerzas y el trabajo forzado de los hebreos bajo el látigo egipcio.

La hija de este célebre monarca egipcio fue la famosa reina Hatshepsut, que reinó Egipto con la fuerza de un varón. En realidad, ella no fue reina en su propio derecho, sino regente de su esposo y medio hermano Tutmosis II, y luego de su otro medio hermano Tutmosis III. Sin embargo, el reino y el poder los detentaba ella misma.

Al fin, Tutmosis III reinó por 30 años solo. Fue el más grande conquistador que conoció la historia del imperio egipcio. Gobernó desde Etiopía hasta el Éufrates. Acumulando grandes riquezas, se dedicó a realizar fastuosos proyectos de construcción, y por ello seguramente debió haber oprimido todavía más severamente a los esclavos hebreos que su padre y su hermana, obligándolos a trabajar haciendo y transportando ladrillos para esas monumentales obras. Los capataces egipcios los castigaban golpeándolos duramente si se rebelaban o desfallecían debido a las agotadoras jornadas de intensos trabajos. Leemos en Éxodo 1.13, 14: *"Los egipcios hicieron servir a los hijos de Israel con dureza, y amargaron su vida con dura servidumbre, en hacer barro, ladrillo, y en toda labor del campo, y en todo su servicio, al cual los obligaban con rigor".*

Pero, a pesar del sufrimiento, la esclavitud, la pobreza y las privaciones a que fueron sometidos los hebreos, Dios estaba con su pueblo, y su crecimiento en número nunca cesó. Al contrario, fue en aumento. Éxodo 1.12, dice: *"Pero cuanto más los oprimían, tanto más se multiplicaban y crecían, de manera que los egipcios tenían a los hijos de Israel".*

Incrementando la presión, el Faraón dio orden a las parteras egipcias de que dieran muerte a todos los bebés varones que nacieran de las mujeres hebreas, echándolos al río Nilo (Éx. 1.16, 22). Pero ellas, por temor a Dios, no obedecieron, preservando la vida a los niños, y, como resultado, los israelitas siguieron multiplicándose en gran manera (Éx. 1.17).

Pero ese Dios que se esconde, es también el Dios que salva (Is. 45.15) y milagrosamente preparó un libertador en el mismo palacio real. Moisés, aquel niño "salvado de las aguas", sería adoptado por la misma hija del Faraón (tal vez la misma Hatshepsut) y crecería como un verdadero príncipe en la corte del imperio, pero, sin duda, educado por su madre Jocabed en el temor de Dios y con los principios del pueblo elegido (Éx. 2.1-10).

Con el correr de los años Moisés se identificó con su pueblo *y por la fe* "rehusó llamarse hijo de la hija de Faraón, escogiendo antes ser maltratado con el pueblo de Dios, que gozar de los deleites temporales del pecado, teniendo por mayores riquezas el vituperio de Cristo, que los tesoros de los egipcios, porque tenía puesta la mirada en el galardón" (Hb. 11.24-26). Impulsado por su pasión y amor por su pueblo, quiso libertar a Israel por su propia iniciativa. El intento fracasó, y avergonzado, debió huir como auto-desterrado al desierto de Madián (Éx. 2.11-15), donde pasó unos largos cuarenta años, trabajando como pastor de ovejas, hasta que el proceso de su preparación como líder concluyó en la escuela de Dios. Desde una zarza ardiente recibió el llamado divino y, en cumplimiento de su misión libertadora, volvió a Egipto, para enfrentarse con su faraón, Amenhotep II[6].

No había en este el menor respeto hacia Moisés, ni hacia su pueblo, ni hacia su Dios. Como los demás faraones egipcios, era considerado una divinidad, recibiendo la adoración que a ella le correspondía. Así que la mención de otro Dios era para él un motivo de contrariedad y rivalidad. Por otra parte, de ninguna manera dejaría ir en libertad a un pueblo al cual sometía con rigor y del cual obtenía enormes ventajas.

Esa actitud, terca, despótica, soberbia, determinó que Dios enviara, una tras otra, la serie de plagas destinadas a doblegar el corazón y la voluntad de Faraón. Pero cada plaga no hacía más que endurecerlo y negar vez tras vez la libertad al pueblo liderado por Moisés (Éx. 7.14-10.22). El devenir de cada una de las diez plagas tenía el propósito de revelar la futilidad de los dioses egipcios (Éx. 12.12), y demostrar que ellos no podían proteger a sus adoradores, sino que eran solo pedazos de metal, o piedra, o madera. Así se sucedieron el agua convertida en sangre, las ranas, los piojos, las moscas, la peste del ganado, los tumores, el granizo, las langostas...

Pero Faraón, lejos de aceptarlo, se endurecía cada vez más, y seguía sintiéndose invencible. Después de la novena plaga, que fueron tres días de tinieblas, Faraón dijo a Moisés que se retirara y se guardara de volver a ver su rostro bajo pena de muerte (Éx. 10.28, 29). Así sucedió, pero Dios preparó un castigo de tal magnitud que no dejó en duda el poder de Dios para juzgar a Faraón y a la nación de Egipto, y demostrarles de forma contundente y dolorosa quién es el Soberano.

El pueblo de Dios no había sufrido las plagas que habían caído sobre la nación egipcia, explícitamente las siete últimas. Pero, esa evidencia no alcanzó para que el faraón ablandara su conciencia, sino

---

[6] Es notable que se conoce por la historia que el sucesor de Amenhotep II fue Tutmosis IV, pero ¡este no era su hijo primogénito! Aquel había muerto en la noche de la Pascua.

al contrario, produjo la sentencia definitiva de Dios sobre él (Éx. 11.10). Dios enviaría la décima y última plaga, que iba a ser distinta a todas las demás, mucho más dolorosa e implacable. Y después de ella las puertas de la prisión egipcia se abrirían para permitir la salida final a la hueste de esclavos. Pero esta fue precedida por una advertencia y una institución para los hebreos, que tendía lugar el día 14 del mes de Abib. Sería el día de la libertad, de la emancipación (Éx. 11.1-3). Aún hoy, la Pascua es llamada "la fiesta de nuestra liberación".

Moisés lo anunció a Faraón, antes de salir "muy enojado" de su presencia (Éx. 11.8). El plan consistía en que a la medianoche, saldría Jehová por en medio de Egipto, y moriría todo primogénito en tierra de Egipto, desde el primogénito de Faraón hasta el del siervo ocupado en las tareas más viles, y también todo primogénito de todas las bestias. Y habría gran clamor por toda la tierra de Egipto, cual nunca antes hubo ni nunca más habría. Pero, al contrario, los hijos de Israel estarían a salvo de esa matanza, para que se notara la diferencia que Dios hacía entre los egipcios y los de su pueblo Israel (Éx. 11:4-7), no por etnia o raza (Dios no hace acepción de personas, Dt. 10.17; 2Cr. 19.7; Hch. 10.34; Ro. 2.11), ni por posición social (Éx. 11.5), sino por fe y obediencia (1Pe. 1.2) y para que los juicios de Dios fueran notorios sobre los dioses de Egipto (Éx. 12.12).

La Pascua: fiesta de Redención

La institución establecida por Dios consistía en escoger un cordero o cabrito el día 10 del mes de Abib, o Nisán. Tenía que ser macho de un año, sin ningún defecto. Cada familia debería tomar un animal, y si esta era demasiado pequeña para poder comerlo, podían unírsele una o dos familias más.

En el día catorce, toda la levadura debería ser eliminada de la casa, y en la tarde se debía matar el cordero pascual. Su sangre debería ser recogida y con ella se debían rociar los postes y el dintel de la puerta de cada casa. El cordero debía asarse y comerse esa misma noche, de pie y deprisa. No se debían quebrar los huesos del animal, y cualquier residuo que sobrara debía ser quemado antes de que llegara la mañana. Se había de comer con él pan sin levadura, llamado también pan *ácimo*, y acompañarlo con hierbas amargas. Era necesario que la familia estuviera completamente lista para emprender el viaje. *"Y lo comeréis así: ceñidos vuestros lomos, vuestro calzado en vuestros pies, y vuestro bordón en vuestra mano"* (Éx. 12.3-11).

El rito de rociar los postes y el dintel de cada puerta con la sangre inocente del cordero, era la señal que indicaba que en aquella casa se adoraba a Dios y se pertenecía a su pueblo. Esa señal evitaría la mortandad de parte del ángel destructor.

Ese es exactamente el significado de la Pascua, tal como lo expresa el versículo 13 del capítulo 12: *"Y la sangre os será por señal en las casas donde vosotros estéis; y veré la sangre y pasaré (pesach -o, pesaj, pascua) de vosotros"*. Y en el versículo 23: *"Porque Jehová pasará hiriendo a los egipcios; y cuando vea la sangre en el dintel y en los dos postes, pasará (pesach, pascua) Jehová aquella puerta, y no dejará entrar al heridor en vuestras casas para herir"*. Así quedó estipulado que la sangre era lo que marcaría la distinción entre los israelitas y los egipcios (Éx. 12.13), y donde la hubiera, Dios pasaría sin provocar mortandad.

Los israelitas hicieron como Moisés les indicó: sacrificaron la pascua y usando hisopos y mojándolos en la sangre del cordero, rociaron el dintel y los postes de cada casa. Nadie debería salir de sus casas hasta la mañana, porque Jehová pasaría aquella noche memorable hiriendo a los egipcios (Éx. 12:21-28).

A medianoche, *"un ejército de ángeles destructores"* ejecutó el juicio de Dios, desplegando *"todo el ardor de su ira, enojo, indignación y angustia"* (Sal. 78.49) e hiriendo a todo primogénito, *"las primicias de su fuerza"* (Sal. 78.51) en la tierra de Egipto, exactamente como lo había advertido. Y se levantó Faraón, sus siervos y todos los egipcios esa noche, y hubo gran duelo y llanto en toda la tierra, porque *"no había casa donde no hubiese un muerto"* (Éx. 12.29-36).

Entonces, el faraón llamó a Moisés y Aarón, y les dio la orden de salir con todo el pueblo[7] y todas sus pertenencias, para servir a Dios, como le habían pedido. El mismo Faraón pidió a Moisés y Aarón que lo bendijeran. A tal punto llegó el dolor y la desesperación del pueblo que los egipcios apremiaban a los hebreos para que salieran de su tierra y además les regalaron cuánto les pidieron, joyas, vestidos y muchos otros bienes. Así comenzó el éxodo —que significa "el camino afuera"— en exacto cumplimiento de la promesa divina (Gn. 15.13-14). Significaba "la libertad".

La primera fiesta del año hebreo era la Pascua, y cada año, al celebrarla, se debería relatar a los hijos la historia de aquella vez que en Egipto Dios había ejecutado juicio sobre los hogares de los opresores del pueblo, y había pasado de largo sobre los hogares de los israelitas.

Pero el propósito de Dios al establecer la Pascua era que fuera "una gran imagen histórica que apuntara hacia el Cordero Pascual que nos liberaría en un solo sacrificio de un mundo adverso y hostil por Su sangre"[8].

Pasaron muchos siglos, unos quince, y un día, predicando Juan el Bautista, dice el evangelio de Juan, en los días previos a esta fiesta (Jn. 2.13) y, seguramente viendo las manadas de corderos que eran llevados a la antigua ciudad de Jerusalén para ser sacrificados, vio a Jesús venir cerca de él y con palabras inspiradas dijo una gran verdad: *"He aquí el Cordero de Dios, que quita el pecado del mundo"* (Jn. 1.29). *"¡Miren el Cordero de Dios!"* fue el aviso del profeta. *"El Cordero"*, el antitipo de la Pascua; *"de Dios"*, la provisión divina de la Pascua; *"que quita el pecado"*, la redención de la Pascua; *"del mundo"*, el alcance de la Pascua.

Años más tarde, el apóstol Pablo escribe estas palabras:

---

[7] "Aunque no hubo oficialmente ningún reconocimiento de la salida de los hebreos, ni de la terrible suerte del ejército real, unos cuarenta años después del éxodo de los israelitas, Amenhotep IV decidió llevar a Egipto al monoteísmo, estableciendo la adoración al dios único Atón. Así este faraón cambió su nombre por Akenatón. Esto muy posiblemente fue consecuencia de saber que Dios (¿Atón?) era más grande que él y los dioses de su nación. Sin embargo, esta revolucionaria idea no fue bien vista, y el siguiente faraón regresó a Egipto al politeísmo". R. V. Marker - *Cristo revelado en la Pascua.*

[8] Henry H. Halley, *Compendio Manual de la Biblia*, Ed. Moody, pg. 119.

"Nuestra pascua, que es Cristo, ya fue sacrificada por nosotros" *(1Co. 5.7).*

Así que aquel tipo o figura del Éxodo apuntaba a una persona: la persona del Señor Jesús, el Cordero de Dios.

El centro de la Pascua es el cordero. Y la fe puesta en aquel animalito inocente, sacrificado y con cuya sangre debía pintarse el dintel y los postes de cada puerta, marcaba la diferencia.

Es notable que hoy en día aun se celebra la Pascua entre el pueblo judío, pero es sin cordero. ¡Ellos no creen en Jesús como el Cordero de Dios!

De qué habla la Pascua

Hay varios mensajes en la Pascua y podemos resumirlos en estos:

1. Revelación
2. Redención
3. Reunión
4. Recordación

1. Revelación. La Pascua reveló que Dios es un Dios Soberano. Nueve plagas no alcanzaron a quebrar el corazón del Faraón. El agua convertida en sangre, las ranas, los piojos, las moscas, las úlceras y tumores, el granizo, las langostas, las tinieblas no doblegaron la voluntad de un rey que pensaba era el dueño de la tierra, de las gentes y también del pueblo de Dios. *"¿Quién es Jehová para que yo oiga su voz y deje ir a tu pueblo?"*, dijo a Moisés (Éx. 5.2). *"No os dejaré ir"*, repitió vez tras vez. La paciencia de Dios se agotó y se cumplió lo que siglos después escribiera el apóstol Pablo: *"se envanecieron en sus razonamientos, y su necio corazón fue entenebrecido.[9] Profesando ser*

---

[9] *Quitar* es un término que significa "sacar un peso de encima" (Isa. 53.4, 5), "cargarlo en lugar de otro" (1Pe. 2.24), "llevarlo lejos". (Sal. 103.12), "perdonarlo y olvidarlo" (Miq. 7.18). En resumen, "dejar en libertad" (1Jn. 3.5; Ap. 1.5, donde "lavó", debería mejor leerse "libertó").

sabios, se hicieron necios, y cambiaron la gloria del Dios incorruptible en semejanza de imagen de hombre corruptible, de aves, de cuadrúpedos y de reptiles... y como ellos no aprobaron tener en cuenta a Dios, Dios los entregó a una mente reprobada..." (Ro. 1.21-23, 28).

Es notable que en la décima y última plaga, la final, la definitoria, la más dolorosa de todas, la que quebrantaría el corazón de aquel orgulloso monarca haciéndole ver que sus dioses no eran capaces de guardarles, Dios dice: *"A la medianoche yo saldré por en medio de Egipto..."* (Éx. 11.4). Era Dios mismo el que tomaba la iniciativa y ejecutaría sus juicios. Así que la Pascua también reveló que Dios es un Dios de juicio. Dios toma el juicio en sus propias manos y lo hace para demostrar que la última palabra no es del hombre, sino de Él.

Dice Éxodo 11.5: *"Y morirá todo primogénito en tierra de Egipto, desde el primogénito de Faraón que se sienta en su trono, hasta el primogénito de la sierva que está tras el molino y todo primogénito de las bestias".* El primer hijo de seres humanos y de animales iba a morir en una crítica, solemne y horrible noche: la noche de la Pascua. Dice el Salmo 78.49, 51: *"Envió sobre ellos el ardor de su ira; enojo, indignación y angustia, un ejército de ángeles destructores... hizo morir a todo primogénito en Egipto, las primicias de su fuerza en las tiendas de Cam".* Si el hombre no quiere oír a Dios, cuenta con su misericordia. Ella es grande, extensa. Hablará una vez y otra vez y otra vez más. Pero, al fin, su paciencia se acaba y así como después de ciento veinte años de predicación de Noé cerró la puerta del arca, y como después de las nueve plagas avisó al Faraón y envió la prueba final, hará con todos aquellos que no oyen su mensaje. Por eso la Biblia dice: *"En tiempo aceptable te he oído, y en día de salvación te he socorrido. He aquí ahora el tiempo aceptable; he aquí ahora el día de salvación".* (2Co. 6.2).

Billy Graham comenta en su libro "¿Y mañana, qué?" que en el año 1860, el químico francés Marcelin Berthelot dijo: "Dentro de cien años de ciencia física y química, el hombre sabrá qué es el átomo. Es mi creencia que cuando la ciencia alcance esa etapa, Dios bajará a la tierra con su gran manojo de llaves y le dirá a la humanidad: Caballeros, es hora de cerrar".[10]

Un día, cuando la paciencia de Dios, que "es para salvación" (2Pe. 3.15), se acabe, los incrédulos dirán a los montes: *"Caed sobre nosotros y ocultadnos del rostro de Aquel que está sentado sobre el trono y de la ira del Cordero"* (Ap. 6.16).

Pero, fundamentalmente, la Pascua reveló que Dios es un Dios de salvación. Dice Éxodo 11.6-7: *"Y habrá gran clamor por toda la tierra de Egipto, cual nunca hubo, ni habrá jamás. Pero contra todos los hijos de Israel, desde el hombre hasta la bestia, ni un perro moverá su lengua, para que sepáis que Jehová hace diferencia entre los egipcios y los israelitas"*.

Ahora, ¿no es Dios un Dios que no hace distinción de personas? ¿Eran todos los israelitas justos, perfectos, merecedores de premio en vez de castigo?

"Jehová hace diferencia...", pero esta diferencia —como ya vimos— no es de raza, ni de posición social, ni de otra clase de distinción humana. ¿Qué marcaba la diferencia? Que las casas de los hebreos —por nacimiento o por adopción— tenían una señal: la sangre del cordero de la Pascua teñía sus puertas. Ellos habían obedecido a Dios y el principio divino se cumplía en ellos: *"A fin de que Dios sea el justo, y el que justifica al que es de la fe"* (Ro. 3.26). Dice Hebreos 11.28, hablando de Moisés: *"Por la fe celebró la pascua y la aspersión de la sangre, para que el que destruía a los primogénitos no los tocase a ellos"*.

Aún hoy, como ayer y siempre, desde Adán, hasta el último convertido, Dios no salva por mérito alguno de parte del hombre. Salva por su sola gracia, a aquellos que, mediante la fe hacen lo que dice la Biblia en 1 Pedro 1.2: *"obedecen y son rociados con la sangre de Jesucristo"*.

---

[10] Cita tomada de Walter B. Knight, *Knight's Trasury of Illustrations* en "¿Y mañana, qué?", extracto del libro "El mundo en llamas", Billy Graham, Asoc. Ev. B. Graham, 1965, pg. 37.

2. Redención (Éxodo 12.3-7). ¿Qué es la redención? Es el acto por el cual se paga un precio por la libertad de otro. ¿Y cuál fue el precio para lograr la libertad de aquel pueblo oprimido de esclavos y ponerles en el camino de una nueva experiencia, la tierra prometida? La vida del cordero. Su sangre derramada. El inocente pagando por el pecador. Sustituyendo una vida por otra.

La cruz fue un lugar de sustitución, de transferencia. Martín Lutero, sabiamente, dijo al Señor: "Tú eres mi justicia, y yo tu pecado. Has tomado lo que no era tuyo, y me has dado lo que no era mío". Ireneo agrega: "El vino a ser lo que nosotros éramos, para que pudiera hacer de nosotros lo que Él es". Pablo concluye: *"Al que no conoció pecado, por nosotros lo hizo pecado, para que nosotros fuésemos hechos justicia de Dios en él"* (2Co. 5.21).

Ese es el gran mensaje de la Pascua: el cordero muerto, sacrificado por aquellos a quienes Dios iba a poner en el camino de la libertad.

El cordero pascual

Algunas cosas tenían que hacer con respecto al cordero:

Elegirlo (v. 5). Tenía que ser macho de un año, sin defecto. Nada que causara ofensa a Dios. No podía ser sacrificado aquel que no servía (cp. Mal. 1.6-14). Era elegido como si Dios mismo lo eligiera. Iba a ser la figura, el tipo de aquel Cordero de Dios que nacería, viviría y moriría sin defecto, sin haber cometido pecado.

Aquel de quien los profetas predijeron su perfección (Isaías 11.5; 53.7-9). Aquel de cuya santidad dieron testimonio los hombres (Lc. 23.4, 14-15, 22, 41, 47). Aquel de quien el Padre dijo: *"Mi alma se alegra en Él... a Él oíd" (Mt. 17.5).* Aquel, de quien dice Pedro: *"el cual no hizo pecado" (1Pe. 2.22);* y también: *"sabiendo que fuisteis rescatados de vuestra vana —absurda, vacía, sin sentido— manera de vivir, la cual recibisteis de vuestros padres, no con cosas corruptibles, como oro o plata, sino con la sangre preciosa de Cristo, como de un cordero sin mancha y sin contaminación, ya destinado —es decir, ya determinado su destino, Gá. 4.4— desde antes de la fundación del mundo, pero manifestado —hecho visible*— *en los postreros tiempos, por amor de vosotros"* (1Pe. 1.18-20; cp. Ap. 13.8).

Juan dice: *"Y sabéis que él apareció para quitar nuestros pecados, y no hay pecado en él"* (1Jn. 3.5).

¿Quién pudo decir como él: *"¿Quién de vosotros me redarguye —me señala, me convence— de pecado?"*? (Jn. 8.46). Bien dice el autor a los Hebreos: *"Porque tal sumo sacerdote nos convenía: santo, inocente, sin mancha, apartado de los pecadores y hecho más sublime que los cielos"* (7.26), y agrega que Cristo *"se ofreció sin mancha a Dios"* (9.14).

Observarlo (v. 6). Cuatro días pasarían entre la elección y el sacrificio. Debían tomarlo el día diez y observarlo hasta su sacrificio el día catorce. El examen debía ser hecho con toda responsabilidad para asegurarse de que no tenía imperfección alguna.

Estaba reservado para un día y una hora determinada. Dios tenía a su Siervo, aquel que era como una "saeta bruñida" —una flecha afilada—, "guardado en su aljaba" (Isa. 49. 2), hasta el momento de manifestarlo a los hombres. La cruz no fue una casualidad en la historia. Fue una provisión de Dios (Hch. 2.23; Ap. 13.8).

El Señor habló de la cruz como "su hora" (Mt. 26.45; Jn. 2.4; 7.30; 12.27). El tenía una cita en la cruz. Su hora era una cita divina. Era la hora de la "consumación de los siglos" (Heb. 9.26).

Dice C. H. Mackintosh:

"La redención no ha sido el fruto de un segundo pensamiento de Dios. Antes que fuese el mundo, o Satanás, o el pecado; antes que la voz de Dios hubiese interrumpido el silencio de la eternidad y llamado los mundos a su existencia, sus grandes designios de amor existían delante de Él, y estos consejos de amor no pueden hallar jamás un fundamento suficientemente sólido en la creación".

Y agrega:

"Si el cordero *sin mancha y sin contaminación* fue *ya ordenado desde antes de la fundación del mundo,* ciertamente que la redención debía estar en la mente de Dios antes de la fundación del mundo. El Dios Todopoderoso no tuvo necesidad de improvisar un plan con el cual poder remediar el terrible mal que el enemigo había introducido en la creación; no; Él no hizo más que sacar del tesoro inexplorado de sus maravillosos designios, la verdad concerniente al Cordero sin mácula ordenado ya desde la eternidad, y que debía ser *manifestado en los postreros tiempos por amor a nosotros...* La expresión *ya ordenado antes de la fundación del mundo,* nos hace retroceder hacia las profundidades insondables de la eternidad, y nos muestra a Dios formando sus planes de amor y de redención, haciéndolos descansar por entero sobre la sangre expiatoria de su precioso Cordero inmaculado"[11] [12].

Es conocida aquella famosa frase de que "antes que Dios dijera "Sea la luz", dijo: "Sea la cruz".

Es notable, asimismo, que el Señor Jesús —como lo señala el comentario de M. Henry— entró en Jerusalén cuatro días antes de ser crucificado en la Pascua judía, es decir, el día en que el cordero era puesto aparte para ser observado.

Matarlo y señalar con su sangre (v. 6, 7). De nada servía un cordero vivo, por perfecto que fuera. Alguien tenía que morir. El cordero ocupaba el lugar del primogénito. De esta forma, el "sustituto" establece el principio de derecho del Redentor sobre aquellos que son rescatados: *"Porque habéis sido comprados por precio; glorificad, pues, a Dios en vuestro cuerpo y en vuestro espíritu, los cuales son de Dios"* (1Co. 6.20).

Así que el día designado debían matarlo "entre las dos tardes". John MacArthur comenta de este versículo lo siguiente:

"Por cuanto el día se contaba a partir de la puesta del sol, el sacrificio de un cordero o de un cabrito se llevaba a cabo antes de la puesta

---

[11] C. H. Mackintosh, *Estudios sobre el Libro del Éxodo,* Ed. Las Buenas Nuevas, 1960, pgs. 112, 113, 114.

[12] John MacArthur, Nota en Biblia anotada, Grupo Nelson, 2011.

del sol mientras era todavía el catorce del mes primero. "Entre las dos tardes" se ha comprendido como significando bien la hora entre la puesta del sol y el comienzo de la oscuridad, bien como la bajada del sol hasta su puesta. Posteriormente, Moisés prescribió la hora del sacrificio como "por la tarde, a la puesta del sol" (Dt. 16.6). Según Josefo, era costumbre en su época sacrificar el cordero a las tres de la tarde. Esta fue la hora del día en la que murió Cristo (Lc. 23.44-46), el cordero de la Pascua cristiana (1Co. 5.7)".

"Entre las dos tardes". La hora de la redención. La hora en que Jesús, el Hijo de Dios, entregó su espíritu al Padre.

¡Qué maravilla! Nuestra alma se inclina y adora al Cordero que es digno (*Selah*).

Debía morir

Su sangre debía ser vertida, que no es otra cosa que la demostración de una vida ofrecida, entregada, derramada por otros, por aquellos que estábamos bajo sentencia de muerte.

Dios conocía a su pueblo (Nah. 1.7; 2Ti.2.19), así que bien podría —como en las plagas anteriores— librar a su pueblo de la muerte de sus primogénitos (Éx. 8.22; 9.4, 6, 26; 10.23). Pero en este caso era necesario cubrir con sangre la entrada de las casas. Debía tener otro significado: era un acto de fe. De fe en la sangre vertida. Por eso leemos en 12.13: *"Veré la sangre y pasaré de vosotros"*. El Dios de juicio pasaba de largo en paz.

¿Qué fue lo que satisfizo a Dios y su justicia? La sangre inocente derramada. ¿Cuál fue el medio de salvación? Notemos: el sacrificio del cordero, el derramamiento de la sangre; no hubieran salvado la vida de los primogénitos a menos que, en un acto de fe puesta en ella, se hubiera aplicado en las puertas de las casas.

Esa sangre debía ser aplicada mediante el uso de un hisopo (Éx. 12.22). Así que, no era suficiente que fuera derramada. Debía ser colocada como señal tal como Dios lo había indicado. No hacerlo, hubiera significado la muerte, aun para los hebreos. Así que era una señal de que el cordero había sido sacrificado, y además que los que habitaban la casa habían actuado con fe y obediencia.

Es notable que la sangre tenía que ser puesta en los postes y en el dintel de la puerta. No en el umbral, pues la sangre del pacto no debe ser menospreciada ni pisoteada (Heb. 10.29).

Es muy interesante lo que explican los autores del libro "Cristo en la Pascua"[13] al respecto, y que reproducimos:

"El librillo mencionado en Éxodo 12.22 no es como los que se utilizan en la actualidad, sino que ha sido tomado del concepto egipcio de la *savia,* que significaba el umbral o zanja que se cavaba justo delante de las puertas de las casas para evitar las inundaciones. La gente colocaba un recipiente en la zanja para evitar que el agua se filtrase. Los israelitas mataban a sus corderos de Pascua justo delante de las puertas y la sangre de la matanza corría automáticamente por la depresión formada por el recipiente que estaba a la entrada. Cuando extendían la sangre con el pincel de hisopo, primero tocaban el dintel (la parte superior horizontal del marco de la puerta) y a continuación los postes laterales (las partes verticales). Al hacerlo, el movimiento formaba una cruz sangrienta, que era la profecía de otro sacrificio de Pascua que habría de tener lugar siglos después. De este modo, la puerta quedaba "sellada" en las cuatro partes con la sangre del cordero, porque la sangre se encontraba ya en el recipiente al pie. Arthur Pink considera esto como una imagen del sufrimiento experimentado por el Mesías mismo: "la sangre arriba, donde los espinos le atravesaron la frente; la sangre a los lados, causada por los clavos que atravesaron sus manos y la sangre en la parte inferior, donde los clavos atravesaron sus pies".

Era una señal que protegía a los de aquella casa, indicando lo personal que es la redención. Pero también era una señal para que el *heridor* (v. 25) pasara de largo. Aquella noche podían dormir

---

[13] CEIL & MOISHE ROSEN, *op. cit.,* pg. 37.

tranquilos: estaban puestos bajo el poder protector de la sangre. Dios estaba satisfecho y ellos seguros.

Esta es la base de la doctrina de la propiciación: satisfacción para Dios y seguridad de perdón para el hombre. La propiciación (gr. *jilasmós*) es una de las doctrinas de la gracia. *Propiciar, o ser propicio* (del verbo *jilaskomai)*, es la acción agradable a Dios, procedente de la obra de Cristo, por la cual Dios muestra misericordia hacia el pecador en conformidad con su justicia satisfecha.

Aunque para algunos el hecho de apaciguar la ira de Dios es una idea pagana, pues era lo que pretendían los idólatras con sus dioses vengativos, indudablemente la *ira de Dios* es un concepto bíblico e inexorable (gr. *orge,* Jn. 3.36; Ro. 1.18; Ef. 2.3; 1Ts. 2.16; Ap. 6.16; gr. *thymos,* Ap. 14.10, 19; 15.1, 7; 16.1; 19.15). Pero —y esta es la gran diferencia— esa ira debe ser apaciguada, no por venganza, sino por justicia.

La acción de propiciar a Dios, no lograda por los hombres, lo cual es imposible, sino obtenida por medio del sacrificio en la cruz de Su Hijo Jesucristo y aplicada al creyente, es una verdad inefable (Ro. 3.25). Cristo es la misma *ofrenda de propiciación* (He. 2.17; 1 Jn. 2.2; 4.10).

Juan lo dice en su primera epístola 2.1, 2, y 4.10: *"Hijitos míos, estas cosas os escribo para que no pequéis; y si alguno hubiere pecado, abogado tenemos para con el Padre, a Jesucristo el justo. Y él es la propiciación por nuestros pecados; y no solamente por los nuestros sino también por los de todo el mundo"...* *"En esto consiste el amor, no en que nosotros hayamos amado a Dios, sino en que él nos amó a nosotros, y envió a su Hijo en propiciación por nuestros pecados".*

Cristo es la propiciación, pero también el propiciatorio. Romanos 3.24, 25: *"Siendo justificados gratuitamente por su gracia, mediante la redención que es en Cristo Jesús, a quien Dios puso como propiciación por medio de la fe en su sangre, para manifestar su justicia, a causa de haber pasado por alto, en su paciencia, los pecados pasados"*[19].

La expresión "Dios puso como propiciación", (gr. *jon proézeto jo Zeos jilastérion)*, se puede traducir: "Dios exhibió como propiciatorio". Sí. Cristo no solo es *propiciación,* sino también *propiciatorio,* el lugar donde se rociaba la sangre expiatoria para la remisión de los pecados y para satisfacción a Dios. O, podríamos decir, tal vez, con mayor claridad, *propiciador*, es decir, el sacerdote que ofrece el sacrificio propiciatorio, pues él mismo lo presentó delante de Dios. En las leyes levíticas de los sacrificios y el programa de las fiestas anuales dedicadas al Señor, había un día llamado "el día de la expiación" (heb. *Yom kippur)*, que trataremos más adelante, en el cual, una vez al año la sangre de la víctima era llevada por el sumo sacerdote dentro del Lugar Santísimo y rociada sobre la tapa del arca del pacto, llamada *propiciatorio* (Levítico 16)[14][15]. Ese sacrificio expiatorio era la propiciación por los pecados del pueblo.

La carta a los Hebreos, en 9.11-14, explica que en el nuevo pacto ya no se esperan aquellos sacrificios en un tabernáculo terrenal, sino que en el *"perfecto tabernáculo, no hecho de manos"*, es decir, celestial, entró *"una vez y para siempre"* el *"sumo sacerdote de los bienes venideros"*, Cristo Jesús, y con su sangre obtuvo *"eterna redención"*.

Así que, la sangre derramada, por un lado satisfacía las demandas divinas en cuanto al pecado del pueblo, y por el otro, tal como oraba el publicano en la parábola de Lucas 18: *"Dios, sé propicio a mí, un pecador"*, era la base de la propiciación de Dios hacia ellos, haciendo la reconciliación.

Su seguridad estaba basada en la sangre derramada y aplicada y la promesa de la Palabra de Dios. Total seguridad. Ellos no podían ver la sangre aplicada a los postes y el dintel de cada puerta desde dentro de la casa, pero Dios la veía y ellos confiaban, esto es, ponían su fe en la fidelidad de Dios.

"Veré la sangre, y pasaré de vosotros" (Éx. 12.13) ¡Cuánta paz dan estas palabras!

---

[14] En la Pascua se encuentran las doctrinas de la gracia: expiación, propiciación, redención. La expresión "pasar por alto" (gr. *páresis)*, significa perdonar, remitir los pecados, y como vimos, justamente es el significado de "Pascua".

[15] En el AT el *propiciatorio* era la cubierta del arca del pacto, cubierta que en hebreo recibía el nombre de **kapporeth** (Éx. 25.11-21), por re presentar el hecho de cubrir o quitar el pecado (heb. **kafar**, Sal. 32.1). mediante un sacrificio expiatorio (Lc. 18.13). La traducción de los LXX tradujo el término hebreo con el griego *jilasterion*.

3. Reunión (Éxodo 12.8-11). No solo debían matarlo y teñir con su sangre las puertas, sino que también debían participar de él. El cordero sacrificado era el fundamento de su paz y también el centro de reunión y unidad.

Era compartido de acuerdo a la necesidad de cada uno. Si la familia era grande, un cordero. Si no, podía ser compartido con otra u otras familias. Pero el cordero era el centro de reunión.

Es la primera vez que Israel es mencionado como una "congregación" (v. 3, 6: *"toda la congregación de Israel"*). Era un pueblo congregado alrededor de un cordero. Y no solo los nativos de Israel, sino todo aquel que profesaba la fe de Abraham y —si era varón— y hubiera sido circuncidado, como señal del pacto.

Aquellos que pertenecemos a la familia de la fe de la iglesia del Señor, también estamos reunidos alrededor del Cordero. No estamos reunidos alrededor de un sistema, de un nombre deno minacional, de una doctrina. Estamos reunidos alrededor de una Persona: El Cordero de Dios. *"Donde están dos o tres congregados en mi nombre, allí estoy yo en medio de ellos"* (Mt. 18.20). Y participamos de él, no literalmente, como la teología romanista sostiene, sino apropiándonos por la fe de Su persona.

Los israelitas participaban del cordero asado al fuego; "su cabeza, con sus pies y sus entrañas". Como dice E. Danyans[16]:

> "Así nosotros participamos de la mentalidad de Cristo (su cabeza); participamos del camino de Cristo (sus pies); y participamos del amor de Cristo (sus entrañas); Fil. 2.5; 1Jn. 2.6; Ef. 5.1, 2. Somos alimentados de todo el cuerpo del Cordero divino".

Cómo se debía comer el cordero

Asado (v.8-10). El cordero debía ser asado entero. Para el Cordero Cristo Jesús, la ira, el juicio de Dios fue como un fuego. El dolor de la

---

[16] *EUGENIO DANYANS*, Conociendo a Jesús en el Antiguo Testamento, Clie, 2008, pg. 408.

cruz, especialmente la soledad de Dios en aquellas horas cruciales en las que se hacía la expiación de nuestros pecados, fueron como llamas de fuego sobre su alma. Jeremías, en sus Lamentaciones nos recuerda esa hora de profundo dolor en acentos proféticos: *"¿No os conmueve a cuantos pasáis por el camino? Mirad, y ved si hay dolor como mi dolor que me ha venido; Porque Jehová me ha angustiado en el día de su ardiente furor. Desde lo alto envió fuego que consume mis huesos"*. Lam. 1.12, 13.

Dice que debía ser asado *"su cabeza, sus pies y sus entrañas".* El pensar, el obrar y el sentir de Cristo, todo ofrecido en la cruz. Ningún hueso debían quebrar de él (Éx. 12.46; Núm. 9.12). Así se cumplió en la cruz con el Señor Jesús (Jn. 19.32-37). E. Trenchard dice:

"... quizá señala la entrega total de la víctima sin quebranto o separación en cuanto a su persona divina y humana"[17].

Si quedaba algo del cordero, debía quemarse totalmente al fuego. Así que no debía de "ver corrupción", como no se vería del antitipo, Cristo Jesús (Hch. 2.26-31).

Pero, también deberían comerlo

Con panes sin levadura y hierbas amargas (v. 8). Se puede traducir literalmente: "pan de aflicción y hierbas de amargura". Se trataba de un aderezo de hierbas de sabor agrio. Con el recuerdo de su pasado triste bajo el yugo de esclavitud, pero también en señal de la santidad que Dios requiere de aquellos que son Su pueblo.

La ausencia de levadura en los panes *azymos,* es una figura de la santidad que Dios exige de su pueblo (1Co. 5. 6-8). Las hierbas amargas, o mejor, agrias, que eran un aderezo en la cena pascual[18], pueden traducirse literalmente por la frase "con amarguras", significarían el recuerdo de su pasado triste bajo el yugo de esclavitud, y

---

[17] Ernesto Trenchard y Antonio Ruiz, *Éxodo,* Ed. Portavoz, 1994, pg. 113.

[18] Hoy en día se consume el *jazeret,* una raíz amarga, del tipo del rábano picante, que forma parte del *séder,* o ritual de la Pascua. Se come con el *jaroset,* una mezcla de manzanas, canela y nueces, que simboliza la argamasa utilizada en Egipto para construir edificios o monumentos en tiempos de la esclavitud de Israel. Ver desarrollo completo de la Cena de la Pascua, el *séder,* en el Apéndice VI.

también el pecado (Hch. 8.23; Heb. 12.15) de aquellos que, mereciendo el juicio divino, estaban cubiertos, mediante la manifestación de la gracia divina, por la sangre vertida de la víctima inocente.

Como bien acotan Ceil y Moishe Rosen[19]: "No eliminaron la levadura con el propósito de ser redimidos, sino, más bien eliminaron la levadura porque habían sido redimidos".

Listos para partir (v. 11). Las señales de un pueblo de peregrinos que buscaban su patria. No debían guardar nada para el día siguiente, tal vez para señalar que el Señor iba a proveer día por día a sus redimidos. Quien les libraba de la esclavitud, tenía poder para sostenerles en el camino.

Finalmente, la Pascua tiene un mensaje de

4. Recordación (Éxodo 12.14, 25-27). En Números 9.1-14, tenemos la recordación para Israel en el desierto. En Deuteronomio 16.1-8, las instrucciones para celebrar este memorial en la tierra prometida. Así lo vemos realizado en Josué 5.10-12 y 2 Crónicas 30 y 35.

La Pascua fue una fiesta que atravesó los siglos y aún llega a nuestros días. Es cierto que perdió para Israel mucho de su significado. En tiempos de la cautividad babilónica el cordero era sustituido por el *mazot*, el pan sin levadura. Hoy en día, cabe notar que los judíos celebran la Pascua, el *Pesach*, o *Pesaj*, y recuerdan su emancipación de la esclavitud de Egipto, y comen pan sin levadura, pero no tienen un cordero en sus mesas. Solo una pierna[20] del cordero asado, pero no el cordero completo. Como dice Hugh K. Downie: "Esta pieza del animal es un testigo contra ellos; habiendo rechazado a Cristo, no hay un cordero pascual para ellos"[21].

Pero también es cierto que el pueblo de Dios del Nuevo Testamento, la Iglesia, celebra a Cristo —nuestra Pascua— cada vez que se reúne alrededor de la Mesa del Señor (Cp. Lc. 22.1-22: 1Co. 5.7; 11.17-34).

---

[19] Ceil & Moishe Rosen, *op. cit,* pg. 37.
[20] En hebreo *zeroah*, que significa "brazo", pero en el caso de los animales, se traduce como "espaldilla" o el hueso del cordero que representa el sacrificio pascual.
[21] Hugh K. Downie, *op. cit.,* pg. 34.

Cada primer día de la semana, como en la Pascua, también hay

Revelación. Congregados por el Dios soberano, a quien adoramos y servimos, la Palabra se abre y recordamos en sus santas letras la institución de la Cena del Señor. Los símbolos contienen un mensaje precioso, profundo. La alabanza y la adoración fluyen de las almas agradecidas del pueblo de Dios. Todo esto es el memorial de Su pueblo por los siglos, hasta Su venida. El Señor nos dice: *"Haced esto en memoria de mí"* (Lc. 22.19). Y nosotros contestamos: *"Tu nombre y tu memoria son el deseo de nuestra alma"* (Is. 26.8).

Redención. Recordamos la sangre vertida de Cristo como precio de nuestra libertad, de nuestra liberación. La redención en su sangre (Ef. 1.7; Col. 1.14).

Cantamos:

> *Lo sé, lo sé; comprado con sangre yo soy;*
> *o sé, lo sé, con Cristo al cielo yo voy.*

Reunión. El Cordero nos congrega ahora, cada primer día de la semana, al reunirnos alrededor de la Mesa con los símbolos, en la Cena del Señor. "La Pascua anticipa la cruz, la Cena lo conmemora". Pero pronto estaremos alrededor del Trono y veremos al Cordero de Dios "como inmolado" —como sacrificado— (Ap. 5.6) y le cantaremos y adoraremos para siempre.

Anticipamos ese día en las palabras de la antigua canción:

> *¡Oh, grata reunión! ¡Eterna salvación!*
> *¡De gloria la canción, a Ti, Señor!*

Recordación. Aunque el pan que partimos, de acuerdo con la enseñanza apostólica es pan común y no sin levadura[22], este último nos recuerda que la participación debe ser en santidad (1Co. 11.27-32).

---

[22] El término que se usa en Lucas 22.19 ó 1Corintios 10.16, 17; 11.23 no es *azymos*, sino *artos*, pan común. Por lo tanto, en el NT no hay indicación alguna para usar pan sin levadura en la Cena del Señor.

Las hierbas amargas son figura del recuerdo de nuestro pasado y nuestra indignidad, pero también de la hiel de amargura que significó para el Jesús el sufrimiento profundo de la cruz. Los dolores físicos, morales y espirituales del Salvador en el Calvario.

Las palabras del Señor Jesús en Lucas 22.19 son un permanente mandato al cual, la iglesia, obedece por amor: *"Haced memoria de mí"*. Dicho de otra manera: *"Recordadme"*. El término "recordar", que proviene de *cordia*, corazón, es interesante porque no se trata solo de tenerlo en la memoria de la mente, sino sentirlo en el corazón, en el centro de los sentimientos, de los afectos. Así debemos recordar al Salvador, sus sufrimientos, muerte, resurrección, glorificación, y hacerlo hasta que él vuelva.

"Así que, celebremos la fiesta, porque nuestra Pascua, que es Cristo, ya fue sacrificada por nosotros" (1Co. 5.7).

CAPÍTULO 5

LOS PANES SIN LEVADURA

Fiesta de santidad

Levítico 23.4-8 "Estas son las fiestas solemnes de Jehová, las convocaciones santas, a las cuales convocaréis en sus tiempos:

5. en el mes primero, a los catorce del mes, entre las dos tardes, pascua es de Jehová.

6. Y a los quince días de este mes es la fiesta solemne de los panes sin levadura a Jehová: siete días comeréis panes sin levadura.

7. El primer día tendréis santa convocación; ningún trabajo de siervos haréis.

8. Y ofreceréis a Jehová siete días ofrenda encendida; el séptimo día será santa convocación; ningún trabajo de siervo haréis".

Éxodo 12.15 "Siete días comeréis panes sin levadura; y así el primer día haréis que no haya levadura en vuestras casas; porque cualquiera que comiere leudado desde el primer día hasta el séptimo, será cortado de Israel.

16. El primer día habrá santa convocación, y asimismo en el séptimo día tendréis una santa convocación; ninguna obra se hará en ellos, excepto solamente que preparéis lo que cada cual haya de comer.

17. Y guardaréis la fiesta de los panes sin levadura, porque en este mismo día saqué vuestras huestes de la tierra de Egipto; por tanto, guardaréis este mandamiento en vuestras generaciones por costumbre perpetua.

18. En el mes primero comeréis los panes sin levadura, desde el día catorce del mes por la tarde, hasta el veintiuno del mes por la tarde.

19. Por siete días no se hallará levadura en vuestras casas; porque cualquiera que comiere leudado, así extranjero como natural del país, será cortado de la congregación de Israel.

20. Ninguna cosa leudada comeréis; en todas vuestras habitaciones comeréis panes sin levadura".

Éxodo 13.6-7 "Siete días comerás pan sin leudar, y el séptimo día será fiesta para Jehová.

7. Por los siete días se comerán los panes sin levadura, y no se verá contigo nada leudado, ni levadura, en todo tu territorio".

Deuteronomio 16.1-4. "Y sacrificarás la pascua a Jehová tu Dios, de las ovejas y de las vacas en el lugar que Jehová escogiere para que habite allí su nombre.

2. No comerás con ella pan con levadura; siete días comerás con ella pan sin levadura, pan de aflicción, porque aprisa saliste de tierra de Egipto;

3. para que todos los días de tu vida te acuerdes del día en que saliste de la tierra de Egipto.

4. Y no se verá levadura contigo en todo tu territorio por siete días..."

1 Corintios 5.6-8. "No es buena vuestra jactancia. ¿No sabéis que un poco de levadura leuda toda la masa?

7. Limpiaos, pues, de la vieja levadura, para que seáis nueva masa, sin levadura como sois; porque nuestra pascua, que es Cristo, ya fue sacrificada por nosotros.

8. Así que celebremos la fiesta, no con la vieja levadura, ni con la levadura de malicia y de maldad, sino con panes sin levadura, de sinceridad y de verdad".

Eran siete días febriles. En cada casa hebrea se celebraba la Pascua y todo era alegría. El recuerdo de la redención de Israel de la esclavitud de Egipto *(Mizraim)* conmovía a toda la familia que se reunía para conmemorar esa página gloriosa de la historia del pueblo.

Pero un día antes del 14 se celebraba una ceremonia muy especial: la limpieza de la casa de toda levadura. Se la llamaba —y aún se la llama— el *Bedikát Jaméts:* "la búsqueda de la levadura".

No solo la esposa limpia toda presencia de levadura, sino que también los niños ayudan a hacerlo, participando de un juego, pero también del simbolismo de ese acto. En los días previos a la Pascua, pues, se hace la limpieza de la casa de una forma más profunda de lo acostumbrado. Si se encuentra cualquier migaja de pan leudado, se debe remover de ella. Se busca en las piezas de ropa, en los bolsillos, en los utensilios de cocina, donde sea. Y se lava absolutamente todo. Las cacerolas se suelen llevar a centros comunales para ser hervidas en grandes ollas a fin de asegurarse de que no quede ningún vestigio de levadura. En el último día previo a la Pascua, se barre y se quema ceremoniosamente cualquier alimento que contenga levadura y también esta misma por pequeña que sea.

Por supuesto, durante los ocho días de la fiesta los panes que se comen deben ser sin leudar. La enseñanza del código celestial que representaba esta celebración era tan importante que, en la antigüedad, transgredirla, es decir, comer pan leudado, era penado con la misma muerte.

La Pascua *(Pesach)* y la fiesta de los Panes sin levadura *(Hag Ha-Matzah)* eran dos fiestas que se celebraban una a continuación de la otra. Así que la de los Panes sin levadura parecería parte de la Pascua. A tal punto es así, que los nombres de ambas fiestas eran usados como sinónimos. Leemos en Lucas 22.1: *"Estaba cerca la fiesta de los panes sin levadura, que se llama pascua". Y en el v. 7 del mismo capítulo: "Llegó el día de los panes sin levadura, en el cual era necesario sacrificar el cordero de la pascua",* cp. Mr. 14.1, 2.

Pero era una fiesta separada de la Pascua. Al finalizar esta última, el día 14 del primer mes, la de los Panes sin levadura comenzaba el día 15.

En realidad, de acuerdo a la ley dictada por Dios a Moisés, en el día catorce del mes de Abib, o Nisán, se celebraba la Pascua, la fiesta de redención, y desde ese día por la tarde, ya el día quince —pues se contaba después de la caída del sol— hasta el día veintiuno a la tarde, por siete días seguidos, se celebraba la Fiesta de los Panes sin levadura, la fiesta de la santidad, en honor al Señor[1].

Era una fiesta solo celebrada por los legítimos israelitas, es decir, los que lo eran por nacimiento o redención (cp. 1Co. 5.68).

El nombre hebreo de esta fiesta *Hag HaMatzah,* proviene de la palabra *matzah* (dulce, sin amargura), y significa "panes o tortas sin levadura". Era el único pan que se permitía comer en esa semana. Una especie de tortilla o galleta chata, sin leudar, que, además, contiene una preciosa lección espiritual. Y es notable que en Éxodo 12 y 13 se repite trece veces la necesidad de que no hubiera pan leudado ni levadura (v. 15, 17, 18, 19 y 20).

Notemos que dice progresivamente:

- *Sin levadura* (v. 12.15a, 17, 18).
- *Que no haya levadura (v. 15b).*
- *No se hallará levadura en vuestras casas (v. 19).*
- *Ninguna cosa leudada comeréis (v. 20).*

---

[1] Había solo dos fiestas que duraban siete días: esta y la de los Tabernáculos. Una, al principio y otra al final. Las demás eran celebradas en un solo día.

– *No se verá contigo nada leudado, ni levadura, en todo tu territorio (13.7).*

La levadura, del latín *levare*, "elevar" (heb. *chometz*; gr. *zyme)*, significa "amargo" o "agrio". Era un trozo de masa que se guardaba de
una hornada anterior y que fermentaba y se volvía árida. Se disolvía
en agua antes de añadir la harina, o se "escondía" en la harina (cp.
Mt. 13.33: *"El reino de los cielos es semejante a la levadura que tomó una
mujer y escondió en tres medidas de harina, hasta que todo fue leudado"),*
y se amasaba junto con esta[2].

El pan sin levadura se llamaba en hebreo *mazzoth*, y en griego
azymos. (*a:* sin; *zymos:* levadura) y su uso junto con la Pascua conte-
nía mensajes importantes. Hablaba de:

Liberación. Hacía recordar a los israelitas lo apresurado de su
partida de Egipto. Leemos en Éxodo 12.17: *"Y guardaréis la fiesta de
los panes sin levadura, porque en este mismo día saqué vuestras huestes de
la tierra de Egipto; por tanto, guardaréis este mandamiento en vuestras
generaciones por costumbre perpetua".* Aquella noche singular, después
de comer la Pascua, estaban listos para partir. Y así lo hicieron, apresuradamente. No había tiempo que perder. Comenzaba el éxodo, la
liberación, la travesía por el desierto inhóspito, por la tierra inhabitada, hasta llegar a la tierra prometida. ¡La hora de la libertad no
soportaba la espera del proceso de leudar el pan! (cp. Éx. 12.33-34).

En Deuteronomio 16.3 se le llama *pan de aflicción*, no porque en
esa fiesta estuvieran afligidos, pues era una fiesta sumamente gozosa, sino porque, junto con las hierbas amargas que comían con el
cordero asado, les recordaría para siempre su aflicción como esclavos en Egipto y aquella noche de su gloriosa liberación, en la cual
Dios les libró del yugo *con mano fuerte y brazo extendido*, dándoles

---

[2] Las mujeres hebreas de la antigüedad utilizaban un método llamado de "masa amarga" para leudar el pan. Antes de dejar lista la masa para hornear, tomaban un trozo
de ella y lo conservaban en un lugar fresco. Cuando volvían a amasar para hacer pan,
mezclaban ese trozo con la harina y el agua, para que produjera el leudado, y así su-
cesivamente para nuevas hornadas.

un nuevo estado de libertad, una nueva vida, y dejando su esclavitud para siempre en el pasado.

Santidad. Los panes sin levadura les recordaban que eran un pueblo escogido por Dios y, por lo tanto, santo para Dios.

¿De qué habla la levadura? La palabra se menciona unas setenta veces en el Antiguo Testamento y veinticinco en el Nuevo Testamento. En el Antiguo Testamento siempre se refiere al aspecto físico, es decir, al ingrediente de los panes usados para alimento o para sacrificio. En el Nuevo Testamento el Espíritu Santo nos enseña su significado, y siempre tiene una connotación de algo que hincha, que fermenta, que corrompe. Así que, en ningún caso la levadura es símbolo de algo bueno, puro o santo. Siempre es un emblema del mal, de impureza, de perversión, de orgullo (porque hincha); en definitiva, de pecado.

Las ofrendas al Señor debían estar exentas de levadura. En Levítico 2.11 leemos: *"Ninguna ofrenda que ofreciereis a Jehová será con levadura; porque de ninguna cosa leuda, ni de ninguna miel se ha de quemar ofrenda para Jehová"*. Ni levadura, símbolo de corrupción, ni miel, de aquella dulzura que era más para placer corporal que espiritual, muy usada por los paganos en sus sacrificios, debían formar parte de lo ofrecido al Señor. Debían ser sacrificios santos, y dedicados enteramente al Señor.

Pan sin levadura

El *pan sin levadura* contiene un doble significado espiritual. En primer lugar, es una preciosa figura del Señor Jesucristo. De aquel del que la Biblia dice que fue *"santo, inocente, sin mancha, apartado de los pecadores y hecho más sublime que los cielos"* (Heb. 7.26). Santo en su nacimiento, inocente en su vida, sin mancha en su muerte, apartado de los pecadores en su sepultura y hecho más sublime que los cielos en su resurrección y entronización. De aquel que pudo decir: *"¿Quién de vosotros me redarguye de pecado?"* (Jn. 8.46). De aquel de quien el ángel en su anuncio a María dijo: *"lo santo que nacerá de ti"*[90] (Lc. 1.35); de quien Pablo dice: *"al que no conoció pecado"* (1Co. 5.21); de quien Pedro agrega: *"el cual no hizo pecado"* (1Pe. 2.22); de quien Juan subraya: *"no hay pecado en él"* (1Jn. 3.5).

En todo, él fue perfecto. En Números 28.17-25 se dan otros detalles de lo que eran las ofrendas en la semana de la fiesta de los panes sin levadura, y allí junto con las *ofrendas encendidas*, es decir, las víctimas que eran pasadas por el fuego del altar (becerros, carneros, corderos, etc.), se presentaba una ofrenda *de harina amasada con aceite*, que ilustra claramente la vida santa, pura, inmaculada del Señor, impregnada íntimamente por la unción del Espíritu Santo, el *óleo divino*.

Si la levadura habla de orgullo, de envanecimiento, de manifestaciones carnales, el pan sin levadura nos habla de sinceridad, de verdad, de pureza, de modestia y humildad (1Co. 5.8: *"panes sin levadura, de sinceridad y de verdad"*). Y ¿quién sino Jesús pudo decir *"aprended de mí, que soy manso y humilde de corazón"*? Si la Pascua es la figura inequívoca del Cordero de Dios sacrificado por nosotros, los panes sin levadura lo son de la vida única, sin igual de aquel que no conoció pecado. Si la levadura habla de corrupción, el pan sin levadura nos habla de aquel que, habiendo consumado la obra de redención en la cruz, fue sepultado justamente el día de la fiesta de los panes sin levadura. Él fue el grano de trigo que fue escondido en la tierra para llevar mucho fruto (Jn. 12.24), cumpliendo las palabras proféticas del Salmo 16 que repite Pedro en su poderoso mensaje de Pentecostés: *"Por lo cual mi corazón se alegró, y se gozó mi lengua, y aun mi carne descansará en esperanza; porque no dejarás* (o, abandonarás en estado de muerte) *mi alma en el Hades, ni permitirás que tu Santo vea corrupción..."*.

Así que, esta fiesta es un tipo de la sepultura de Cristo, de aquel tiempo de oscuridad de muerte, escondido en el corazón de la tierra (Mt. 12.40) esperando el día glorioso de su resurrección triunfante. El día de la piedra removida, del *"no está aquí, sino que ha resucitado"* (Lc. 24.6); del día en que *"por medio de la muerte venció al que tenía el imperio de la muerte"* (Heb. 2.14).

Pero, además, esta fiesta —como todas ellas— deja una permanente lección espiritual para aquellos que somos de Cristo. La vida cristiana debe interpretarse como una fiesta, como la bendición de la gracia de Dios acompañando a cada creyente. Y esta fiesta deberá ser vivida "sin levadura", es decir en santidad, en pureza, alejada de toda corrupción y contaminación. Como dice Pablo: *"no en la vieja levadura de malicia y de maldad, sino en ázimos* (panes sin levadura) *de sinceridad y de verdad"* (1Co. 5.7-8).

El pueblo de Dios debe vivir como un pueblo santo, de acuerdo a su llamamiento santo (1Pe.1.15, 16; 2Ti. 1.9).

El profeta Isaías, prediciendo proféticamente la final liberación de Israel al final de los tiempos dice en 52.11: *"Apartaos, apartaos, salid de ahí, no toquéis cosa inmunda; salid de en medio de ella; purificaos los que lleváis los utensilios de Jehová".* Pablo escribe a los Corintios y cita este mismo versículo a aquellos que somos del pueblo de Dios, en su segunda epístola 6.17: *"salid...apartaos...no toquéis...".*

Notemos que la fiesta de los panes sin levadura duraba siete días. El cristiano debe vivir la santidad, no como algo circunstancial, esporádico, sino como una realidad permanente: los siete días de la semana. Todo el día; todos los días. Siete, en la Escritura habla de un periodo completo. El periodo completo de nuestra vida cristiana. Como lo dice Zacarías en Lucas 1.74, 75: *"Que, librados de nuestros enemigos, sin temor les serviríamos en santidad y en justicia delante de él, todos nuestros días".* Toda la vida. Desde nuestra conversión hasta nuestra glorificación. La santidad no es una opción. Es la única forma posible de vivir la vida cristiana. Es *"seguir* —o perseguir, procurar con empeño— *la santidad, sin la cual ninguno verá al Señor"* (Heb. 12.14).

Israel debía quitar la levadura de sus casas, y aun de todo su territorio, no para ser admitidos por Dios, sino porque ya lo eran. Su salvación no dependía de lo que ellos pudieran hacer, sino de su fe puesta en la sangre derramada del cordero. Nuestra salvación no depende de nuestra santidad, sino de la sangre de Cristo aplicada a nuestras almas. Pero ahora que somos suyos el mandamiento es: *"Como aquel que os llamó es santo, sed también vosotros santos en toda vuestra manera de vivir, porque escrito está: Sed santos, porque yo soy santo"* (1Pe. 1.15, 16). O, como podemos leer en 2 Corintios 7.1, en palabras del apóstol Pablo: *"Así que, amados, puesto que tenemos tales promesas, limpiémonos de toda contaminación de carne y de espíritu, perfeccionando la santidad en el temor de Dios".* Debemos pensar que la sangre puede estar en nuestra puerta, pero la levadura puede ser hallada en nuestras casas. Y así no debe ser. Dios nos ha librado de la pena, la culpa y las consecuencias del pecado, pero también de la práctica, el poder y el amor al pecado. Por lo tanto, ser salvos no significa vivir de cualquier manera, sino a la manera de Dios. El pecado no es algo "normal" en nuestra vida. Debe ser algo "anormal". El pecado, ciertamente, es la cosa más anormal que sucede en la vida cristiana. Pero... tristemente sucede. Eso significa que, como "no podemos no pecar", debemos arreglar nuestras cuentas con Dios y con los demás rápidamente, diariamente, permanentemente, mediante la confesión.

¿Cuántos pecados nos privan de la perfecta comunión con Dios? ¿Qué magnitud de pecado nos priva de ella? Un solo pecado lo hace, y por pequeño que sea. No nos priva de ser salvos, pero sí del gozo, del poder y de la llenura del Espíritu en nuestras vidas. Por lo tanto, la confesión debe ser permanente, a fin de restablecer la comunión con El (1 Jn. 1.5-10; Sal. 32.3-5).

Si un creyente persevera en el pecado, practica el pecado, es porque no ha comprendido la gracia de Dios, ni la redención de su alma, ni el alto precio que el Señor pagó por su salvación (Ro. 6.1). Por eso Juan dice: *"el que es nacido de Dios no practica el pecado..."* (1 Jn. 3.9).

Cuando Dios a través de Moisés dio las instrucciones para celebrar la Pascua, dice en Éxodo 12.15: *"Siete días comeréis panes sin levadura; y así el primer día haréis que no haya levadura en vuestras casas; porque cualquiera que comiere leudado desde el primer día hasta el séptimo, será cortado de Israel".* La presencia de la levadura hubiera significado ser "cortado" de entre su pueblo, es decir, privado de la comunión con Dios y los suyos. Así también sucede con el creyente. La levadura de malicia y maldad nos priva de la comunión con el Señor y los suyos, y hasta puede ser causa de ser privados de la comunión de la iglesia (cp. 1Co. 5.1-8).

Notemos la indicación: *"no haya levadura en vuestras casas"*. Es cierto que *la levadura* del pecado es un principio que radica en nosotros desde que fuimos concebidos. David lo dice así en su salmo 51.5: *"He aquí, en maldad he sido formado, y en pecado me concibió mi madre"*. Más allá de lo que hacemos, es *lo que somos*.

Nuestra vieja naturaleza

Es gracioso, aunque patético lo que dice un escritor cristiano: "Muchas veces oímos decir al ver un niño pequeño: Parece un angelito. Sí, pero esperemos unos pocos años y quizás se llegue a decir del mismo niño: Parece un demonio". Nuestra naturaleza es así. Está afectada por el fermento de la levadura del pecado. Y esa naturaleza, aun después de convertidos, permanece en nosotros. Así que no podemos quitar la vieja naturaleza de nuestra vida. Pablo repite varias veces en Romanos 7: *"De manera que ya no soy yo quien hace aquello, sino el pecado que mora en mí"* ... *"y si hago lo que no quiero, ya no lo hago yo, sino el pecado que mora en mí; así que, queriendo yo hacer el bien, hallo esta ley: que el mal está en mí"*... *"pero veo otra ley en mis miembros, que se rebela contra la ley de mi mente, y que me lleva cautivo a la ley del pecado que está en mis miembros "*(v. 17, 20, 21, 23). Así que, concluye con aquella expresión tan elocuente: *"¡Miserable hombre de mí, ¿quién me librará de este cuerpo de muerte?"*. Solo somos "pan sin levadura" en Cristo, no en nuestra propia naturaleza.

Pero, notemos que Dios dijo al pueblo: *"Por siete días no se hallará levadura en vuestras casas; porque cualquiera que comiere leudado, así extranjero como natural del país, será cortado de la congregación de Israel"*. Aquí habla de quitar la levadura de las casas. De nuestros hogares, de nuestras iglesias. Y esto requiere un trabajo especial. Una revisión profunda de nuestras costumbres, de nuestras conversaciones, de nuestras inclinaciones. Una limpieza de todo aquello contrario a la voluntad de Dios, a la santidad de Dios. De todo aquello que conduzca a la corrupción, que contenga la levadura del pecado, de la carne, del mundo. Busquemos con diligencia y limpiemos con energía todo aquello que prive a nuestros hogares e iglesias de ser "nueva masa, sin levadura", como somos (1Co. 5.7).

Varios tipos de levadura

Notemos que hay varios tipos de levadura en la Escritura.

La vieja levadura (1Co. 5.7, 8). Se trata de aquellas cosas que eran normales, habituales para nosotros antes de nuestra conversión. Aquellas costumbres de nuestro "Egipto espiritual", que son propias del mundo, pero impropias para el pueblo de Dios. Al pueblo de Israel, Dios les dijo: *"No haréis como hacen en la tierra de Egipto, en la cual morasteis; ni harás como hacen en la tierra de Canaán, a la cual yo os conduzco."* (Lv. 18.3). Y a la iglesia del Señor, la Palabra nos dice en Efesios 4.17, 18: *"Esto, pues, digo y requiero en el Señor que ya no andéis como los otros gentiles, que andan en la vanidad de su mente, teniendo el entendimiento entenebrecido, ajenos de la vida de Dios.".* Pedro también nos lo recuerda: *"Como hijos obedientes, no os conforméis a los deseos que antes teníais estando en vuestra ignorancia"* (1Pe. 1.14). Deseos, tendencias, inclinaciones que debieron quedar atrás, cuando se cumplieron en nosotros aquellas palabras de 2 Corintios 5.17: *"De modo que, si alguno está en Cristo, nueva criatura es; las cosas viejas pasaron, he aquí todas son hechas nuevas".* Las cosas viejas son la "vieja levadura" de la que habla el apóstol en 1Corintios 5.8, que debe quedar atrás, para vivir una experiencia de santidad, de sinceridad y verdad en la nueva naturaleza que Dios implantó en nosotros por la obra de Cristo. Y esto, no solo en pecados groseros, sino aun los que nos parecen menos graves. Pablo escribe a los colosenses y les dice: *"Haced morir, pues, lo terrenal en vosotros: fornicación, impureza, pasiones desordenadas, malos deseos y avaricia, que es idolatría: cosas por las cuales la ira de Dios viene sobre los hijos de desobediencia, en las cuales vosotros también anduvisteis en otro tiempo, cuando vivíais en ellas. Pero ahora dejad también vosotros todas estas cosas: ira, enojo, malicia, blasfemia (maledicencia), palabras deshonestas de vuestra boca. No mintáis los unos a los otros..."* (Col. 3.5-9).

1. La *levadura de la falsa doctrina* (Gá. 5.9). Para los gálatas eran las viejas tradiciones del culto hebreo, el conflicto entre la fe y las obras, la carga de cumplir los pesados preceptos de la ley como necesidad para su salvación, en vez de vivir en la libertad de Cristo. Sea esto, o cualquier otro aspecto de falsa doctrina que entre en nuestras vidas y nuestras iglesias, producen el efecto de colocar "un poco de levadura". Pablo no duda en decir en ese mismo capítulo de la epístola a los Gálatas que esta *levadura* se manifiesta en no correr bien, es decir, desviarse del camino (v.7); constituye una persuasión humana y carnal (v. 7); conduce a no obedecer a la verdad (v. 7); y procede de Satanás mismo (v.8).

2. Pero, además, *un poco de* (esta) *levadura, leuda toda la masa*, o sea contamina, corrompe a la iglesia de los creyentes. Notémoslo en 1Corintios 5.6, donde el apóstol señala que el permitir la existencia del pecado dentro de la asamblea de creyentes, será el resultado de estar *hinchados* (recordemos que la palabra levadura proviene del latín *levare*, hinchar) y manifestar *jactancia* (estar inflados, infatuados, pagados de sí mismos). Además de corromper a los demás (otra vez: *un poco de levadura...*). Pero también de manifestar una actitud que es la *vieja levadura de malicia y de maldad* (o, perversidad). Al contrario, el apóstol dice que debemos ser como panes sin levadura, de sinceridad —en la intención— y de verdad —en la acción.

Tres tipos de levadura

La *levadura de los fariseos, saduceos y herodianos* (Mt. 16.6; Mr. 8.15). La **levadura de los fariseos** tiene que ver con el orgullo religioso, individual y colectivo. Es el orgullo de aquel fariseo citado por el Señor que, puesto en pie en el templo, *"oraba consigo mismo diciendo: "Dios, te doy gracias porque no soy como los otros hombres...".* Un perfecto ejemplo de orgullo personal e hipocresía (Lc. 18.11). Esa hipocresía se traducía en formalismo, ritualismo y tradicionalismo, amando más la letra que el espíritu, las formas que el contenido, la tradición que la doctrina, la ley que la gracia.

Los fariseos eran tradicionalistas. Le habían agregado a la Ley más de seiscientas reglas adicionales para que todos supieran cómo interpretaban *ellos* la manera en que todo judío debía vivir. El Señor les dice: *"Así habéis invalidado el mandamiento de Dios por vuestra tradición"* (Mt. 15.6). Hoy en día equivale al *legalismo eclesiástico*. Hay tradiciones que son buenas. Pero una cosa es la tradición y otra muy distinta *el tradicionalismo*, es decir, el culto a la tradición, el aferrarse a ella como si fuera una doctrina. El Señor los comparó a un paño viejo y a odres viejos, que no soportan el paño o el vino nuevo (Mt. 9.16-17).

La vida cristiana es *"novedad de vida"*. Es vida nueva, renovada. La mente del cristiano está llamada a transformarse por medio de la *renovación del entendimiento* (Ro. 12.2).

No es decir, como solemos escuchar: *"Siempre se hizo así..."* o *"yo pienso que..."*.

Me impacta lo que dice Frederick Tatford en su comentario al libro de Esdras, cuando en el capítulo tres se lee que, mientras se estaba construyendo el modesto templo post-exílico en reemplazo del majestuoso templo edificado por Salomón y destruido por los babilonios bajo Nabucodonosor, los jóvenes constructores cantaban, alababan y daban gracias a Dios al echar los cimientos de la casa del Señor, en tanto que los mayores que habían conocido la "casa primera", llenos de nostalgia lloraban en alta voz. Dice Tatford:

"No faltan hoy día los que con egoísmo desalientan a los que sirven con ardor y entusiasmo... machacando sobre la gloria del pasado. Hacemos bien en estar preocupados por la evidente decadencia del presente, pero eso debe actuar como un desafío para levantarnos y trabajar y no para entregarnos a una lamentación lacrimosa. Nuestro Maestro aún es supremo y su obra continúa".

Algunos peligros que determinan un pensamiento tradicionalista:

- subjetivismo ("a mí me parece..."; "yo creo que...");
- personalismos, en aquellos que son responsables en las iglesias (muchas veces evidenciado en un pastorado unipersonal, vitalicio, autoritario, dinástico, etc.);

- el uso de una hermenéutica incorrecta, que lleva a interpretaciones caprichosas y sin fundamento bíblico;
- superficialidad, muchas veces "colando el mosquito y tragando el camello";
- falta de capacitación, de estudio profundo de las Escrituras;
- identidad extrema con principios denominacionales: exclusivismo, posiciones ultra-conservadoras, cerradas a toda clase de innovación, aunque esta no altere la enseñanza de la Palabra;
- cuidado por las formas exteriores en vez de enfatizar la vida interior, el compromiso y la santidad personal.

La Palabra nos pide ser *panes sin levadura,* equilibrados, espirituales y bíblicos; no tradicionalistas obcecados y paralizados con nuestro mirar hacia atrás y hacia adentro de nosotros mismos, en vez de mirar hacia delante y hacia fuera, o, mejor... hacia arriba.

La *levadura de los saduceos,* en el mismo sentido que el párrafo anterior, tiene que ver con el racionalismo y el escepticismo; las dudas en vez de la obediencia a la Palabra de Dios; la sabiduría humana, carnal, en vez de la espiritual, la de arriba; la superstición en vez de la fe. (cp. Lc. 23.8: *"los saduceos no creen en la resurrección, ni en ángel, ni en espíritu"*). Hoy en día, los evolucionistas encarnan a los saduceos, pero hay muchos que dudan de la Palabra, y otros que presentan sus razonamientos personales y carnales, sus ideas, dejando de lado las ideas de Dios, la verdad permanente y profunda de Su Palabra.

Recuerdo lo que una vez un destacado siervo de Dios le dijo a alguien que estaba pretendiendo hacer prevalecer su opinión sobre un asunto de doctrina: "No interesa lo que tú piensas. Interesa lo que Dios piensa. Interesa lo que dice la Biblia". Seamos fieles a ella.

Los saduceos quitaban de la Escritura aquella enseñanza con la cual no estaban de acuerdo. De modo que los fariseos y los saduceos son aquellos que, o agregan, o quitan de la Biblia. Ambos son condenados por la Palabra. En Deuteronomio 12.32, dice Dios: *"Cuidarás de hacer todo lo que yo te mando; no añadirás a ello, ni de ello quitarás".*

Y en Apocalipsis 22.18, 19, como eco de esas palabras, leemos: *"Si alguno añadiere a estas cosas, Dios traerá sobre él las plagas que están escritas en este libro. Y si alguno quitare de las palabras del libro de esta profecía, Dios quitará su parte del libro de la vida..."*.

La ***levadura de los herodianos*** tiene que ver con el secularismo y la mundanalidad, con el complacer al mundo para adquirir favor de los demás; con la astucia carnal y mundana, envuelta en malicia e incredulidad; con la sensualidad degradante; con el deseo de poder y grandeza basados en la posesión de bienes materiales (cp. Mt. 22.16-21; Mr. 3.6). Todavía existe este tipo de levadura en el mundo, y aun en la iglesia del Señor. Y muchas veces, como contra Jesús, actúan juntamente, produciendo un enorme daño a la grey de Dios, y una enorme deshonra para Su nombre.

La vida cristiana debe interpretarse como una fiesta, como la bendición de la gracia de Dios acompañando a cada creyente y esta fiesta deberá ser vivida "sin levadura", es decir en santidad, en pureza, alejada de toda corrupción y contaminación. Como dice Pablo: *"no en la vieja levadura de malicia y de maldad, sino en ázimos* (panes sin levadura) *de sinceridad y de verdad"* (1Co. 5.7-8).

¿Qué es, entonces, para el creyente en Cristo "guardar la fiesta de los panes sin levadura"? Es vivir la vida de santidad práctica. La santidad no se proclama. La santidad se vive y se manifiesta por acciones justas. No hay que exhibirla. Se exhibe sola.

2 Corintios 7.1 nos recuerda: *"Así que, amados, puesto que tenemos tales promesas, limpiémonos de toda contaminación de carne y de espíritu, perfeccionando la santidad en el temor de Dios.* ¿Qué significa contaminación de carne y de espíritu? Algunos piensan que *carne* se refiere a las acciones visibles; y *espíritu* a los deseos íntimos, invisibles. Otros piensan que *carne* es referencia al cuerpo, lo que es material; y *espíritu* a la mente, al alma, a nuestra área inmaterial. Los dos pensamientos pueden ser válidos. Es posible que *por fuera* nos mostremos limpios, a la vista de los demás; pero solo Dios conoce nuestros pensamientos, y, tal vez *allí, en lo íntimo del ser*, es donde se

gesta la inmundicia que contamina nuestra vida. El Señor Jesús dijo en Mateo 15.19: *"Porque del corazón salen los malospensamien- tos, los homicidios, los adulterios, las fornicaciones, los hurtos, los falsos testimonios, las blasfemias".*

El Señor habló de los *deseos* que, aunque no se manifestaban en hechos —adulterio, homicidios, etc.— eran igualmente pecados (Mt.5.21-30). Pedro y Juan también, llamándole: *los deseos carnales,* o *los deseos de la carne* (1Pe. 2.11; 1Jn. 2.16), que no son otra cosa que los deseos de Satanás (los deseos de vuestro padre el diablo, Jn. 8.44). Pero también hay pecados que se cometen en el cuerpo y otros en la mente, en el asiento de nuestros sentimientos, el alma. Afectan la mente. Afectan el alma. Afectan la vida de santidad.

Era tan importante guardar, obedecer este precepto, que no hacerlo acarreaba para el israelita el ser *cortado de entre su pueblo* (12.19), lo que equivale para el pueblo de Dios del Nuevo Testamento, la iglesia del Señor, a *ser privado de la comunión de la iglesia.* Por eso el Espíritu Santo incluye las palabras que leímos en 1Corintios 5, después de instruir sobre la excomunión de aquel perverso que había cometido el pecado de inmoralidad, extensivo a otros pecados públicos de gravedad en medio de la congregación. Y dice, como medida de disciplina a tomar: *"El tal sea entregado a Satanás, para destrucción de la carne, a fin de que su espíritu sea salvo en el día del Señor Jesús".*

3. La "entrega a Satanás", que también se halla en 1 Timoteo 1.20 es una frase difícil de explicar, pero que entendemos tiene que ver con la excomunión de un miembro de una iglesia local, como dice E. Trenchard:

"... de ese territorio redimido de la potencia del príncipe de este mundo, el diablo". Y agrega: "De este modo, el miembro separado de la congregación se halla otra vez en el terreno del diablo, sujeto de una forma especial a su poder"[3].

Por su parte, Felipe Expósito comenta:

---

[3] ERNESTO TRENCHARD, *1ª. Epístola a los Corintios,* Literatura Bíblica, 1980, pg. 88.

"... equivale a poner al ofensor en la esfera del mundo, donde la autoridad de Dios es desconocida y donde Satanás tiene su asiento de influencia (1 Jn. 5.19)".

Y agrega:

4. "Para muchos comentaristas, "entregar a Satanás para destrucción de la carne" puede significar poner a merced de una severa aflicción física, aunque no podría tocar su vida espiritual. El poder de Satanás al tratar con el hombre exterior, y tal vez la aflicción de la mente, puede ser usada bajo la mano de Dios para humillar a un espíritu arrogante y obrar un profundo arrepentimiento y subsiguiente restauración. La palabra para "destrucción" es *olethros* y significa "ruina" e indica una acción personal que redunde en su beneficio espiritual. Según cap. 11.30 es evidente que algunos hayan sufrido la muerte física o enfermedades. La palabra no indica aniquilación y el pasaje no pone en duda la seguridad de la salvación del regenerado"[4].

¡Es solemne! Una verdadera acción judicial de parte de Dios, con el aval de la iglesia toda.

¿Cómo se perfecciona esta santidad? En el temor —reverencial— de Dios. Por eso Hebreos 12.28 nos recuerda: *"Recibiendo nosotros un reino inconmovible, tengamos gratitud, y mediante ella sirvamos a Dios, agradándole con temor y reverencia; porque nuestro Dios es fuego consumidor"*.

Así que, "celebremos la fiesta, no con la vieja levadura, ni con la levadura de malicia y de maldad, sino con panes sin levadura, de sinceridad y de verdad".

---

[4] Felipe Expósito, *Estudio analítico a 1ª Corintios*, LEC, 2004, pg. 128.

CAPÍTULO 6

LAS PRIMICIAS

Fiesta de consagración

Levítico 23.9 Y habló Jehová a Moisés, diciendo:

10. *Habla a los hijos de Israel y diles: Cuando hayáis entrado en la tierra que yo os doy, y seguéis su mies, traeréis al sacerdote una gavilla por primicia de los primeros frutos de vuestra siega.*

11. *Y el sacerdote mecerá la gavilla delante de Jehová, para que seáis aceptos; el día siguiente del día de reposo la mecerá.*

12. *Y el día que ofrezcáis la gavilla, ofreceréis un cordero de un año, sin defecto, en holocausto a Jehová.*

13. *Su ofrenda será dos décimas de efa de flor de harina amasada con aceite, ofrenda encendida a Jehová en olor gratísimo; y su libación será de vino, la cuarta parte de un hin.*

14. *No comeréis pan, ni grano tostado, ni espiga fresca, hasta este mismo día, hasta que hayáis ofrecido la ofrenda de vuestro Dios; estatuto perpetuo es por vuestras edades en dondequiera que habitéis.*

Números 28.26 Además, el día de las primicias, cuando presentéis ofrenda nueva a Jehová en vuestras semanas, tendréis santa convocación; ninguna obra de siervos haréis.

27. Y ofreceréis en holocausto, en olor grato a Jehová, dos becerros de la vacada, un carnero, siete corderos de un año;

28. y la ofrenda de ellos, flor de harina amasada con aceite, tres décimas con cada becerro, dos décimas con cada carnero,

29. y con cada uno de los siete corderos una décima;

30. y un macho cabrío para hacer expiación por vosotros.

31. Los ofreceréis, además del holocausto continuo con sus ofrendas, y sus libaciones; serán sin defecto.

Deuteronomio 26.1 Cuando hayas entrado en la tierra que Jehová tu Dios te da por herencia, y tomes posesión de ella y la habites,

2. entonces tomarás de las primicias de todos los frutos que sacares de la tierra que Jehová tu Dios te da, y las pondrás en una canasta, e irás al lugar que Jehová tu Dios escogiere para hacer habitar allí su nombre.

3. Y te presentarás al sacerdote que hubiere en aquellos días, y le dirás: Declaro hoy a Jehová tu Dios, que he entrado en la tierra que juró Jehová a nuestros padres que nos daría.

4. Y el sacerdote tomará la canasta de tu mano, y la pondrá delante del altar de Jehová tu Dios.

5. Entonces hablarás y dirás delante de Jehová tu Dios: Un arameo a punto de perecer fue mi padre, el cual descendió a Egipto y habitó allí con pocos hombres, y allí creció y llegó a ser una nación grande, fuerte y numerosa;

6. y los egipcios nos maltrataron y nos afligieron, y pusieron sobre nosotros dura servidumbre.

7. Y clamamos a Jehová el Dios de nuestros padres; y Jehová oyó nuestra voz, y vio nuestra aflicción, nuestro trabajo y nuestra opresión;

8. y Jehová nos sacó de Egipto con mano fuerte, con brazo extendido, con grande espanto, y con señales y con milagros;

9. y nos trajo a este lugar, y nos dio esta tierra, tierra que fluye leche y miel.

10. *Y ahora, he aquí he traído las primicias del fruto de la tierra que me diste, oh Jehová. Y lo dejarás delante de Jehová tu Dios, y adorarás delante de Jehová tu Dios.*

11. *Y te alegrarás en todo el bien que Jehová tu Dios te haya dado a ti y a tu casa, así tú como el levita y el extranjero que está en medio de ti.*

1 Corintios 15.20 Mas ahora Cristo ha resucitado de los muertos; primicias de los que durmieron es hecho.

21. *Porque por cuanto la muerte entró por un hombre, también por un hombre la resurrección de los muertos.*

22. *Porque así como en Adán todos mueren, también en Cristo todos serán vivificados.*

23. *Pero cada uno en su debido orden: Cristo, las primicias; luego los que son de Cristo, en su venida.*

Habían pasado cuarenta largos años deambulando por un desierto inhóspito, salvaje, desde aquella primera Pascua, la aciaga noche en que Dios visitó al incrédulo Egipto, y de la mano de los ángeles destructores ejecutó su anunciado juicio sobre los primogénitos. Cuarenta años de prueba, de lucha, de privaciones, pero también de poder palpar la buena mano del Señor guiándoles con Su presencia de día, en la nube de gloria, y de noche en la columna de fuego. De gustar su provisión diaria y milagrosa de maná y sus aguas provenientes de la peña herida.

Cuarenta años en los cuales debieron enterrar en las ardientes arenas a toda aquella generación que salió de la esclavitud, salvo dos hombres: Josué y Caleb.

Una nueva generación de hombres y mujeres libres entraba triunfante en la tierra prometida a Abraham y su linaje. A fuerza de fe y espada echarían a los corruptos e inmorales pueblos paganos que la habían usurpado. Conquistarían sus ciudades. Se instalarían en ellas. Tendrían hijos. Sembrarían la tierra y cosecharían sus frutos. Una tierra bendecida. Una tierra que fluía leche y miel.

Y, entonces, en el primer mes del año, el mes de Abib o Nisán, llamado también "el mes de la espiga tierna", harían una fiesta inédita. Nunca la habían celebrado en el desierto. Era ordenada para cuando habitaran la tierra y la poseyeran. Era la fiesta de las Primicias. Una oportunidad de dar a Dios, gozosamente, lo primero, en gratitud por su fidelidad y bendición.

La Fiesta de las Primicias, o los primeros frutos de la cosecha de cebada (en hebreo *Bikkurim* o *Hag HaBikkurim*) era la tercera de las grandes fiestas anuales, inmediatamente después de la Pascua y la de los Panes sin levadura y antes de la de Pentecostés, en la que se ofrendaba "el nuevo grano", es decir, el fruto de la cosecha.

Esta fiesta ya no se celebra en nuestros días, pero, como todas ellas, contiene un precioso y permanente mensaje espiritual para aquellos que somos de Cristo.

Una vez cosechadas las primeras espigas eran trilladas con cañas suaves para no arruinarlas. Se las tostaba sobre el fuego en una sartén perforada, a fin de que cada grano fuera tocado por el fuego. Luego se las exponía al viento para que volara la paja. Los granos entonces eran triturados en un molino y al fin, la harina se ofrecía a Dios, poniendo sobre ella aceite e incienso. El sacerdote hacía arder el memorial, pues era una "ofrenda encendida" (Lv. 2.14-16).

Hasta que no se ofrecían las primicias no se podía comprar ni vender la cosecha, ni tampoco comer el grano, ni hacer pan con la nueva harina. Primero —de ahí el término— debían ser ofrecidas las primicias a Dios.

En los pueblos paganos, los oficios religiosos y los sacrificios dedicados a las divinidades eran, en muchos casos, rituales de fertilidad, intentando obtener el favor de esas deidades para que les otorgaran abundantes cosechas. Pero el Dios de Israel no necesitaba esos rituales. El dueño del universo las daba en su misericordiosa y abundante providencia, siempre que ellos fueran obedientes a sus leyes.

Como dice Hartill, mencionado por E. Danyans[1], "la gavilla era la muestra y las arras de la promesa del Señor: el israelita le prometía

---

[1] E. DANYANS, *op. cit.*, pg. 419.

a Dios el diezmo de la cosecha, y Dios prometía a los israelitas lo demás de la siega".

Lo notable de esta fiesta era que, mientras que la Pascua y los Panes sin levadura podían celebrarse durante la travesía del desierto, la fiesta de las Primicias era posible solo —dijo Dios a Moisés— cuando hubieran entrado en la tierra y hubieran tomado posesión de ella. Hay una diferencia notable entre los pasajes de Levítico 23.10 y Deuteronomio 26.1. En el primer pasaje leemos: *"cuando hayáis entrado en la tierra que yo os doy, y seguéis su mies"*. En el segundo, el mandamiento va un poco más allá: *"Cuando hayas entrado en la tierra que Jehová tu Dios te da por herencia, y tomes posesión de ella y la habites"*. Notemos que no era solo cuando entraran en la tierra, sino cuando hubieren tomado posesión de ella. Entrar no es lo mismo que poseer. Para poseer la tierra debieron luchar, debieron echar a los moradores que la habían usurpado. Dios les había dado esa tierra por herencia, conforme a sus promesas a Abraham, Isaac y Jacob. Pero para poseerla, guiados por Josué, debieron afrontar duras luchas.

Así es en la vida cristiana. Hemos sido bendecidos con toda clase de bendiciones espirituales en Cristo (Ef. 1.3). Pero la vida cristiana es una vida de conflicto espiritual. Efesios 6 nos habla de esa lucha contra *"principados, potestades... huestes espirituales de maldad"*. Nuestro enemigo nos presenta batalla. Él y sus huestes malignas. Él y sus asechanzas. Y solo es posible enfrentarle con el poder que podemos obtener de parte del Señor. Efesios 6.10 nos dice: *"Fortaleceos en el Señor y en el poder de su fuerza... vestíos de toda la armadura de Dios, para que podáis estar firmes..."*.

Watchman Nee, en su libro "Sentaos, andad, estad firmes" dice que el creyente no está en la palestra de la fe para conquistar un lugar de victoria, sino que "sentado en lugares celestiales con Cristo" mantiene la batalla *desde* un lugar de victoria. En Cristo somos —dice Pablo— *"más que vencedores* (lit. hípervencedores) *por medio de Aquel que nos amó"*.

Todas las riquezas son nuestras en Cristo, pero debemos tomar posesión de ellas. Muchos cristianos no viven la vida cristiana gozando de sus bendiciones, a pesar del conflicto. Mientras eso no sucede, no experimentaremos el gozo de una vida dedicada, ofrecida como un *sacrificio vivo, santo y agradable a Dios* (Ro. 12.1).

El día de presentación de las primicias

Notemos lo que Levítico 23.11 nos dice sobre este día, pues tiene gran importancia tipológica: *"Y el sacerdote mecerá la gavilla delante de Jehová, para que seáis aceptos; el día siguiente del día de reposo la mecerá"*. Existen dos interpretaciones sobre la expresión *"el día siguiente del día de reposo* (o, **sábado**)*"*. Tal vez la más correcta de las dos es la que sostenían los saduceos, quienes, a pesar de que la mayor parte de su doctrina era contraria a las Escrituras, aseguraban que la palabra **shabbat** se refería al sábado semanal que caía en el período de la Pascua, y así la fiesta de Pentecostés siempre ocurriría en día domingo. Tomando esta interpretación, entonces, el día de la presentación de la ofrenda de las primicias es justamente "el día después del sábado", y corresponde exactamente al primer día de la semana, el día en que el Señor resucitó.

Justamente el término "siega", proveniente del verbo hebreo *"katsar"*, segar o cosechar, aparece solo en Éxodo 23.16 en forma de sustantivo. La resurrección de Cristo es un acontecimiento único e irrepetible.

En el libro "Las Siete Fiestas del Eterno - Etapas en la vida cristiana"[2], el autor señala que el Evangelio de Marcos, después de repetir siete veces la frase "como fue tarde aquel día", en el capítulo 16 anuncia un nuevo día, el primero de la semana cuando muy de mañana, salido el sol, los que buscaban a Jesús muerto lo hallaron resucitado. Así, pues, la fiesta de las Primicias es un anticipo profético, un tipo precioso de la resurrección de Cristo. Un primer día de la semana Cristo resucitó de entre los muertos. Dice la antigua canción:

---

[2] *Op. cit.,* pg. 27

Un día la tumba ocultarle no pudo
Un día su espíritu al cuerpo volvió;
Y de la muerte ya había triunfado,
Y a la diestra de Dios se sentó.

Él es primicia de los que durmieron. Él fue la gavilla mecida delante de Jehová para representar a todos aquellos que creyendo en él somos la cosecha del grano que cayó en tierra y murió, pero llevó mucho fruto.

La resurrección de Cristo es un tema central en la fe cristiana. El apóstol lo explica *in extensu* en ese gran capítulo que es 1 Corintios 15, en el cual destacamos que la resurrección de Cristo:

• **Es garantía de nuestra fe** (1Co.15.14, 16-17): *"Y si Cristo no resucitó, vana es entonces nuestra predicación, vana es también vuestra fe... Porque si los muertos no resucitan, tampoco Cristo resucitó; y si Cristo no resucitó, vuestra fe es vana; aún estáis en vuestros pecados".*

Si no hay resurrección de muertos y Cristo no resucitó, nuestra fe es hueca, inconsistente. Creemos una ilusión, un engaño, un fraude. La palabra "vana" en el v. 14 y en el 17 no son iguales. En el primero, el vocablo griego es *kenós:* "sin contenido". En el v.17 es *mátaios:* sin valor, sin propósito, "sin fruto", es decir, no sirve para "producir" salvación. Una fe sin contenido es una fe que no produce salvación.

Hay varias cosas que demuestra la resurrección de Cristo y que son fundamento de nuestra fe. Bill Bright en su libro "Un hombre sin igual", dice que su resurrección:

Demostró que él era divino. Ro. 1.4: *"fue declarado Hijo de Dios con poder, según el Espíritu de santidad, por medio de la resurrección de entre los muertos".*

"Probó que Cristo tiene poder para perdonar pecados. Si no, hubiera sido la muerte de un hombre común. Pero si resucitó, Cristo demostró su autoridad y poder para romper las ataduras del pecado y garantizar el perdón y la vida eterna a todos aquellos que aceptan su regalo de salvación. La Cristología de la iglesia está basada sobre un Cristo vivo: Salvador y Señor".

"Reveló el poder de Cristo sobre la muerte. Ro. 6.9: *"Sabiendo que Cristo, habiendo resucitado de los muertos, ya no muere. La muerte no se enseñorea más de él"*. De otro modo, Dios no es un Dios vivo, ni de vivos (Mr. 12.27). Y la muerte sería más poderosa que Él. Él prometió un Reino ya anunciado por los profetas. Lc. 24.26-27".

"Derrotó al enemigo de Dios y de los hombres. La muerte de Cristo pudo haber sido un triunfo para Satanás, pero su resurrección es el golpe definitivo "sobre la cabeza de la serpiente". Su victoria es contundente y definitiva"[3].

Pero, además de ser garantía de nuestra fe, la resurrección de Cristo,
• **Es garantía de nuestra resurrección** (1Co. 15.18-19): *"Entonces también los que durmieron en Cristo perecieron. Si en esta vida solamente esperamos en Cristo, somos los más dignos de conmiseración de todos los hombres"*. Si no hay resurrección de muertos, los creyentes que *"durmieron"*, es decir, que partieron a estar con Cristo, "perecieron", es decir, están perdidos para siempre. La palabra *perecieron* (gr. *apólumi)* tiene la misma raíz de la palabra *pierda* en Juan 3.16, donde se refiere a la muerte espiritual. Así que podríamos traducir: "los que m urieron creyendo en Cristo están perdidos eternamente".

Si Cristo no hubiera resucitado, no podríamos ser salvos, pues la salvación no es solo para el alma y el espíritu, sino para el cuerpo también, pues somos "una persona" (1Ts. 5.23). Por lo tanto, un Cristo que no hubiera resucitado corporalmente, no podría garantizar nuestra salvación completa y eterna. Así que, sin resurrección no solo tendríamos una esperanza temporal, sino, además, una vida miserable. El texto podría traducirse: "Si la esperanza que tenemos en Cristo fuera solo para esta vida, seríamos los más desdichados de

---

[3] BILL BRIGHT, *Un hombre sin igual,* Unilit, 1992, pg. 79.

todos los mortales". La conclusión a la que arriba el apóstol es que seríamos infelices, dignos de compasión, dignos de lástima, miserables. Y lo seríamos por creer una ficción, una quimera; por esperar una irrealidad que nunca será cierta; por soportar las dificultades de la vida cristiana sin esperanza, en vez de "gozar de placeres temporales". Tendríamos derecho a concluir, como dice el apóstol en 1Co. 15.32: *"Si los muertos no resucitan, comamos y bebamos, porque mañana moriremos"*.

Pero el creyente puede estar seguro y decir como el salmista en el salmo 73.28: *"He puesto en el Señor mi esperanza"*. O en el salmo 39.7: *"Y ahora, Señor, ¿qué esperaré? Mi esperanza está en ti"*.

Esther Otero de Tejerina, expresa bellamente esta certeza cristiana[4]:

Muerte, despojo, despedida, llanto,
crepúsculo que extiende de dolor un manto
y ensombrece los pobres corazones
de los viles mortales, que impotentes,
ven cumplirse, solemne, inevitable,
la tragedia fatal y terminante
del hombre en su destino inexorable.

Ante ti, muerte infame
se levanta, segura y victoriosa
la heredad del Señor de los Señores,
que mirando confiados su morada
a través de tu sombra presuntuosa
hacen suyo el vibrante desafío
del Dueño de los siglos y la gloria:
¿Dónde está, oh muerte tu aguijón,
y dónde, oh sepulcro tu victoria?

---

[4] Esther Otero de Tejerina, *Tiempo de vivir*, Ediciones Mentor, 1976, pg. 65.

Además, la resurrección de Cristo es

Primicias de la resurrección de los creyentes. Pablo dice en 1 Corintios 15.20: *"Mas ahora Cristo ha resucitado de —entre— los muertos; primicias de los que durmieron es hecho ".*

Notemos algunas cosas singulares en este extraordinario capítulo en torno al tema de nuestra futura resurrección:

La esperanza cristiana de la resurrección (v. 20-22).

Pablo comienza con una aseveración. Después de argumentar, como se suele llamar *"reductio ad absurdum"*, es decir, a través del absurdo, como si Cristo no hubiera resucitado, Pablo llega con triunfante certeza a esta conclusión: *"Mas ahora, Cristo ha resucitado de los muertos"*. Dicho en otras palabras: *"Lo cierto es que Cristo ha sido levantado de entre los muertos"*. Y agrega: *"primicias de los que durmieron es hecho"*. O, de otra forma: "como el primer fruto de la cosecha".

Lo que quiere decir Pablo es que Cristo ha sido el primero en resucitar. Es cierto que otros habían resucitado antes, como Lázaro, o el hijo de la viuda de Naín, o la hija de Jairo (por mencionar solo los casos de los Evangelios), pero ellos volvieron a morir. O incluso, seguramente, aquellos que resucitaron después de su resurrección y aparecieron a los creyentes (Mt. 27.53). ¡Pero Cristo resucitó para no morir jamás!

Marcos es muy gráfico cuando, hablando de la resurrección de Cristo, dice en su capítulo 16.2: *"Muy de mañana, el primer día de la semana, vinieron al sepulcro, ya salido el sol"*. La noche de la antigua dispensación había quedado atrás, y había amanecido un nuevo día, inaugurado por la gloriosa resurrección de Cristo. Se cumplía así el antiguo salmo (30.5): *"Por la noche durará el lloro, pero a la mañana vendrá la alegría"*.

Por eso, Colosenses 1.18 y Apocalipsis 1.5 le llama *"el primogénito de entre los muertos"*. Cristo es el "Hijo unigénito" —gr. *monogenés*— (Jn. 1.14), el único en esa condición respecto del Padre. Pero es "el primogénito" —gr. *prototokós*— es decir, el primero de los hermanos revestido de inmortalidad. Romanos 8.29 dice que él es *"el primogénito entre muchos hermanos"*. Aquel que tiene la preeminencia en todo lo creado, también la tiene en el orden de las resurrecciones. Él es el primer fruto de la resurrección para gloria.

Cuando el Señor murió en la cruz, dice Mateo 27.51-53 que el velo se rasgó de arriba abajo, la tierra tembló, las rocas se partieron, y se abrieron los sepulcros, y muchos cuerpos de santos que habían *dormido*, es decir, que estaban en las tumbas, se levantaron[5]. Y luego de la resurrección de Jesús se aparecieron a muchos en la ciudad de Jerusalén. No es fácil discernir quiénes pueden ser estos santos, si santos del Antiguo Pacto, o si discípulos de Jesús ya muertos. Algunos piensan que estos creyentes resucitados son "las primicias" que menciona Pablo en 1 Corintios 15.23, pero creemos que la frase "Cristo, las primicias", se refiere exclusivamente al Señor, y no a aquellos. Tampoco sabemos con certidumbre si esos santos resucitados lo experimentaron en la crucifixión de Jesús, o luego de su resurrección. Tampoco si volvieron a morir, o ya tenían cuerpos glorificados y con ellos ascendieron a la presencia de Dios. Son cosas no reveladas, que pertenecen al Señor (Dt. 29.29) y todo lo que pudiéramos decir no sería sino especulaciones de algo que no está explicado en la revelación de la Palabra.

La gavilla presentada en la fiesta era *una sola*. Por otra parte, hubo varias resurrecciones por efecto de milagros portentosos hechos por el Señor, pero el único que resucitó de entre los muertos *para no morir jamás* fue Jesucristo. El es el *primer fruto* de la gran cosecha.

Para el mundo fue *"un cierto Jesús ya muerto"* (Hch. 25.19). Para aquellos que creemos en él, es el glorioso Señor, el que venció la muerte, el que obtuvo plena victoria para los suyos. Dijo Jesús: *"Porque yo vivo, vosotros también viviréis"* (Jn. 14.19).

En su comentario a 1 Corintios, Gordon Fee dice, explicando el significado de "las primicias":

---

[5] El concepto de "dormir" se aplica solo al cuerpo[97], no al alma y el espíritu que están ya gozando en la presencia de Dios, Fil. 1.23. La tumba para el cristiano es el lugar donde descansa —duerme— su cuerpo hasta el día de la redención. Justamente la palabra "cementerio" proviene del griego **koimitirion:** dormitorio.

"Si bien este término tiene una rica trayectoria en el Antiguo Testamento, lo que a Pablo le interesa no son sus matices bíblicos, los cuales tienen que ver con consagrar a Dios las primicias de la cosecha (cf. Lv. 23.9-14), sino su función como metáfora para representar el hecho de que el primer fruto de la cosecha sirve como una especie de garantía de la cosecha completa. Por lo tanto, en su uso, la metáfora funciona de modo semejante a la del "primer pago" o "anticipo" (RVR "arras") del Espíritu en 2 Corintios 1.22 y 5.5 (cf. Ef. 1.14); ambas sirven como una prenda o garantía presente, por parte de Dios, de la cosecha o pago final y escatológico".

Y agrega:

"Él —Jesús— es las "primicias" de Dios, la prenda dada por el propio Dios de que habrá una cosecha completa de aquellos que serán resucitados de entre los muertos. Al llamar a Cristo las "primicias", Pablo está afirmando por vía de una metáfora que la resurrección de los muertos creyentes es absolutamente inevitable; ha sido garantizada por el propio Dios"[6].

Es cierto que la muerte entró por un hombre. Es cierto que en Adán todos mueren. Pero ¡gloria a Dios! también es cierto que por un hombre entró la resurrección de los muertos y que en él todos los que en él creyeron *serán vivificados,* es decir, volverán a vivir.

Pablo dice en Romanos 8.23: *"nosotros mismos, que tenemos las primicias del Espíritu, nosotros también gemimos dentro de nosotros mismos, esperando la adopción, la redención de nuestro cuerpo".*

El orden de las resurrecciones

"Pero cada uno en su debido orden: Cristo, las primicias; luego los que son de Cristo, en su venida. Luego el fin, cuando entregue el reino al Dios y Padre,

---

6 Referencias de otros autores recogidas por Gordon Fee, en su libro *Primera Epístola a los Corintios*, Ed. Nueva Creación, 1994, pg.848.

cuando haya suprimido todo dominio, toda autoridad y potencia. Porque preciso es que él reine hasta que haya puesto a todos sus enemigos debajo de sus pies. Y el postrer enemigo que será destruido es la muerte" (1 Co. 15.23-26). En Adán todos, sin excepción, mueren; pero en Cristo, todos los que han confiado en él "volverán a vivir". A la descendencia de Adán pertenecemos por nacimiento. A la de Cristo, por "nuevo nacimiento". En Adán tenemos pecado y muerte. En Cristo, resurrección y vida. Entonces Pablo presenta en este párrafo el programa de resurrecciones de acuerdo a la revelación divina.

"Cada uno en su debido orden", como si fueran filas de soldados en una formación:

• *Cristo, las primicias*

• *Luego, los que son de Cristo en su venida.* La expresión "los que son de Cristo" es más abarcativa que aquella tantas veces usada por Pablo: *en Cristo,* y solo aplicable a la iglesia del Señor. Así que estos son:

– Los creyentes de la Iglesia, en el arrebatamiento (1 Ts. 4.13-18).
– Los creyentes del antiguo pacto, en la venida de Cristo en gloria (Dn. 12.2-3; Is. 26.19-20), después de la grande tribulación (cp. Is. 26.20).
– Los creyentes de la grande tribulación al terminar ese período sombrío (Ap. 20.3-5).

• *Luego,* (vendrá) *el fin...* La resurrección de los muertos, a condenación (Ap. 20.5, 12), después del Milenio, para comparecer ante el gran trono blanco.

La resurrección es, pues, la esperanza de aquellos que hemos depositado, por gracia divina, nuestra fe en el Salvador. Ya no esperamos la muerte como un salto a lo desconocido. Aun si debemos pasar por ese valle de sombras, sabemos que un día, a la final trompeta, oiremos, como Juan, la voz poderosa de aquel que es las primicias de la resurrección: *Sube acá* (Ap. 4.1). Y volaremos a su encuentro. ¡Maranatá! ¡El Señor viene!

La fiesta de las Primicias, o los primeros frutos también nos habla de:

La vida de resurrección del creyente. La gavilla,[7] es decir, un atado de espigas de cebada se presentaba delante de Jehová y era mecida por el sacerdote en representación del pueblo, de modo que Dios aceptara al oferente y su ofrenda. Juntamente con ella, eran presentadas las demás ofrendas que Dios había establecido.

Era la fiesta de una vida nueva. Ya que debía ser celebrada después de entrar en la tierra prometida, era una fiesta que marcaba una nueva etapa, una nueva era en la historia del pueblo. El desierto había sido un tiempo de transición, una travesía necesaria hasta entrar en la tierra de la promesa. En el desierto no sembraban ni segaban. El alimento era el maná y era provisto por Dios para ellos. Al entrar en la tierra sembrarían y segarían. Por eso dice Josué 5.8-12: *"Y cuando acabaron de circuncidar a toda la gente, se quedaron en el mismo lugar en el campamento, hasta que sanaron. Y Jehová dijo a Josué: Hoy he quitado de vosotros el oprobio de Egipto; por lo cual el nombre de aquel lugar fue llamado Gilgal, hasta hoy. Y los hijos de Israel acamparon en Gilgal, y celebraron la pascua a los catorce días del mes, por la tarde, en los llanos de Jericó. Al otro día de la pascua comieron del fruto de la tierra, los panes sin levadura, y en el mismo día espigas nuevas tostadas. Y el maná cesó el día siguiente, desde que comenzaron a comer del fruto de la tierra; y los hijos de Israel nunca más tuvieron maná, sino que comieron de los frutos de la tierra de Canaán aquel año".*

La tierra de Canaán, aunque a veces es considerada como figura del cielo, a donde el creyente llegará después de su travesía por el desierto de este mundo, es más bien un tipo de la vida de lucha y victoria del creyente. La vida de plenitud espiritual en la cual el creyente vive lleno del Espíritu Santo, gobernado por Él. La vida de madurez espiritual. La vida vivida —como dice Ruth Paxon— "en un plano superior". Notemos los pasos dados en este pasaje de Josué 5:

Circuncidaron al pueblo. La circuncisión era la señal del pacto de Dios con Abraham y la marca que indicaba la pertenencia al pueblo

---

[7] La palabra "gavilla" en hebreo es "omer", "homer" o "gomer", es una medida de productos secos, y significa una décima parte de un efa, es decir, probablemente unos 2,2 litros (Éx. 16.16).

de Dios. Pero además, significaba el quitar el oprobio de Egipto, la vergüenza del tiempo de esclavitud bajo la tiranía de los egipcios. Así que era un signo de verdadera libertad, de emancipación del yugo, de novedad de vida.

Celebraron la Pascua. En los llanos de Jericó. Allí, frente al enemigo; frente a la ciudad que iban a conquistar, dando lugar a aquella cadena de victorias en la epopeya de la conquista de la tierra; allí celebraron la Pascua.

Comieron el fruto de la tierra. Al otro día, es decir, al siguiente día del sábado de la Pascua, comieron panes sin levadura y espigas nuevas tostadas. ¡Qué clima de alegría embargaría al pueblo! Después de los largos cuarenta años, estaban pisando la tierra de promisión. Una nueva generación entraba en la tierra que siglos atrás Dios había prometido a Abraham. Y el gozo llenó aquellas almas colmadas de gratitud al Señor.

Indudablemente, todo esto está lleno de preciosas lecciones espirituales. La circuncisión nos habla de limpieza, de santidad, del despojamiento del cuerpo pecaminoso carnal, en la circuncisión de Cristo (Col. 2.11). Sin limpieza, sin santificación no es posible celebrar la fiesta, en recordación e identificación de la Persona de Cristo, nuestra Pascua (1Co. 5.7-8). Pero finalmente, el creyente puede comer del fruto de la tierra, aun en terreno enemigo. Es la vida cristiana plena, la vida de madurez espiritual. La vida vivida en la plenitud del Espíritu se alimenta no de maná, sino de alimento sólido; se nutre de Cristo, el verdadero pan del cielo (Jn. 6.32), y crece con el crecimiento que da Dios (Col. 2.19).

La ofrenda de las Primicias

Hemos visto la importancia que tiene el día de la presentación de las primicias. La segunda cosa que notamos en la instrucción de esta fiesta es que debían presentar a Dios justamente las *primicias de los primeros frutos* (Éx. 23.19; Lv. 23.10). En hebreo, esta expresión (*admateka:* de tu terruño) se debería traducir: "lo mejor de los primeros frutos de tu tierra cultivada". O sea, para Dios, lo mejor[8]. Lo primero de lo primero; lo mejor, lo escogido, las arras —es decir, la garantía— de la cosecha que levantarían. Era lo que correspondía dar a Dios. Antes de participar del alimento, antes de comerciar el grano. Antes de nada, la ofrenda a Dios.

Las primicias era lo que a Dios correspondía. Nada más. Dios no exigía toda la cosecha. Pero nada menos. Dios exigía lo primero. La palabra *primicias* (heb. *bikkurim* (*2D1TD*)), se encuentra dieciséis veces y contiene la idea del reconocimiento de que Dios es el dueño de la tierra y el soberano sobre la naturaleza[9].

---

[8] E. DANYANS, *op. cit,* pg. 421.

[9] W. E. VINE, *Diccionario Expositivo de Palabras del Antiguo y del Nuevo Testamento,* Ed. Caribe, 1999.

El término *primicias* está íntimamente relacionado con el término *primogénito.* A continuación, incluimos el comentario que sobre esta palabra presenta Vine en la citada obra:

Bekor (aan), «primogénito». Bekor se encuentra 122 veces en hebreo bíblico y durante todos los períodos. El vocablo se refiere al «primogénito» de una familia (Gn. 25:13); el término puede además referirse, en forma colectiva, al «primogénito» de una nación (Nm. 3:46). En ocasiones se encuentra el plural de la palabra (Neh. 10:36), aunque en este caso, el término se refiere a animales. En otros pasajes, la forma singular de *bekor* indica un solo «primogénito» animal (Lv. 27:26; «primerizo» RVA) o en forma colectiva al «primogénito» de un rebaño (Éx. 11:5). El hijo mayor o «primogénito» (Éx. 6:14) tenía privilegios especiales dentro de una familia. Recibía la bendición familiar especial, que denotaba liderazgo espiritual y social y una doble porción en el reparto de las posesiones del padre, o sea, el doble de lo que recibían sus hermanos (Dt. 21:17). Esta bendición la podía perder como resultado de sus malas acciones (Gn. 35:22) o si decidía venderla (Gn. 25:29-34). Dios reclamó como suyos a todo Israel y sus posesiones. Como prenda, todo Israel debía dedicarle su «primogénito» (Éx. 13:1-16). Los animales primogénitos debían sacrificarse, redimirse o matarse, mientras que los «primogénitos» varones se redimían, ya fuera con la sustitución de un levita o con el pago de un precio de rescate (Nm. 3:40). Israel, como «primogénito» de Dios, gozaba de una posición privilegiada y bendecida por sobre las demás naciones (Éx. 4:22; Jer. 31:9). El «primogénito de la muerte» es un modismo que significa una enfermedad mortal (Job 18:13); «primogénitos de los pobres» habla de la clase social paupérrima (Is. 14:30).

El Señor Jesucristo es el primogénito de María (Mt. 1:23-25); de Dios Padre (Heb. 1:6); de toda la creación (Col. 1:15); de entre los muertos (Ap. 1:5); de muchos hermanos (Ro. 8:29).

Israel era las primicias de Dios (Jer. 2.3). Con acentos de nostalgia, como un esposo a quien su esposa ha sido infiel, Dios dice a través de su siervo, el profeta Jeremías, lo que Israel era para Él: *"Me he acordado de ti, de la fidelidad de tu juventud, del amor de tu desposorio, cuando andabas en pos de mí en el desierto, en tierra no sembrada. Santo era Israel a Jehová, primicias de sus nuevos frutos"*. Un pueblo que había experimentado la fidelidad de un Dios lleno de amor y misericordia, en una relación de amor matrimonial como la presenta la Biblia. Pero había dejado a Dios; había ido tras sus amantes; había cometido adulterio (Jer. 13.25-27). Y Dios, como un marido amante, con santo celo, con un corazón rasgado de dolor por la infidelidad del pueblo, añora los tiempos en que el pueblo era *primicias de sus nuevos frutos*, un pueblo consagrado a su Dios.

La infidelidad de Israel fue la causa por la que Dios escogió otro pueblo para sí. Un pueblo nuevo, compuesto por judíos y gentiles, cuya pared de separación Dios quitó a través de la obra de Jesucristo en la cruz (Ef. 2.11). Esa exclusión de Israel es temporal, y ocurre para cumplir los eternos propósitos de Dios de llamar a salvación a los gentiles. Por eso dice Romanos 11.16: *"Si las primicias son santas, también lo es la masa restante; y si la raíz es santa, también lo son las ramas"*.

La posición que ahora tenemos los creyentes del nuevo pueblo de Dios, la iglesia, es gloriosa. Santiago lo expresa en su epístola, cp. 1.18: *"Él, de su voluntad, nos hizo nacer por la palabra de verdad, para que seamos primicias de sus criaturas"*. Dios nos constituyó en un pueblo especial. Es indudable que los propósitos para su pueblo terrenal tendrán cumplimiento futuro. Dios no les ha desechado de ninguna manera (Ro. 11.1). Israel recibirá promesas terrenales, porque es el pueblo terrenal de Dios. La Iglesia recibirá promesas celestiales, porque es el pueblo celestial de Dios (Fil. 3.20; Heb. 12.22-24).

Pero, además, Él es la primicia de los resucitados (1Co. 15:20,23); el principio de la creación de Dios (Ap. 3:14); la Persona preeminente (Col. 1:18).

Primicias de sus criaturas. Es el despliegue de la misericordia y la gracia de Dios al haber escogido a perdidos pecadores como nosotros, alejados de Él y de sus pactos, sin pertenecer siquiera a su pueblo terrenal, para ser *primicias de sus criaturas* (Stg. 1.18). ¡Él merece toda nuestra adoración y alabanza!

Ahora tenemos las primicias del Espíritu (Ro. 8.23), las arras, el anticipo de lo que vendrá, los primeros granos de la cosecha. Pero un día recibiremos la adopción, la redención de nuestro cuerpo. Ahora vivimos por fe, aguardando el día glorioso de la aparición de nuestro Salvador, en el cual la vida eterna tendrá una dimensión insospechada; cuando con cuerpos transformados a la imagen del Señor, le veremos, adoraremos y serviremos por los siglos de la eternidad.

Primicias consagradas. Este concepto aparece varias veces conteniendo preciosas verdades:

Las primicias pertenecen al Señor (Éx. 13.2): *"Conságrame todo primogénito. Cualquiera que abra matriz entre los hijos de Israel, así de los hombres, como de los animales, mío es".* Los primogénitos eran considerados como pertenecientes a Dios, quedando consagrados a Él, es decir, separados, dedicados a Él (v. 12-13).

El primogénito (o primerizo, hijo mayor) —heb. *bekor*— era el hijo con privilegios especiales. Recibía una bendición distinguida del resto de sus hermanos y una doble porción de la herencia. Era el que ostentaba el liderazgo, no solo social, sino también espiritual (Dt. 21.17).

Como contrapartida, Dios reclamaba para sí la dedicación de cada primogénito (Éx. 13.12). En el caso de los animales, debían redimirse mediante la muerte de otro animal, o de lo contrario debían matarse (Éx. 13.13). En el caso de los hijos varones, debían redimirse por la muerte de un cordero, sustituidos por un levita o con el pago de un precio de rescate (Nm. 3.40-51).

En el gran plan redentor de Dios, Israel es el primogénito entre todas las naciones. Israel es el primero en recibir los beneficios de la salvación. Dice Romanos 1.16 y 2.10: *"Al judío primeramente, y también al griego* (a los gentiles). Como dice Kellogg: "Es la fórmula del Nuevo Testamento de esta verdad dispensacional"[10]. En el nuevo pacto, cada creyente es un *primogénito* (Heb. 12.23; Stg. 1.18). En 2Ts. 2.13, leemos: *"Pero nosotros debemos dar siempre gracias a Dios respecto a vosotros, hermanos amados por el Señor, de que Dios os haya escogido desde el principio".* La expresión "os haya escogido desde el principio" (gr. *apo arjés),* puede también ser traducida: *"Dios os eligió como primicias".* Y así lo traducen varias versiones.

Esta primogenitura conlleva todos los privilegios y todas las responsabilidades. Por lo tanto, contamos con especiales bendiciones de Dios, pero no debemos olvidar que también estamos dedicados al Señor. Hemos sido redimidos con la sangre del Cordero de Dios. No nos pertenecemos; pertenecemos a Aquel que nos compró a tan alto precio (1Pe. 1.18, 19; 1Co. 6. 19, 20).

Dios tiene la prioridad (Éx. 34.26): *"Las primicias de los primeros frutos de tu tierra llevarás a la casa de Jehová tu Dios".* Notemos que aun antes de recibir los detalles sobre las fiestas anuales que vemos en Levítico 23, Dios ya ordena ofrecer a Él las primicias de los primeros frutos. Es lo que Dios espera de los suyos.

Así lo entendió María de Bethania cuando a los pies del Señor Jesús derramó aquella libra de perfume de nardo de mucho precio, y la casa se llenó del olor del perfume. La mente racionalista, calculadora, egoísta de Judas pensó que era mejor venderlo y darlo a los pobres. Pero las palabras del Maestro son muy elocuentes: *"... a los pobres siempre los tendréis con vosotros, mas a mí no siempre me tendréis".* No rechazó la ofrenda de aquella sensible mujer que había aprendido a sus pies, y que ahora los ungía con las primicias de sus bienes.

Es la casa de Dios el lugar en el cual los creyentes llevamos las primicias, la alabanza, la adoración, las ofrendas, los dones. Es en Su casa, en la reunión de los suyos, en el lugar donde es invocado Su nombre, donde habitan los hermanos *juntos en armonía,* donde

---

[10] S. H. KELLOGG, *op. cit,* pg. 468.

el Señor *envía bendición y vida eterna* (Sal. 133), donde el creyente derrama en gratitud el sacrificio espiritual que es *agradable a Dios por medio de Jesucristo* (Heb. 13.15).

Las primicias deben ofrecerse con un corazón dispuesto (Éx. 22.29): *"No demorarás la primicia de tu cosecha, ni de tu lagar. Me darás el primogénito de tus hijos* La versión RV95 traduce: "No demorarás en traerme la primicia de tu cosecha ni de tu lagar". Era una recomendación para no olvidar. No debían demorar, dilatar el ofrecer a Dios la parte que a Él le correspondía. No solo no debían quedarse con ella, porque era de Dios, eran las *"cosas santificadas que habían consagrado"* (1Cr. 26.20, 26-28), sino tampoco demorar el presentarla. Debían dar a Dios sin demorar lo primero de lo primero, con amor y gratitud.

A Dios primero

El hambre era acuciante en tiempos de Elías. Los cuervos ya no le llevaban pan y carne, y el arroyo de Querit se había secado. Y además, extrañamente, Dios le envía a casa de una viuda que tenía solo un puñado de harina en una tinaja y un poco de aceite en una vasija, con la cual pensaba cocer un mendrugo de pan sobre dos leños, comerlo y dejarse morir, ella y su hijo. Pero las palabras del profeta fueron: *"No tengas temor; ve y haz como has dicho; pero hazme a mí primero de ello una pequeña torta cocida debajo de la ceniza, y tráemela; y después harás para ti y para tu hijo"*. ¿A un extraño primero? ¡Sí! Las primicias para el mensajero de Dios. En definitiva, para Dios. Porque Dios iba a hacer el milagro de que la harina no escaseara, ni el aceite de la vasija disminuyera hasta que la lluvia del cielo hiciera brotar el alimento de la tierra.

La lección para hoy es clara: No te demores, ni tengas temor. Dale a Dios lo primero. Él es digno de ello. Y deja que Él haga el resto. ¡Te sorprenderás con los resultados... y alabarás Su Nombre!

La ofrenda de las primicias tiene promesa (Pr. 3.9):

"Honra a Jehová con tus bienes, y con las primicias de todos tus frutos. Y serán llenos tus graneros con abundancia, y tus lagares rebosarán de mosto". Es un "mandamiento con promesa". Dios pide lo primero, pero asegura la bendición que ello trae aparejado. En Malaquías 3.8 hay una solemne pregunta: *"¿Robará el hombre a Dios? Pues vosotros me habéis robado. Y dijisteis: ¿En qué te hemos robado? En vuestros diezmos y ofrendas. Malditos sois con maldición, porque vosotros, la nación toda, me habéis robado".* Pero, entonces, Dios da la promesa: *"Traed todos los diezmos al alfolí y haya alimento en mi casa; y probadme ahora en esto, dice Jehová de los ejércitos, si no os abriré las ventanas de los cielos, y derramaré sobre vosotros bendición hasta que sobreabunde".* Dios tiene derechos sobre nuestros bienes. Son de Él. Le pertenecen. Así que, debemos darle aquello que Él es digno de recibir. Si era así para Israel, no es menos para el cristiano: debemos dar a Dios las primicias, lo primero, lo mejor. Eso es adoración. Es rendición de la vida, del ser. Cuando el primer sacrificio que Dios espera de nosotros, el sacrificio de nosotros mismos, es rendido al Señor, entonces rendimos todo lo que somos y tenemos, pues, como reza el himno:

"Al Señor Jesús loemos porque tanto le debemos; lo que somos y tenemos solo es nuestro en Él".

Sacerdocio santo: sacrificios espirituales

Como sacerdocio santo, para ofrecer sacrificios espirituales aceptables a Dios por medio de Jesucristo (1Pe.2.5), los creyentes somos llamados a ofrecer varios sacrificios: la alabanza (Heb. 13.15); la ayuda mutua (Heb. 13.15); la ofrenda material (Fil. 4.18). Pero, indudablemente Dios siempre acepta al adorador primero y a su ofrenda después. Así fue con Abel, el primer adorador mencionado en la Biblia. Dice Gn. 4.4: *"Y miró Jehová con agrado a Abel y a su ofrenda".* Todo lo contrario ocurrió con Caín, pero el principio no cambia. Dice el v. 5: *"pero no miró con agrado a Caín y a la ofrenda suya".* Primero la persona, luego los bienes. Primero el adorador, luego la ofrenda. Así que el principio bíblico es, primeramente, la ofrenda de la vida, de nuestras vidas; luego, lo que damos a Dios de lo que Él nos dio primero.

Es la misma verdad que enseña Pablo en 2 Corintios capítulo 8, hablando de los creyentes de las iglesias de Macedonia, aquellos que habían dado *"conforme a sus fuerzas, y aun más allá de sus fuerzas"*, y que entendían el principio de la ofrenda: primero la persona, luego la ofrenda de la persona. Por eso Pablo dice en el v. 5: *"Y no como lo esperábamos, sino que así mismos se dieron primeramente al Señor y luego a nosotros por la voluntad de Dios"*. Primeramente al Señor. Eso es entrega del ser. Eso es entender que somos consagrados para Él. Que Él espera primero nuestras vidas, y luego nuestros bienes, nuestros dones, nuestro tiempo, nuestra ofrenda toda.

En Romanos 12.1 leemos: *"Os ruego por las misericordias de Dios que presentéis vuestros cuerpos en sacrificio vivo, santo, agradable a Dios, que es vuestro culto racional"*. ¿Por qué el apóstol inspirado dice "vuestros cuerpos"? Porque ellos son los instrumentos por los que se expresa nuestro ser. Porque es imposible y sin sentido "darle" el espíritu, el alma y no darle el cuerpo. Porque si damos a Dios el cuerpo, le damos el resto de nuestras vidas.

El modo de ofrendar las primicias

Era un verdadero acto de adoración el que realizaba el israelita cuando traía la ofrenda de primicias a Dios. Consideremos la ofrenda y el oferente.

• *La ofrenda.* Leemos en Levítico 23.9-14: *"Y habló Jehová a Moisés, diciendo:*

10. Habla a los hijos de Israel y diles: Cuando hayáis entrado en la tierra que yo os doy, y seguéis su mies, traeréis al sacerdote una gavilla por primicia de los primeros frutos de vuestra siega.

11. Y el sacerdote mecerá la gavilla delante de Jehová, para que seáis aceptos; el día siguiente del día de reposo la mecerá.

12. y el día que ofrezcáis la gavilla, ofreceréis un cordero de un año, sin defecto, en holocausto a Jehová.

13. Su ofrenda será dos décimas de efa de flor de harina amasada con aceite, ofrenda encendida a Jehová en olor gratísimo; y su libación será de vino, la cuarta parte de un hin.

14. No comeréis pan, ni grano tostado, ni espiga fresca, hasta este mismo día, hasta que hayáis ofrecido la ofrenda de vuestro Dios; estatuto perpetuo es por vuestras edades en dondequiera que habitéis".

La ofrenda consistía en la presentación de la gavilla, es decir, el manojo de espigas de cebada, como primicias o anticipo de consagración a Dios de toda la cosecha que aún quedaba por levantar. La debían traer al sacerdote, quien la mecía "delante de Jehová", en una ceremonia simbólica que equivalía a presentarla ante el Señor para que Él la recibiera gratamente de parte del oferente[11].

Pero notemos que la ofrenda de primicias debía ser acompañada por otra: un cordero para holocausto, flor de harina amasada con aceite y vino para libación. Todo esto no es otra cosa que un precioso tipo del Señor Jesucristo y de su sacrificio.

Dice 1 Pedro 2.5: *"Vosotros también, como piedras vivas, sed edificados como casa espiritual y sacerdocio santo, para ofrecer sacrificios espirituales, aceptables a Dios por medio de Jesucristo".* Toda nuestra ofrenda a Dios ha de ser acepta solo si es presentada "en el nombre", o sea mediante la persona de Jesucristo. Dios no recibe nuestra adoración sino a través de su amado Hijo.

---

[11] Había dos tipos de ceremonias por parte del sacerdote: las ofrendas mecidas y las elevadas (Lv. 10.15). En Levítico 7.30 se mencionan las ofrendas mecidas (con movimientos horizontales). Así se presentaban ofrendas de carne (Éx. 29.22-24); pan (Éx. 29.23, 24); oro (Éx. 38.24); aceite (Lv. 14.12); grano (Lv. 23.11). En Levítico 7.32 se mencionan las ofrendas "elevadas" (con movimientos verticales) y se detallan en Éx. 29. 27, 28; Dt. 12.6, 11 y 17.

El cordero sin defecto nos habla de su perfección (1Pe. 1.18-20; Heb. 7.26). Entregado en holocausto, de su entrega completa a Dios (Ef. 5.2; Heb. 10.5-10). La flor de harina, amasada con aceite, de la pureza de su vida, de su carácter, impregnado del Espíritu Santo (Lc. 4.1; 1Ti. 3.16). La ofrenda encendida, de su sacrificio en la cruz, pasando por el fuego del juicio divino, llevando nuestra condenación (Is. 53.4-8; Lm. 1.12, 13). El olor gratísimo, de la aceptación de su obra por el Padre (Hch. 2.36; Fil. 2.9). El vino derramado en libación, del gozo "puesto delante de él" que le impulsó a ver el resultado de su obra, "menospreciando el oprobio", la vergüenza, para quedar satisfecho y sentarse "a la diestra del trono de Dios" (Is. 53. 11; Heb. 12.2). ¡Preciosas figuras! ¡Precioso Salvador, el que por nosotros murió!

• *El oferente.* Leemos en Deuteronomio 26.1-11 como debía hacerlo: *"Cuando hayas entrado en la tierra que Jehová tu Dios te da por herencia, y tomes posesión de ella y la habites.*

2. entonces tomarás de las primicias de todos los frutos que sacares de la tierra que Jehová tu Dios te da, y las pondrás en una canasta, e irás al lugar que Jehová tu Dios escogiere para hacer habitar allí su nombre.

3. Y te presentarás al sacerdote que hubiere en aquellos días, y le dirás: Declaro hoy a Jehová tu Dios, que he entrado en la tierra que juró Jehová a nuestros padres que nos daría.

4. Y el sacerdote tomará la canasta de tu mano, y la pondrá delante del altar de Jehová tu Dios.

5. Entonces hablarás y dirás delante de Jehová tu Dios: Un arameo a punto de perecer fue mi padre, el cual descendió a Egipto y habitó allí con pocos hombres, y allí creció y llegó a ser una nación grande, fuerte y numerosa;

6. y los egipcios nos maltrataron y nos afligieron, y pusieron sobre nosotros dura servidumbre.

7. Y clamamos a Jehová el Dios de nuestros padres; y Jehová oyó nuestra voz, y vio nuestra aflicción, nuestro trabajo y nuestra opresión;

8. y Jehová nos sacó de Egipto con mano fuerte, con brazo extendido, con grande espanto y con señales y con milagros;

9. y nos trajo a este lugar, y nos dio esta tierra, tierra que fluye leche y miel.

10. Y ahora, he aquí he traído las primicias del fruto de la tierra que me diste, oh Jehová. Y lo dejarás delante de Jehová tu Dios, y adorarás delante de Jehová tu Dios.

11. Y te alegrarás en todo el bien que Jehová tu Dios te haya dado a ti y a tu casa, así tú como el levita y el extranjero que está en medio de ti".

La presentación de la ofrenda demandaba del israelita:

Gratitud (v. 3): *"Declaro hoy... que he entrado en la tierra...".* Había sido por la fidelidad de Dios y el cumplimiento de sus promesas. El Dios de la gloria había cumplido el pacto celebrado con Abraham (Gn. 12.7; 13.15; 15.18; 17.8).

Humildad (v. 5-6): *"Un arameo a punto de perecer...".* La referencia es a Jacob y aquellos setenta hombres que llegaron a Egipto (Gn. 28.5; Dt. 10.22) y luego su descendencia, atravesando más de cuatrocientos años de esclavitud, de aflicción y opresión. Sin libertad, pero no sin Dios. El Dios de Abraham, de Isaac y de Jacob estaba con ellos.

Adoración (v. 7-10): *"adorarás delante de... tu Dios".* No había nada en él ni en su pueblo para jactarse. Todo había sido obra de Dios. Un Dios que les oyó, les vio, les sacó y les trajo a la tierra prometida (Éx. 3. 7-10; Hch. 7.34).

Alegría (v. 11): *"Te alegrarás en todo el bien que Jehová tu Dios te haya dado...".* La bendición de Dios traía alegría a la vida, a la familia, al pueblo todo, incluso a los extranjeros que habitaban entre el pueblo.

Es un vivo reflejo de lo que experimenta el creyente en Cristo cuando viene a Dios, privadamente o en comunidad, a presentar su ofrenda personal, espiritual: gratitud, humildad, adoración y alegría. ¿Qué otra cosa podemos hacer sino reconocer la fidelidad de Dios para nosotros, su amor inalterable, su misericordia renovada cada día, el cumplimiento de sus promesas? ¿Qué jactancia puede haber en nosotros cuando no fuimos más que un alma a punto de perecer, recogidos por Su gracia y hechos herederos de Dios y coherederos con Cristo? ¿No producirá en nosotros un sentimiento de adoración, de postración, de gratitud y alabanza que llenará el alma de alegría, de gozo inefable?

La letra de un precioso himno nos recuerda lo que es la actitud de dar las primicias al Señor:

Da lo mejor al Maestro,
tu juventud, tu vigor,
Dale el ardor de tu vida,
del bien luchando a favor.
Cristo nos dio el vivo ejemplo
de su pureza y valor;
Rinde tu vida al Maestro,
dale de ti lo mejor.

Cómo presentar la ofrenda

Una ofrenda mecida (Lv. 23.11). El rito de "mecer la ofrenda" era un balanceo que el sacerdote efectuaba con ella de un lado a otro, presentándola así ante Dios. Había varias ofrendas que eran *mecidas* por el sacerdote: la ofrenda en la consagración de los sacerdotes (Éx. 29.24); la ofrenda de paz (Lv. 3.1-17; 7.34); las ofrendas en la fiesta de Pentecostés (Lv. 23.15, 20); el sacrificio por la culpa ofrecido por el israelita sanado de la lepra (Lv. 14.12, 21), que significaba un rito simbólico de purificación y de nueva consagración a Dios; la ofrenda por celos, de harina de cebada, que traía a la memoria el pecado cometido (Nm. 5.15, 25); la ofrenda en la consagración de los nazareos (Nm. 6.19, 20). Pero, también en la fiesta de las Primicias, la ofrenda presentada a Dios a través del sacerdote.

El rito consistía en poner las manos bajo las manos del que presentaba la ofrenda, y mecer la ofrenda. El Talmud y la tradición rabínica indican que el mecer la ofrenda se efectuaba con cuatro movimientos sucesivos: de adelante a atrás, de atrás a adelante, de abajo hacia arriba y de arriba hacia abajo. La importancia de este rito era lo que Levítico 23.11 nos dice: *"para que seáis aceptos"*. El sacerdote tomaba la representación del oferente, presentaba la ofrenda delante de Dios y Dios aceptaba la ofrenda.

Indudablemente la ley, que solo es sombra de lo que ha de venir, apunta a la realidad que es Cristo, nuestro Sumo Sacerdote, quien por sí mismo y por la ofrenda perfecta presentada por él, nos hace aceptos ante Dios. En Hebreos 9.24 leemos: *"Porque no entró Cristo en el santuario hecho de mano, figura del verdadero, sino en el cielo mismo, para presentarse ahora por nosotros ante Dios"*. Esta última frase es sublime: Cristo está ahora presentándose ante el Padre a favor de nosotros. Su sacrificio, su sangre derramada es suficiente para expiar nuestro pecado, para santificar nuestras vidas, para efectuar la intercesión a nuestro favor. Y Dios nos acepta en él. Dice Efesios 1.6 que Dios *nos hizo aceptos en el Amado.*

Una ofrenda acompañada (Lv. 23.12, 13). En la fiesta de las primicias, estas eran acompañadas por otras ofrendas que Dios ordenó:

Un cordero en holocausto. Tal como vimos en fiestas anteriores, el cordero es un tipo de la Persona de Cristo en su sacrificio, como ofrenda totalmente entregada a Dios en holocausto. El holocausto era una ofrenda totalmente quemada, totalmente consagrada, dedicada a Dios. En Hebreos 10.5-7, 10 leemos: "Por lo cual entrando en el mundo dice; Sacrificio y ofrenda no quisiste; mas me preparaste cuerpo. Holocaustos y expiaciones por el pecado no te agradaron. Entonces dije: He aquí que vengo, oh Dios, para hacer tu voluntad, como en el rollo del libro está escrito de mí... En esa voluntad somos santificados mediante la ofrenda del cuerpo de Jesucristo hecha una vez para siempre".

La ofrenda de Cristo fue primordialmente a Dios, antes que oficiar como ofrenda de expiación por el pecado. Fue un verdadero *holocausto*. Su vida y su muerte respondieron a una obediencia sin límites, a una voluntad entregada a la voluntad del Padre, al cumplimiento de las profecías escritas *en el rollo del libro* (Heb. 10.5-9).

Flor de harina amasada con aceite. La flor de harina amasada con aceite prefiguraba su preciosa y santa vida, saturada del Espíritu Santo. Era una ofrenda encendida a Jehová en olor gratísimo. Dios percibía con agrado esa ofrenda totalmente dedicada a Él. No participaban de ella ni sacerdotes ni oferentes. Solo para Dios. Dedicada a Él. Consagrada a Él. Para su gloria, para su agrado.

La flor de harina (heb. *sóleth)* era una harina muy fina, de la mejor calidad, procedente de varias moliendas del grano de trigo. Así que era de extrema pureza. Por lo tanto, es una figura del carácter y la conducta de un hombre sin igual, como ninguno habitó sobre este suelo: Jesús, el Hijo del Hombre, el Hijo de Dios.

Oigamos lo que el apóstol inspirado escribe en Hebreos 7.26: *"Porque tal sumo sacerdote nos convenía: santo, inocente, sin mancha, apartado de los pecadores y hecho más sublime que los cielos".* Su vida inmaculada, perfecta, santa, entregada a Dios es como la blancura, la finura, la delicadeza y pureza de la flor de harina.

Dios siempre ordena usar las cosas más finas, y delicadas, que sirven de tipos de las perfecciones de Cristo. Notemos: "lino fino", "oro puro", "plata refinada", "bronce bruñido", "piedras preciosas", "incienso puro", "cordero sin mancha", "primeros frutos". En este caso, "flor de harina". Los estándares de Dios son muy elevados. Perfectos. Así fue Su Hijo. Así desea que sus hijos vivan, adoren, sirvan. En "el nombre", es decir, en la perfección de la persona de Aquel que es *"hecho más sublime que los cielos".*

El aceite nos recuerda la participación del Espíritu Santo en la vida de Jesús, el Hijo de Dios. Él fue profetizado por el Espíritu (Isa. 7.14; 9.6,7; Mt. 1.21-23); concebido y engendrado del Espíritu (Mt. 1.20; Lc. 1.35); lleno del Espíritu (Mt. 3.16; Lc. 4.1); viviendo y sirviendo en el poder del Espíritu (Mt. 12.28); ofrecido en la cruz mediante el Espíritu eterno (Heb. 9.11); justificado en el Espíritu (1Ti. 3.16); resucitado y declarado Hijo de Dios con poder por el Espíritu (Ro. 1.4).

Ofrenda encendida... en olor gratísimo. Era una ofrenda puesta sobre el fuego, y Dios percibía a través de ella un olor grato, es decir, la aceptaba gratamente. Dice Efesios 5.2: *"Andad en amor, como también Cristo nos amó, y se entregó a sí mismo por nosotros, ofrenda y sacrificio a Dios en olor fragante".* Indudablemente, la ofrenda de Jesucristo fue un sacrificio que Dios aceptó. El perfume de esa ofrenda fue suavísimo, agradable, deleitoso. Fue una ofrenda en su vida perfecta y obediente, que mereció la aprobación divina, ya profetizada por Isaías: *"He aquí mi siervo, yo le sostendré; mi escogido, en quien mi alma tiene contentamiento..."* (42.1) y luego oída repetidamente desde el cielo: *"Este es mi Hijo amado, en quien tengo complacencia"* (Mt. 3.17); *"Este es mi Hijo amado, en quien tengo complacencia; a él oíd" (Mt. 17.5); "Lo he glorificado y lo glorificaré otra vez"* (Jn. 12.28). Pero también fue una ofrenda en su muerte. Y Dios aceptó ese sacrificio con agrado, percibió el perfume y quedó satisfecho. Su muerte fue un verdadero holocausto, *"u ofrenda del todo quemada" (Sal. 51.19).* Antes de ser una ofrenda por el pecado, fue una ofrenda ofrecida enteramente a Dios. Así lo expresa Hebreos 10.5: *"Por lo cual, entrando en el mundo dice: Sacrificio y ofrenda no quisiste; mas me preparaste cuerpo. Holocaustos y expiaciones por el pecado no te agradaron. Entonces dije: He aquí que vengo, oh Dios, para hacer tu voluntad, como en el rollo del libro está escrito de mí".*

Como con Jesucristo, su Hijo, lo primero que espera Dios de nosotros sus hijos es a nosotros mismos (Ro. 12.1, 2).

Con libación de vino. Por primera vez se agrega la libación de vino. Libación significa "derramar, verter". Era una ofrenda líquida hecha principalmente con vino puro, sin mezcla, es decir, de primera calidad. En algunos casos se derramaba también aceite (Gn. 28.18; 35.14), pero en tiempos levíticos, era de vino. Se derramaba sobre el fuego, y también sobre el altar. En el salmo 22 aparece la figura en el versículo 14, en una clara alusión profética a los dolores del Calvario para el Salvador: *"He sido derramado como aguas, y todos mis huesos se descoyuntaron".*

Pero, además el vino en las Escrituras está generalmente asociado con la alegría, el gozo (Sal. 104.15; Pr. 31.6; Ecl. 9.7; 10.19). Así que, aquí hay un elemento que nos hace pensar en el gozo del sacrificio de Jesús, en el gozo de la cruz. Es cierto que la cruz fue un lugar de vergüenza, de ignominia, de dolor, de separación, de maldición, de muerte. Es cierto que las tinieblas de aquellas tres horas durante las cuales se efectuaba la expiación del pecado fueron el marco de una separación insondable, inexplicable para nosotros, cuando se oyeron en la soledad del Calvario aquellas profundas palabras: *"Eloi, Eloi, ¿lamá sabachtaní?; Dios mío, Dios mío, ¿por qué me has desamparado?".* Pero también podemos leer en Hebreos 12.2 que, Cristo, *"por el gozo propuesto delante de él, sufrió la cruz menospreciando el oprobio, y se sentó a la diestra del trono de Dios".*

Por el gozo, puede leerse "por causa del gozo". El gozo de haber cumplido la voluntad eterna del Padre, el gozo de haber hecho la expiación por el pecado, el gozo del triunfo de la cruz, el gozo de la resurrección. El gozo que anticipó la antigua profecía: *"Cuando haya puesto su vida en expiación por el pecado, verá linaje, vivirá por largos días y la voluntad de Jehová será en su mano prosperada. Verá del fruto de la aflicción de su alma, y quedará satisfecho"* (Isa. 53.10b-11a).

La libación, el derramamiento de un líquido también es figura de un sacrificio personal de total entrega por parte del creyente. Pablo escribe a los filipenses y les dice: *"Aunque haya de ser derramado como libación sobre el sacrificio y servicio de vuestra fe, me gozo y me regocijo con todos vosotros".* Es un sacrificio, pero se rinde con gozo.

CAPÍTULO 7

PENTECOSTÉS

Fiesta de plenitud

Levítico 23.15 Y contaréis desde el día que sigue al día de reposo, desde el día en que ofrecísteis la gavilla de la ofrenda mecida; siete semanas cumplidas serán.

16. Hasta el día siguiente del séptimo día de reposo contaréis cincuenta días; entonces ofreceréis el nuevo grano a Jehová.

17. De vuestras habitaciones traeréis dos panes para ofrenda mecida, que serán de dos décimas de efa de flor de harina, cocidos con levadura, como primicias para Jehová.

18. Y ofreceréis con el pan siete corderos de un año, sin defecto, un becerro de la vacada, y dos carneros; serán holocausto a Jehová, con su ofrenda y sus libaciones, ofrenda encendida de olor grato para Jehová.

19. Ofreceréis además un macho cabrío por expiación, y dos corderos de un año en sacrificio de ofrenda de paz.

20. *Y el sacerdote los presentará como ofrenda mecida delante de Jehová, con el pan de las primicias y los dos corderos; serán cosa sagrada a Jehová para el sacerdote.*

21. *Y convocaréis en este mismo día santa convocación; ningún trabajo de siervos haréis; estatuto perpetuo en dondequiera que habitéis por vuestras generaciones.*

22. *Cuando segareis la mies de vuestra tierra, no segaréis hasta el último rincón de ella, ni espigarás tu siega; para el pobre y para el extranjero la dejarás. Yo Jehová vuestro Dios.*

Éxodo 34.22 También celebrarás la fiesta de las semanas, la de las primicias de la siega del trigo...

Deuteronomio 16.10 Y harás la fiesta solemne de las semanas a Jehová tu Dios; de la abundancia voluntaria de tu mano será lo que dieres, según Jehová tu Dios te hubiere bendecido.

11. *Y te alegrarás delante de Jehová tu Dios, tú, tu hijo, tu hija, tu siervo, tu sierva, el levita que habitare en tus ciudades, y el extranjero, el huérfano y la viuda que estuvieren en medio de ti, en el lugar que Jehová tu Dios hubiere escogido para poner allí su nombre.*

12. *Y acuérdate de que fuiste siervo en Egipto; por tanto, guardarás y cumplirás estos estatutos.*

Hechos 2.1 Cuando llegó el día de Pentecostés, estaban todos unánimes juntos.

2. *Y de repente vino del cielo un estruendo como de un viento recio que soplaba, el cual llenó toda la casa donde estaban sentados;*

3. *y se les aparecieron lenguas repartidas, como de fuego, asentándose sobre cada uno de ellos.*

4. *Y fueron todos llenos del Espíritu Santo, y comenzaron a hablar en otras lenguas, según el Espíritu les daba que hablasen.*

Hechos 2.41–47 Así que, los que recibieron su palabra fueron bautizados; y se añadieron aquel día como tres mil personas.

42. *Y perseveraban en la doctrina de los apóstoles, en la comunión unos con otros, en el partimiento del pan y en las oraciones.*

...

46. *Y perseverando unánimes cada día en el templo, y partiendo el pan en las casas, comían juntos con alegría y sencillez de corazón,*

47. *alabando a Dios, y teniendo favor con todo el pueblo. Y el Señor añadía cada día a la iglesia los que habían de ser salvos.*

Era un día de fiesta en Jerusalén. Cientos, miles de judíos piadosos y devotos prosélitos se habían congregado para celebrar la *fiesta de las semanas*, también llamada en griego *Pentecostés*.

En un salón, al que llamaban "el aposento alto", probablemente perteneciente a los padres de Juan Marcos, el que sería el escritor del segundo evangelio, estaban reunidos *"como ciento veinte"* discípulos de Jesús (Hch. 1.15). Entre ellos, por supuesto, la madre de Juan Marcos; María, la madre del Salvador; los *doce* (la denominación oficial que describe en las Escrituras al colegio apostólico, Lc. 18.31; Jn. 6.67; Hch. 6.2; 1Co. 15.5).

El Maestro había estado con ellos durante cuarenta días después de su resurrección, dándoles pruebas indubitables de su presencia transformada y su poder sin igual, dejándoles mandamientos, y hablándoles acerca del reino de Dios (Hch. 1.2-3). Había aparecido a María Magdalena, a otras mujeres, a Pedro, a los *doce*, a más de quinientos hermanos juntos, a Santiago, el medio hermano del Señor, pero, después de su último encuentro con aquel puñado de discípulos en la aldea de Betania (que significa *"casa de dátiles"*) próxima al monte del Olivar, se había ido al cielo en medio de una nube radiante, y con la promesa de los ángeles de que regresaría a buscarles.

Con sus corazones llenos de gozo y esperanza, los discípulos volvieron a Jerusalén, donde, por orden del Señor debían esperar el cumplimiento de "la promesa del Padre" (Hch. 1.4, 5).

Diez días habían pasado, llenos de emocionante expectativa. A través de las ventanas de aquel aposento se oía el murmullo de los prosélitos visitantes de la ciudad de, por lo menos, dieciséis naciones de alrededor, que habían venido a adorar. Entonces, en medio de oraciones, ruegos y alabanzas, se oye el ruido de una ráfaga de viento impetuoso que soplaba y penetraba dentro de aquel lugar. Y, de pronto, unas lenguas, como de fuego, se posan encima de aquellos discípulos, ya transformados en apóstoles de Cristo. La promesa había llegado. El Espíritu de Dios, el *pneuma* celestial, había descendido para morar con ellos y en ellos para siempre y para acreditar con señales y milagros el nuevo mensaje que iba a impactar al mundo, transformando pecadores en hijos de Dios.

Pentecostés había inaugurado una nueva época, una nueva dispensación en la revelación divina: la iglesia del Señor.

El antiguo tipo que registra Levítico 23 hallaba su cumplimiento, su realidad.

Pero, ¿qué era aquella "fiesta de las semanas", aquel "Pentecostés" en la historia del pueblo de Dios?

Desde el día que seguía al día de reposo, es decir, a la celebración de la fiesta de las primicias se contaban siete semanas, o sea, cuarenta y nueve días y al día siguiente se celebraba la fiesta de *Pentecostés,* término griego que quiere decir "cincuenta" o "quincuagésimo". También es llamada "la fiesta de las Semanas", y en hebreo **Shavuot**[1], o **Hag HaShavuot**. Era una fiesta de un solo día, celebrada durante el mes de Quisleu o Siván.

El periodo entre la Pascua y el día de Pentecostés, se llama en hebreo *"el omer",* o *"la cuenta del omer"*[2]. Pentecostés es una fiesta sin fecha fija en el calendario bíblico, pues se celebra cincuenta días después de que se presenta la *ofrenda del omer,* es decir, la gavilla de los primeros frutos, pero siempre caía en el "octavo día", pues dice en Levítico 23.16: *"hasta el día siguiente del séptimo día de reposo... ".*

En la fiesta de las Primicias se presentaban a Dios los primeros frutos de la cosecha de cebada. En la fiesta de las Semanas, o

---

[1] *Shavuot* es uno de los plurales de *Shavua,* semana.

[2] Omer, u *hómer,* (ya mencionado en referencia 73) es una medida de peso de granos secos, que equivale a 2,2 litros, rf. Oseas 3.2.

Pentecostés, las primeras gavillas de la cosecha del trigo (Éx. 34.22), el *"nuevo grano ofrecido a Jehová"* (Lv. 23.16). Por eso, ambas fiestas estaban íntimamente unidas.

Teniendo en cuenta que el Israel del Antiguo Testamento era un pueblo agrícola-ganadero, cuya economía dependía de lo que la tierra producía, esta fiesta era, por lo tanto, un acontecimiento con trasfondo agrícola. Era celebrada entre el fin de la primavera y el tibio comienzo del verano, en una época de clima muy benigno, sin el azote del **Khamsin**, el rudo viento del desierto, y en ella se agradecía a Dios por su bendición y fidelidad en proveer las cosechas, por lo tanto, era un tiempo de gran alegría para el pueblo. Dice Deuteronomio 16.11: *"Y te alegrarás delante de Jehová tu Dios, tú, tu hijo, tu hija, tu siervo, tu sierva, el levita que habitare en tus ciudades, y el extranjero, el huérfano y la viuda que estuvieren en medio de ti...".* Se festejaba, pues, en comunidad, con alabanzas, con música de flautas, címbalos, tamboriles y cánticos.

Pentecostés, o la fiesta de las semanas, junto con la Pascua (o la de los Panes sin levadura) y la de los Tabernáculos eran las tres fiestas más importantes para Israel, a las cuales era necesario asistir *"en el lugar que Jehová tu Dios hubiere escogido para poner allí su nombre"* (Dt. 16.11, 16), por lo cual se les llama "fiestas de peregrinaje". A pesar de ser por ello una fiesta independiente, tradicionalmente los rabinos la consideran como el final del periodo de la Pascua. Como si se conectaran ambas fiestas —la Pascua y Pentecostés— como ya dijimos, por el periodo del "omer"[3].

La tradición judía —particularmente farisea— que era reconocida en tiempos de Cristo, puso fechas fijas a las fiestas anuales, por lo que la fiesta de Pentecostés caía a mitad del tercer mes, el día

---

[3] En el siglo II de la era cristiana se tradujeron las Escrituras al arameo, lo que se conoce como el *Targum* y en él, a la *fiesta de las semanas*, o mejor, al día quincuagésimo (el "número cincuenta"), se le llama *"chag ha atzéreth"*, o simplemente, *atzéreth* ("la fiesta de la conclusión"). El término *atzéreth* proviene de una raíz hebrea que significa "permanecer" o "retener". El día final de la fiesta, el octavo día, era llamado *shemini atzéret*, y parecería como si el mismo Dios dijera a su pueblo: "permanece conmigo un día más".

después del séptimo sábado, el día quincuagésimo, es decir, un primer día de la semana, nuestro domingo. Por lo tanto, Pentecostés, al igual que el día de la fiesta de los primeros frutos caía en el octavo día, lo que es para nosotros "el día del Señor".

El primer significado de Pentecostés

El primer significado de esta fiesta de la presentación de "los primeros frutos" de la cosecha de trigo es aquel acontecimiento singular del día de Pentecostés, único e irrepetible, en el cual se recogieron los primeros frutos de la predicación del evangelio y la iglesia del Señor fue inaugurada con el descenso del Espíritu Santo (Hechos 2). Lo que se llama en la Escritura "el bautismo del Espíritu Santo" (1Co. 12.13; Ef. 4.5).

Es notable ver la secuencia de estas fiestas: la Pascua, que tipifica la muerte del Salvador; la de los panes sin levadura, su sepultura; la de las primicias o los primeros frutos, su resurrección, y la de las semanas, o Pentecostés, la venida del Espíritu Santo, que no podía venir antes de que Jesús fuera glorificado (Jn. 7.39) y, con él, la formación de la Iglesia del Señor.

El Señor Jesús había anticipado este hecho, cuando dijo: *"De cierto, de cierto os digo, que si el grano de trigo no cae en tierra y muere, queda solo; pero si muere lleva mucho fruto"* (Jn. 12.24). El grano de trigo celestial debía morir. Luego, en el v. 27 agregó, en medio de su angustia, insondable para nosotros, en lo que fue llamado "el pequeño Getsemaní": *"Ahora está turbada mi alma; ¿y qué diré? ¿Padre, sálvame de esta hora? Mas para esto* —precisamente para esto— *he llegado a esta hora".* La hora de su sacrificio había llegado. La hora designada por el Padre desde la eternidad, la hora de ser entregado *"por el determinado consejo y anticipado conocimiento de Dios"* (Hch. 2.23); *"para hacer cuanto tu mano y tu consejo habían antes determinado que sucediera"* (Hch. 4.28). La hora en que el Cordero de Dios, *"sin mancha y sin contaminación, ya destinado desde antes de la fundación del mundo, pero manifestado en los postreros tiempos por amor de vosotros"* (1Pe. 1.19, 20), es decir, aquel cuyo destino había sido determinado en los eternos propósitos de Dios, había de ser ofrecido en la cruz, como precio de redención por los pecadores. Pero la muerte de ese *grano de trigo*, había de producir mucho fruto. Una multitud de nuevos granos, espigas "blancas para la siega" ondularían en el campo del mundo y serían segadas, una a una, para llenar los alfolíes del cielo, hasta el día en que esos graneros se completen y el eterno Labrador los lleve a Su casa.

Un nuevo significado de Pentecostés

Pero esta fiesta contiene otro significado. Con el paso de los años, y a medida que Israel fue dejando de ser un pueblo eminentemente agrícola-ganadero, y además, siendo disperso entre las naciones, la fiesta de Pentecostés, perdió su carácter primitivo y se le agregó otro significado. Así, los ancianos rabinos llegaron a la conclusión de que la entrega de la ley al pueblo en el Sinaí, de acuerdo a Éxodo 19.1, ya que esta fue entregada al tercer mes después de la salida del pueblo de Egipto, fue en el día de Pentecostés. Ese día es considerado como el cumpleaños del Judaísmo[4].

Es notable que en Números 10.11, Israel en el quincuagésimo día, el de Pentecostés, comenzó una nueva etapa en su peregrinaje. Por otra parte, la celebración que registra 2 Crónicas 15.10, bajo el reinado del buen rey Asa en Judá, parece ser la fiesta de las Semanas[5].

---

[4] Dice E. Chumney, en *The Seven Festival of the Messiah*: "Pasaron 47 días desde el cruce del Mar Rojo (Nisán 17) hasta el día en que Moisés se reunió con Dios en el Monte Sinaí. Durante 47 días, los hijos de Israel viajaron a través del desierto antes de llegar al Monte Sinaí, el tercer día del tercer mes *(Sivan)* (Éx. 19:1). Dios había instruido al pueblo a través de Moisés para que se santificaran antes de la visita que les haría tres días más tarde en el Monte Sinaí, que sería el sexto día del tercer mes de Siván (Éx. 19:10-11). Este sería el día cincuenta luego de haber cruzado el Mar Rojo. Este día llegó a ser conocido como la revelación de Dios en el Monte Sinaí. El día cincuenta luego de haber cruzado el Mar Rojo (el 17 de Nisán) se celebraría la Fiesta de las Semanas *(Shavuot)* o Pentecostés".

[5] Comenta A. Edersheim, en su obra citada (pg. 281): "La tradición judía dice que el día segundo del tercer mes, o Siván, Moisés subió al monte, que se comunicó con el pueblo al tercero, que volvió a subir al monte en el cuarto y que el pueblo se santificó

Para Israel, la ley no significaba esclavitud, sino verdadera libertad. Era como si Dios, su Dios, les diera un marco de referencia para
indicarles qué le agradaba y qué no. Qué cosas debían hacer para ser
felices y prosperar, y qué otras para no serlo. El capítulo 28 del libro
de Deuteronomio, que es un corolario a la entrega de la Ley divina
lo resume: la obediencia traería bendición; la desobediencia, castigo.
El Salmo 19.7-11 lo expresa bellamente:

*"La ley de Jehová es perfecta, que convierte el alma; El testimonio de
Jehová es fiel, que hace sabio al sencillo. Los mandamientos de Jehová son
rectos, que alegran el corazón; el precepto de Jehová es puro, que alumbra
los ojos. El temor de Jehová es limpio, que permanece para siempre; los
juicios de Jehová son verdad, todos justos. Deseables son más que el oro,
y más que mucho oro afinado; y dulces más que miel, y que la que destila
del panal. Tu siervo es además amonestado con ellos. En guardarlos hay
grande galardón".*

En el libro *Celebrate the Feasts* (Celebrad las Fiestas), Martha
Zimmerman dice que la fiesta de Pentecostés recuerda aquella promesa hecha por el pueblo al pie del Sinaí, después de recibir la ley divina por medio de Moisés: *"Todo lo que Jehová ha dicho, haremos"* (Éx.
19.8). Los rabinos judíos dicen que no hay libertad sin la ley divina
y la autodisciplina del creyente. Un río tiene orillas para permanecer
en su cauce. Un tren necesita rieles para andar por ellos. Jesús no dijo
a sus discípulos: "Vayan y hagan lo que les haga sentir bien". Él les
dijo: *"Idy haced discípulos...enseñándoles que guarden todas las cosas que
os he mandado..."* (Mt. 28.19-20). Así que, la ley es necesaria; es orden, es vida, es bendición. Por lo tanto, en última instancia, también
es alegría, produce santo gozo.

---

en el cuarto, quinto y sexto de Siván, siendo en este último día que les fueron dados
los Diez Mandamientos. Por ello, los días antes de Pentecostés se contaban siempre
como el primero, segundo, tercero, etc. desde la presentación del omer".

Paralelos y contrastes

Uniendo los dos significados de esta fiesta: la celebración del comienzo de la cosecha del trigo, cuyo significado es la plenitud de vida, poder y salvación que vino a la iglesia con la venida del Espíritu Santo en el día de Pentecostés, y la entrega de la ley, podemos hallar notables paralelismos y contrastes.

Cuando Moisés descendió con las primeras tablas después de haber estado en la cima del Sinaí por cuarenta días, nos dice Éxodo 32 que el pueblo, bajo la tutela de Aarón había fabricado un becerro de oro, y estaban adorándolo como su dios en una orgía desenfrenada (cp. 1Co. 10.7). Dios se encendió en ira y quiso consumir a aquel pueblo idólatra. Pero Moisés intercedió pronunciando una oración conmovedora y pidiendo a Dios perdón para el pueblo. El resultado fue que murieron aquel día tres mil hombres. El día de Pentecostés, como resultado de la predicación del Evangelio, y como una manifestación de la gracia de Dios, tres mil personas fueron salvas y agregadas a la Iglesia (Hch. 2.41), como si fuera en los eternos propósitos e infinita misericordia de Dios una reivindicación de aquella historia triste del pasado.

En la entrega de la Ley, dice Éxodo 19.18 que *"todo el monte Sinaí humeaba, porque Jehová había descendido sobre él en fuego..."* (cp. Sal. 77.18; Heb. 12.18, 19). En el día de Pentecostés, Dios, en la Persona del Espíritu Santo descendió para morar en medio de la Iglesia y estar con los creyentes para siempre. Y su descenso sobre aquellos que estaban unánimes juntos fue, como dice Hechos 2.2, *"como un viento recio que soplaba, el cual llenó toda la casa donde estaban sentados; y se les aparecieron lenguas repartidas como de fuego, asentándose sobre cada uno de ellos. Y fueron todos llenos del Espíritu Santo".*

Se puede decir de esta forma que así como Pentecostés era la terminación de la fiesta de la Pascua, simbolizando la recepción de la ley como culminación de la libertad del pueblo de Egipto, el sacrificio *pascual* de Cristo quedó completado en el día de Pentecostés con el derramamiento del Espíritu Santo.

Por un lado, así como Israel recibió en Sinaí la *Torah*, la ley divina, el creyente que tiene la Palabra de Dios, la Biblia, es guiado por el Espíritu Santo para entender las Escrituras bajo su iluminación (1Co. 2.9-13).

Por otra parte, los conceptos de la llegada del Espíritu Santo y el fruto están íntimamente relacionados, pues no puede haber fruto en la vida del creyente si no es por la acción del Espíritu Santo. En Gálatas 5.22, 23, leemos que *"el fruto del Espíritu es amor, gozo, paz, paciencia, benignidad, bondad, fe* —fidelidad— *mansedumbre, templanza* —dominio propio.

Así que, las cuatro primeras fiestas, las fiestas de primavera (la Pascua, los Panes sin levadura, las Primicias y las Semanas o Pentecostés) tienen un significado precioso. Prefiguran acontecimientos *ya ocurridos:* la vida y muerte de Jesús, su sepultura y resurrección, y el derramamiento del Espíritu Santo juntamente con el comienzo de la Iglesia. Al contrario, las tres fiestas de otoño: las Trompetas, el día de Expiación y los Tabernáculos o Cabañas, son tipo de acontecimientos proféticos que esperan su cumplimiento de acuerdo a las Escrituras.

Entre la primavera y el otoño, entre lo ya sucedido y aquello por suceder, transcurre el verano del desarrollo de la Iglesia del Señor. Así, los primeros frutos de la fiesta de Pentecostés *(Shavuot)* culminarán en la gran cosecha de la fiesta de los Tabernáculos *(Sucot)*.

La fiesta de Pentecostés se menciona en el Nuevo Testamento solamente en el capítulo 2 del libro de los Hechos de los Apóstoles. Aquel fue un acontecimiento único en la historia y de tal trascendencia que marcó un antes y un después. La inauguración de la Iglesia del Señor Jesucristo. El misterio oculto por siglos y edades (Ef. 4.3-6), el secreto guardado del Señor, aunque anticipado a los suyos en Mateo 16.18: *"Yo edificaré mi iglesia"* se cumplía plenamente mediante la acción del Espíritu Santo como bautizador de los creyentes en Cristo. Leemos en 1Corintios 12.13: *"Por un solo Espíritu fuimos todos bautizados en un cuerpo, sean judíos o griegos, sean esclavos o libres; y a todos se nos dio a beber de un mismo Espíritu"*. Así, en aquel evento singular, Dios, por su Espíritu, constituyó una vez y para siempre un solo cuerpo, el cuerpo de Cristo, la iglesia del Señor.

Había pasado mil quinientos años desde que esta fiesta había sido ordenada en tiempos de Moisés. Muchas cosas habían sucedido en la historia de Israel. Y, principalmente, la venida del Mesías, el Salvador, quien debería morir en la cruz para la redención de Su pueblo. Pero la cruz había quedado atrás. También el día de su gloriosa resurrección, como *"primicias de los que durmieron"* (1Co. 15.20, 23; Hch. 26.23). Y después del periodo de cincuenta días transcurrido entre la fiesta de las Primicias y la de Pentecostés, el tiempo que medió entre la resurrección del Señor Jesucristo y el descenso del Espíritu Santo, llegó aquel día singular (Hch. 2.1). El puñado de creyentes reunidos *("como ciento veinte en número"* (Hch. 1.15), eran como el manojo de espigas. Los primeros frutos de la nueva dispensación. Pero ese día después de caer el Espíritu Santo sobre ellos, y tras la predicación de Pedro, tres mil almas fueron convertidas y agregadas a la iglesia (2.41). Aquella numerosa multitud de hombres y mujeres piadosos de "todas las naciones bajo el cielo" asistieron confusos a un acontecimiento extraordinario. Eran llamados prosélitos y correspondían a dos grupos. Los *de la puerta* (Éx. 20.10), que practicaban la moral y las costumbres judías y adoraban a Jehová —aunque sin circuncidarse ni adoptar todo el ritual judío (Jn. 12.20; Hch. 10; 13.16-18.7)— y los *de la justicia*, que se circuncidaban y adoptaban todo el ceremonial. Pero unos y otros asistieron a aquel momento trascendente, oyendo en sus propias lenguas, en sus propios idiomas y dialectos el mensaje de las maravillas de Dios a través del evangelio de la gracia (v. 6, 11).

"Fue un milagro del Espíritu Santo —dice J. O. Sanders— y tuvo lugar una transformación sobrecogedora: los tímidos se volvieron valientes y los débiles, poderosos; los escépticos, creyentes y los egoístas, abnegados. Los lentos en aprender, en ávidos estudiosos; los individualistas, en hombres de equipo".

Era la Iglesia del Señor, el secreto de Dios revelado en el nuevo pacto. En el Antiguo Testamento no hay mención de ella; solo tipos y figuras, pero fue una realidad justo el día de Pentecostés, cumpliendo la promesa de Cristo a los suyos.

Y la verdad sublime es que el Espíritu Santo no vino como en el antiguo pacto para ser retirado después de cumplir la misión divina en los hombres y mujeres de Dios. No vino mientras los creyentes vivieran fielmente y luego retirarse a causa de pecados o desobediencia (cp. Sal. 51.11). Tampoco cuando necesitaran algún poder especial para realizar alguna obra para Dios. Vino para quedarse para siempre. La promesa del Señor fue: *"Yo rogaré al Padre, y os dará otro Consolador, para que esté con vosotros para siempre: el Espíritu de verdad, al cual el mundo no puede recibir, porque no le ve, ni le conoce; pero vosotros le conocéis, porque mora con vosotros y estará en vosotros... Os conviene que yo me vaya; porque si no me fuere, el Consolador no vendría a vosotros; mas si me fuere os lo enviaré... Cuando venga el Espíritu de verdad, él os guiará a toda verdad..."* (Jn. 16.16-17; 16.7, 13).

La presencia del Espíritu Santo en la iglesia. Fue necesaria para:

- Suplir la ausencia del Señor (Jn. 16.7, 13,14; 15.26).
- Consolidar a los creyentes en un cuerpo (1Co. 12.13).
- Asistirles, consolarles, ayudarles en su peregrinaje (Jn. 14.15-17).
- Iluminarles para conocer a Dios a través de las Escrituras (Jn. 14.26; 1 Jn. 2.20, 27).
- Dotarles de dones para la realización de la obra de Dios en la tierra (1Co. 12.4).
- Llenarles para mantener una vida de santidad y poder (Hch. 1.8; Ef. 5.18).
- Acompañarles hasta la venida del Señor Jesucristo (Jn. 14.16,17; 2 Ts. 2.6-9).

Es notable ver el accionar del Espíritu Santo a través del libro que narra el nacimiento, la consolidación y la expansión de la Iglesia en el primer siglo, el pueblo de Dios del Nuevo Testamento. Son verdaderamente "los Hechos del Espíritu Santo". Una expansión verdaderamente poderosa (Hch. 2.4; 4.31; 6.3; 9.31, etc.).

Siempre recuerdo una alumna del Instituto Bíblico Jorge Müller que en un examen en el que quiso decir que las iglesias tenían un desarrollo "autonómico", en su lugar dijo "atómico". Lejos de ser un error involuntario, fue una gran verdad. ¡Realmente fue así! Una verdadera explosión de poder impulsada por la dinámica divina.

No hay iglesia posible sin el ministerio del Espíritu Santo. No hay vida, no hay poder, no hay guía espiritual sin su ayuda como Consolador. No hay servicio para Dios de valor, si no proviene de vidas controladas por el Espíritu Santo. Entonces, debo pensar: ¿quién controla mi vida, mi mente? ¿La controlan conceptos mundanos? ¿Alguna relación? ¿Mis propias pasiones? ¿O la controla el Espíritu Santo?

¿Cómo hace él para controlar mi vida? Únicamente a través de la Palabra y una vida limpia de pecado que dé lugar al control y gobierno del Espíritu y no a entristecerle; a no apagar sus demandas y dirección; y a dedicarla a Dios en obediencia, andando, viviendo en Su voluntad. Eso es llenura del Espíritu. Eso es lo que Dios quiere hacer en mí. Eso es lo que el Espíritu se propone hacer desde que ha sido derramado en mi corazón: formar a Cristo, su carácter y conducta en mí (Gá. 4.19). Y ¡no es una opción! ¡Es un mandamiento: *"Sed llenos del Espíritu"* (Ef. 5.18)! Y esta llenura no es un mero acto de emoción, muchas veces pasajera. Es un proceso continuo. Racional. Espiritual. Costoso. ¡Pero posible y bendito! Por eso deberíamos leer este mandato de este modo: *Permitid ser llenados continuamente por el Espíritu.* Alguien expresó ese proceso progresivo y transformador, de continuas llenuras, con estas palabras:

> *Nada de Ti, todo de mí;*
> *Algo de Ti, mucho de mí;*
> *Mucho de Ti, algo de mí;*
> *Todo de Ti, nada de mí.*

La celebración de la fiesta

Notemos tres cosas importantes en el pasaje de Deuteronomio 16.10-12: La ofrenda voluntaria (v. 10), la alegría genuina al presentarla (v. 11), y el recuerdo agradecido que ello producía (v. 12).

Ofrenda voluntaria (v. 10). *"... de la abundancia voluntaria de tu mano será lo que dieres, según Jehová tu Dios te hubiere bendecido".* El israelita debía traer "de la abundancia voluntaria" de su mano, según el Señor le hubiere bendecido. No era una medida impuesta. No era un precepto a cumplir con fuerza de ley. Era una ofrenda voluntaria. De corazón. De acuerdo a la bendición que había recibido de Dios. Era, pues, una ofrenda de gracia.

Según Levítico 23.17-20 y Números 16.27-31, tenían que ofrendar varias cosas:

"Dos panes para ofrenda mecida, de dos décimas de efa de flor de harina, cocidos con levadura, como primicias para Jehová. Siete corderos de un año, sin defecto; un becerro de la vacada y dos carneros, como holocausto, con su ofrenda y sus libaciones, ofrenda encendida de olor grato para Jehová. Un macho cabrío por expiación, y dos corderos de un año en sacrificio de ofrenda de paz, presentados como ofrenda mecida delante de Jehová. Serán cosa sagrada a Jehová para el sacerdote" (Lv. 23.17-20).

"Y ofreceréis en holocausto, en olor grato a Jehová, dos becerros de la vacada, un carnero, siete corderos de un año; y la ofrenda de ellos, flor de harina amasada con aceite, tres décimas con cada becerro, dos décimas con cada carnero, y con cada uno de los siete corderos una décima; y un macho cabrío para hacer expiación por vosotros. Los ofreceréis, además del holocausto continuo con sus ofrendas, y sus libaciones; serán sin defecto" (Nm. 28.27-31).

Dice A. Edersheim, en la descripción de la fiesta en tiempos del Nuevo Testamento[6]:

"Mientras brillaban las estrellas en el azul intenso con el brillo peculiar de un clima oriental, sonaban las trompetas de los sacerdotes desde el monte del Templo, en medio de la deliciosa quietud de la noche de verano, anunciando el comienzo de la fiesta. Ya en la primera vigilia de la noche se limpiaba el gran altar, e inmediatamente después de medianoche se abrían los portones del Templo. Porque antes del sacrificio de la mañana los sacerdotes tenían que examinar

---

[6] A. EDERSHEIM, *op. cit.,* pg. 283.

todas las ofrendas para holocausto y de paces que el pueblo quisiera traer a la fiesta. Por muchos que fueran, tiene que haber sido un tiempo de trabajo enorme, hasta que el anuncio de que el resplandor de la mañana se extendía a Hebrón ponía fin a todos estos preparativos, dando la señal para el sacrificio matutino normativo. Después de esto se traían las ofrendas festivas prescritas en Números 28.26-30: Primero, la ofrenda por el pecado, con la imposición de manos, confesión de pecado y rociamiento de sangre; y similarmente los holocaustos, con sus oblaciones. Los levitas cantaban ahora el "Hallel" (Salmos 113 a 118) con el acompañamiento de la música de una sola flauta, que comenzaba y terminaba el canto, para darle una especie de suave dulzura. El agudo vigoroso de voces seleccionadas de los hijos de los levitas, que estaban debajo de sus padres, enriquecían la melodía del himno, mientras que el pueblo o bien repetía, o bien respondía, como en la tarde del sacrificio de la Pascua".

Entonces, después de los sacrificios, se presentaban los dos panes —de trigo— cocidos con levadura, que eran mecidos delante de Jehová y se acompañaban con los sacrificios prescriptos: los siete corderos de un año, el becerro, los dos carneros para holocausto, el macho cabrío para la expiación y los dos corderos de un año para el sacrificio de la ofrenda de paz.

La ofrenda peculiar de esta fiesta era la de los dos panes de trigo cocidos con levadura. Era pan común. El pan que servía de alimento en las mesas de Israel, que luego veremos en detalle. La levadura —como ya vimos— que siempre es símbolo del pecado, representaba la naturaleza caída de cada uno de los oferentes, por lo que era necesario acompañar los panes con un sacrificio expiatorio.

Porque eran panes con levadura no se colocaban sobre el altar. Eran elevados a Dios en acto de dedicación.

La ofrenda de la abundancia

Pero, la fiesta permitía una ofrenda adicional. Por eso leemos en Deuteronomio 16.10-12: *de la abundancia voluntaria de tu mano será lo que dieres, según Jehová tu Dios te hubiere bendecido. Y te alegrarás delante de Jehová, tu Dios, tú, tu hijo, tu hija, tu siervo, tu sierva, el levita que habitare en tus ciudades, y el extranjero, el huérfano y la viuda que estuvieren en medio de ti, en el lugar que Jehová tu Dios hubiere escogido para poner allí su nombre".* Y acuérdate de que fuiste siervo en Egipto; por tanto, guardarás y cumplirás estos estatutos.

La ofrenda voluntaria es un principio bíblico para la ofrenda del creyente en Cristo. Nos recuerda la enseñanza apostólica sobre este tema en 2 Corintios 8 y 9. Notemos la palabra "abundancia" en estos dos preciosos capítulos, en los cuales el Espíritu nos enseña —como en ningún otro lugar de la Escritura— la verdad tocante a la ofrenda material (que, dada por un sacerdote espiritual como es el creyente, realmente, es una ofrenda espiritual):

Abundancia de gozo (8.2a). La ofrenda generosa de los creyentes de Macedonia, provenía de una vida gozosa, aun a pesar de la profunda pobreza que experimentaban. Por eso Pablo dice en 9.7: *"Cada uno dé como propuso en su corazón: no con tristeza, ni por necesidad, porque Dios ama al dador alegre".* Cuando el pueblo de Dios está lleno de Su presencia, siempre ofrenda con alegría, voluntariamente y abundantemente: Éx. 35.4-36.7; 1Cr. 29.69; Neh. 8.10-12; Hch. 4.32-37.

Abundancia de generosidad (8.2b). Eran pobres materialmente, pero ricos espiritualmente. Eran ricos en fe, en palabra, en conocimiento, en toda solicitud y en amor. Como la iglesia en Smirna, a quien el Señor dice: *"Yo conozco tus obras y tu tribulación y tu pobreza (pero tú eres rico)..."* (Ap. 2.9). Contrariamente, se puede ser rico, o decir serlo, pero a los ojos de Dios, como Laodicea, ser pobre (Ap. 3.17).

Abundancia de ofrenda (8.7). Es interesante ver el término que utiliza el apóstol inspirado para hablar de la ofrenda material: le llama *gracia.* El término griego es *jaris,* el mismo que se utiliza para definir la gracia de Dios (1Co.1.4), o la gracia del Señor Jesucristo (2Co.8.9). Así que es algo dado, entregado, ofrecido; un acto que brota de un corazón agradecido, lleno de amor a Dios, de afecto a Su pueblo. Tal es la dimensión espiritual de la ofrenda del creyente a los ojos de Dios, que se compara a la ofrenda del Señor Jesús en la cruz, calificando a ambas como *ofrenda y sacrificio a Dios en olor fragante* (Ef. 5.2; Fil. 4.18).

Abundancia de voluntad (8.14). Eran pobres en bienes, pero ricos en bondad. Y sin imposición, al contrario, con ardiente deseo, ofrendaron para suplir las necesidades de otros, a tal punto que dice Pablo: *"pidiéndonos con muchos ruegos que les concediésemos el privilegio de participar en este servicio para los santos"* (8.4).

Abundancia de gracia (9.8). El Dios poderoso, es el *Dios de toda gracia* (1Pe. 5.10). Es el Dios que honra a los que le honran (1 Sa. 2.30). Que suplirá *todo lo que os falta conforme a sus riquezas en gloria en Cristo Jesús* (Fil. 4.19). Notar en el versículo de 2 Corintios 8.9 la palabra "todo": toda gracia; todo tiempo (siempre); todas las cosas; todo lo suficiente; toda buena obra. Dios es un Dios de plenitud y de esa plenitud manifestada en Cristo (Col. 2.9) *tomamos todos, y gracia sobre gracia* (Jn. 1.16), es decir "una gracia en lugar de otra gracia", una gracia renovada para cada necesidad de nuestra vida. Pero también "una gracia sumada, añadida a otra gracia".

Abundancia de buenas obras (9.8). Es para hacer buenas obras a lo que nos ha llamado Dios, pues Él las preparó de antemano para que anduviésemos en ellas (Ef. 2.10). Y una de ellas es, justamente *"hacer bien y la ayuda mutua"*, de la cual no debemos olvidarnos. Así nos lo recuerda Heb. 13.16, o mejor, como mejor se puede traducir: *no se vayan olvidando...*

Abundancia de gratitud (9.12). Finalmente, la abundancia de la ofrenda, produce en aquellos que la reciben, abundancia de gratitud a Dios al ver el desprendimiento, la liberalidad de sus hermanos. Y con ello, glorifican Su nombre.

Es extraordinario que en estos dos capítulos en los cuales se destaca la "profunda pobreza" de las estas iglesias (8.2), Pablo hable de tanta abundancia. Dios es un Dios de abundancia; más aun, de "superabundancia". Así termina el capítulo 9 en el versículo 14: *"la superabundante* (gr. *hyperballo:* sobreabundante, hiperabundante, eminente) *gracia de Dios en vosotros"*. Así que el creyente, teniendo en cuenta esa superabundancia divina, ofrenda a Dios con alegría, con liberalidad, con amor, con entrega. Y el Dios de las promesas es fiel para hacer, no solo que no le falte, sino que abunde y aun que "super-abunde": *"Y el que da semilla al que siembra y pan al que come, proveerá y multiplicará vuestra sementera, y aumentará los frutos de vuestra justicia, para que estéis enriquecidos en todo..."* (2Co. 9.10-11).

Ofrenda de alegría y agradecimiento

Pero, además de la ofrenda voluntaria (v. 10), en la celebración de esta fiesta podemos ver:

Alegría genuina (v. 11). Esta ofrenda producía en el israelita alegría: *Y te alegrarás...* Toda su familia, sus siervos, los levitas, los extranjeros, el huérfano y la viuda entre ellos. El efecto de la ofrenda entregada a Dios, reconociendo sus bendiciones, con sentimientos de gratitud y adoración era profunda alegría. *"Dios ama al dador alegre"* (2Co. 9.7). Cuando recibimos de Dios, recibimos con alegría. También cuando damos a Dios, damos con alegría. Un cristiano lleno del Espíritu Santo es un cristiano que se goza en el Señor, porque el gozo es un fruto del Espíritu. Y cuando está lleno de gozo espiritual, sus manos se llenan de una gozosa ofrenda espiritual.

Recuerdo agradecido (v. 12). *"Y acuérdate de que fuiste siervo en Egipto; por tanto, guardarás y cumplirás estos estatutos"*. Debía de haber también un sentimiento de humildad y gratitud, recordando que habían sido esclavos, y que Dios les había redimido "con mano fuerte y brazo extendido". Era recordar lo que habían sido en el pasado y lo que Dios había hecho con ellos. No debían perder el recuerdo de haber sido esclavos. Debía permanecer siempre latente en la mente y el corazón. Eso les traía a la realidad. No daban a Dios de lo que habían sido por sí capaces de lograr. Lo hacían desde el reconocimiento. Como dijo David cuando él y el pueblo daban abundantemente para el Templo que iba a ser construido por su hijo Salomón: *"Todo es tuyo, y de lo recibido de tus manos te damos"* (1Cr. 29.14).

La alegría de las bendiciones materiales recibidas de parte de Dios no debía hacerles olvidar la mayor bendición que habían recibido: su redención. Muchas veces sucede eso con aquellos que somos el pueblo de Dios. Olvidamos lo que fuimos y lo que hizo el Señor por nosotros. Es bueno recordar "el hueco de la cantera de donde fuimos arrancados" (Is. 51.1). En el Salmo 103, David dice: *"Bendice, alma mía, a Jehová, y bendiga todo mi ser su santo nombre. Bendice, alma mía, a Jehová, y no olvides ninguno de sus beneficios"*. Y allí el salmista hace una descripción de algunos de esas bendiciones recibidas: *"Él es quien perdona todas tus iniquidades; el que sana todas tus dolencias; el que rescata del hoyo tu vida, el que te corona de favores y misericordias; el que sacia de bien tu boca..."*.

Notemos cuál es la primera de esas bendiciones. No es la salud, ni el suplir las necesidades temporales. La primera, y la más trascendente de las bendiciones de Dios para mi vida es *"el que perdona todas tus iniquidades"*. Es su perdón. Su perdón de mis pecados pasados, de los presentes, y en su fidelidad y misericordia, de mis pecados futuros.

Que mi alma no lo olvide. Que tu alma no lo olvide. Que recordemos lo que fuimos, y lo que somos por gracia. Que siempre tengamos presente que fuimos esclavos del pecado y que ahora hemos sido libertados de él y hechos siervos de la justicia, siervos de Dios, por lo que tengamos por fruto la santificación y como fin, la vida eterna (Ro. 6.17-23).

La presentación de los panes

Además de los sacrificios requeridos (Lv. 23.18,19; Nm. 28.27-31), lo que daba a la fiesta su distinción era la presentación de *"dos panes para ofrenda mecida".* Eran hechos con "flor de harina" y amasados con levadura y con aceite (Lv. 23.17; Nm. 28.28).

Estos panes contienen un precioso significado. Eran dos panes; eran de flor de harina, además, eran amasados con levadura y luego cocidos al fuego.

Dos panes (Lv. 23.17). Se le llama "el pan de las primicias" (v. 20), pero en realidad eran dos panes (v. 17). La iglesia, como cuerpo de Cristo, es un pan (1Co. 10.17), pero es la unión de "dos panes": judíos y gentiles. Ambos unidos en el cuerpo de Cristo. Dice Efesios 2.14-16: *"Él es nuestra paz, que de ambos pueblos hizo uno, derribando la pared intermedia de separación... para crear en sí mismo de los dos un solo y nuevo hombre, haciendo la paz, y mediante la cruz reconciliar con Dios a ambos en un solo cuerpo...".*

De flor de harina (Lv. 23.17; Nm. 28.28). Como ya dijimos antes, la flor de harina era el resultado del tamiz de la harina, hasta quedar un polvo finísimo. Lo mejor, lo más delicado de los granos tritura-dos, varias veces molidos y tamizados hasta llegar a su máxima pure-za y refinamiento. La iglesia del Señor está compuesta por hombres y mujeres salvos por la sangre de Cristo, viviendo en la limitación de nuestra carne, con fallas y pecados, con fracasos y derrotas. Pero, como la flor de harina es un tipo de la perfecta humanidad del Señor Jesucristo, a pesar de nuestra indignidad, somos hechos participantes de la naturaleza divina (2Pe.1.4), revestidos de Cristo (Gá. 3.27). Así que, una cosa es cómo vemos los hombres a la iglesia, y otra cómo la ve Dios mismo.

Es cierto que la iglesia de Cristo —y cada iglesia local como re-flejo de aquella— tiene "manchas y arrugas", que un día el Señor quitará, para presentársela perfecta, gloriosa (Ef. 5.27), pero es ma-ravilloso que Dios la ve a través de Cristo, a través de aquel con cuya sangre la compró y con cuya palabra la santifica. Y entonces, Dios la ve como será aquel día: "santa y sin mancha".

Cuando pensamos en la iglesia de Corinto, pensamos en una iglesia llena de conflictos, divisiones, superficialidad, carnalidad, desorden, pero si leemos la introducción de la epístola, los versículos 4 al 9 del primer capítulo, veremos que Dios, por encima de las miserias nuestras, la ve cubierta por su gracia, enriquecida con sus dones, confirmada con su poder. Esa es la visión divina.

Es incomparable la égloga[7] del Cantar de los Cantares cuando, en términos tan llenos de emoción y belleza, el esposo dice de su amada en un tipo tan elocuente de Cristo y su iglesia: *"Toda tú eres hermosa, amiga mía, y en ti no hay mancha"* (4.7); o en 6.4: *"Hermosa eres tú, oh amiga mía, como Tirsa; de desear, como Jerusalén; imponente como ejércitos en orden".*

Siempre me ha sorprendido leer en Números 23, en aquella extraordinaria aunque extraña profecía de Balaam, "la visión del Omnipotente" en el v. 21: *"No ha notado iniquidad en Jacob, ni ha visto perversidad en Israel".* Podríamos traducir esta frase así: "No se ha fijado en la iniquidad de Jacob, ni ha reparado en la perversidad de Israel". Ah, ¡qué gracia incomparable! ¡Qué misericordia sin límites de parte de Dios hacia su pueblo! ¿Acaso no había pasado cuarenta largos años soportando un pueblo "rebelde y contradictor"? ¿Acaso no había quedado postrada en el desierto toda una generación de hombres y mujeres quejosos, desconfiados e idólatras? ¿Acaso no habían recibido el castigo de su pecado en manos de un Dios justo y santo? Sí. Pero Dios ve a su pueblo como lo concibió en Su mente eterna. Como lo verá un día restaurado y consagrado. Y no nota su iniquidad, ni ve su perversidad presente, sino su gloria futura. Por eso en el versículo 23, como anticipando ese final glorioso, leemos: *"como ahora, será dicho de Jacob y de Israel: ¡lo que ha hecho Dios!".* Nuestro corazón se inclina y le adora...

Panes con levadura (Lv. 23.17). Significan que la naturaleza caída permanecería en la vida de los creyentes de la Iglesia. La levadura siempre es símbolo de aquello pecaminoso, carnal en el hombre (ver explicación en "La Fiesta de los panes sin levadura"). En la Pascua el pan era sin levadura, pues tipifica el cuerpo sin

---

[7] Égloga: Composición poética de corte pastoril, enfocada hacia el tema amoroso.

pecado de Cristo, el Cordero de Dios. Pero en la fiesta de Pentecostés, los panes "de judíos y gentiles" (1Co. 12.13), obviamente, contienen levadura. La levadura de nuestro pecado, fruto de la vieja naturaleza pecaminosa y carnal que tenemos y —por cierto, y tristemente— tendremos hasta la redención de nuestros cuerpos. La *vieja levadura* del pecado (1Co. 5.8). Decimos con Pablo: *"hallo esta ley, que el mal está en mí"* (Ro. 7.21). Dios sabe que hay pecado en nosotros. *"Él conoce nuestra condición, se acuerda de que somos polvo"* (Sal. 103.14). Como alguien dijo: "¡Bien sabe Dios cómo somos! ¡Bien sabe que somos polvo!"

Pero aún así, espera de nosotros nuestra adoración y servicio, cubiertos bajo la perfección de la obra de Cristo. Es cierto que no somos perfectos (Fil. 3.12), pero debemos buscar la perfección, es decir, la madurez.

Tengo anotado en mi Biblia un interesante pensamiento bajo Filipenses 3.12-14: (1) Aún no llegué: *"no que lo haya alcanzado ya..."*, esto es sinceridad y humildad; (2) Aún puedo hacer: *"una cosa hago"*, esto es actividad; (3) Aún puedo decidir: *"olvidando ciertamente lo que queda atrás"*, esto es responsabilidad; (4) Aún puedo seguir: *"extendiéndome a lo que está delante "*, esto es oportunidad; (5) Aún puedo triunfar: *"prosigo a la meta."*, esto es realidad. Ese es el objetivo de Dios para nuestra vida, y esa perfección en Cristo solo es posible a través de la sabiduría que otorga la Palabra de Dios (Col. 1.28).

Panes amasados con aceite. Una vez más, el aceite es símbolo inequívoco del Espíritu Santo. Y esa harina fina, amasada con aceite, nos habla de la vida de Cristo en aquellos que son suyos. En cada creyente habita Cristo por la fe, y la vida de aquel que llenó de gozo el corazón del Padre debería verse como un testimonio elocuente de Su presencia. En Levítico 2 hallamos el mandamiento sobre la ofrenda de oblación, que es justamente aquella que se presentaba mediante flor de harina amasada con aceite. Una exquisita tipología de la Persona de Cristo en su perfecta humanidad llena del Espíritu Santo. Ya se ha considerado este asunto en el capítulo que trata sobre la Fiesta de las Primicias.

Panes cocidos. El fuego era necesario en esta ofrenda. También el fuego de la prueba es necesario para juzgar nuestra vida y obra. Nuestro pecado fue juzgado en la cruz de Cristo. No hay más juicio condenatorio para aquellos que estamos en Cristo. Pero sí es necesario que el fuego purificador de la prueba afecte nuestra carne, nuestra naturaleza caída, con sus miserias.

Es cierto que Romanos 8.3-5 nos dice que *"Dios, enviando a su Hijo en semejanza de carne de pecado, y a causa del pecado, condenó al pecado en la carne"*. También es cierto que *"no andamos conforme a la carne, sino conforme al Espíritu, porque los que son de la carne, piensan en las cosas de la carne; pero los que son del Espíritu, en las cosas del Espíritu"*. Pero también es cierto que la carne aún habita en nuestro "cuerpo mortal", aunque no nos domine, aunque no tenga el poder que tenía en nosotros antes de conocer a Cristo. Y también es cierto que debemos crucificarla, como Pablo lo dice en Gálatas 2.20: *"Con Cristo estoy juntamente crucificado, y ya no vivo yo, sino vive Cristo en mí; y lo que ahora vivo en la carne, lo vivo en la fe del Hijo de Dios, el cual me amó y se dio asimismo por mí"*.

Es maravilloso pensar que en este cuerpo en el cual habita y se manifiesta el pecado, podemos glorificar a Dios. Y esto solo es posible en la medida que el fuego purificador de Dios, a través de Su Espíritu es aplicado en nosotros. La ofrenda de nuestro ser debe pasar por el fuego de la prueba, para quitar de nosotros todo aquello que es de la carne y así ofrecer un sacrificio *vivo, santo y agradable a Dios, por medio de Jesucristo*.

El israelita presentaba estos panes con levadura, pero también debía presentar varios animales para hacer la expiación y el holocausto, como ofrenda aceptada por Dios. Es cierto que en Pentecostés, formando la Iglesia había un puñado de hombres y mujeres débiles, con fallas y pecados, pero también es cierto que estaban perdonados, justificados, expiados por la sangre del Cordero de Dios.

Escribe C. H. Mackintosh:

"El Espíritu Santo no descendió el día de Pentecostés para mejorar la naturaleza humana o para anular en ella el mal, que es incurable, sino para bautizar a los creyentes en un solo cuerpo y unirlos a su Cabeza que está en el cielo"[8].

Esta figura de los dos panes de flor de harina, amasados con levadura y aceite, y cocidos al fuego viene a ser una realidad gloriosa en el Nuevo Testamento: una iglesia escogida, preciosa, compuesta por judíos y gentiles, habitada por el Espíritu Santo, lavada de sus pecados con la sangre preciosa del Cordero, perfeccionada a través de las pruebas en su peregrinaje, y que un día brillará por los siglos de la eternidad, al resplandor de la gloria de Dios.

Una parte para el pobre y el extranjero

En Levítico 23.22 hay un sublime rasgo de gracia divina: *"Cuando segareis la mies de vuestra tierra, no segaréis hasta el último rincón de ella, ni espigarás tu siega; para el pobre y para el extranjero la dejarás. Yo Jehová vuestro Dios"*. En una demostración de humanidad, de desprendimiento, no debían segar hasta los mismos bordes del terreno, ni levantar las espigas que hubieran quedado en el suelo. Debían dejarlas para aquellos que eran pobres, y para aquellos que, siendo gentiles, habitaban en medio del pueblo de Dios. El Dios de toda gracia también proveía para aquellos que, aun no perteneciendo a su pueblo terrenal, creían en El, como el único Dios vivo y verdadero y se sometían a la señal del pacto. Muchas veces aparece este mandato en el Antiguo Testamento: Éxodo 22.21; Levítico 19.10; Números 15.14; Deuteronomio 10.18, entre otros pasajes.

Es cautivante observar el rasgo de amor de Dios hacia ellos. Basta mencionar dos versículos: Éxodo 23.9: *"Y no angustiarás al extranjero; porque vosotros sabéis cómo es el alma del extranjero, pues extranjeros fuisteis vosotros en tierra de Egipto"*. El alma del extranjero lleva siempre la cicatriz del desarraigo, de los afectos o los lazos de amor

---

[8] C. H. Mackintosh, *Estudios sobre el libro de Levítico*, Ed. Buenas Nuevas, 1960, pg. 257.

familiar dejados atrás, del peso de la nostalgia por la tierra a la que pertenece y que nunca olvida. Así es el inmigrante. Pero el consuelo se hallaba en los brazos de Dios que le amparaban a través del amor de su pueblo, de aquellos que habían experimentado en su propia experiencia de cuatrocientos años bajo el yugo de esclavitud en Egipto ese dolor tan profundo. Por eso en Levítico 19.34 leemos: *"Como a un natural de vosotros tendréis al extranjero que more entre vosotros, y lo amarás como a ti mismo; porque extranjeros fuisteis en la tierra de Egipto. Yo Jehová vuestro Dios"*. Por eso, leemos aquellas tiernas palabras de Booz a Rut, la moabita: *"Jehová recompense tu obra, y tu remuneración sea cumplida de parte de Jehová Dios de Israel, bajo cuyas alas has venido a refugiarte"* (Rt. 2.12).

También el pobre era protegido con un afecto y una consideración especiales. Dice, entre otros, Deuteronomio 15.11: *"Porque no faltarán menesterosos en medio de la tierra; por eso yo te mando, diciendo: Abrirás tu mano a tu hermano, al pobre y al menesteroso en tu tierra"*. Nos recuerda las palabras dichas por Jesús en una realidad que, como fruto del pecado, tiene vigencia desde el principio: *"Siempre tendréis pobres con vosotros"* (Mt. 26.11).

El corazón amante de Dios, no obstante, que ampara al necesitado, que suple al menesteroso, como dice 2 Corintios 9.9: *"Repartió, dio a los pobres; Su justicia permanece para siempre"*, debía tener su correspondencia en el corazón de los suyos. Y debe tenerlo en el nuestro.

Pero hay una mirada prospectiva, profética en esta fiesta. Cuando la siega de la iglesia quede concluida, y ella se marche al encuentro de su Señor, aún quedará una siega especial, para *el pobre* —el residuo fiel de Israel— y para *el extranjero* —los gentiles que sean salvos durante la grande tribulación.

La lectura del libro de Ruth. Durante la fiesta de Pentecostés era leído —y aun hoy lo es— el libro de Ruth. Un par de razones respaldaban esta costumbre: (1) El libro de Ruth se centra en la aldea de Bethlehem en el tiempo de cosecha, que era, como vimos, la razón principal de la celebración de esta fiesta (Rt. 1.22; 2.23). (2) La protagonista de este precioso libro del tiempo de los jueces era una extranjera, una moabita que llegó a creer y amar al Dios de Israel, el Dios de Noemí, que era judía, con aquellas memorables palabras: *"No me pidas que te deje y me aparte de ti... tu pueblo será mi pueblo y tu Dios, mi Dios"* (Rt. 1.16). (3) El otro principal actor es Booz, que tipifica al Mesías. Así proféticamente este libro mira hacia delante, al día en que judíos y gentiles sean unidos por Aquel que es su Redentor. Pero, además, aquella preciosa mujer tiene la gloria de pertenecer a la genealogía del Señor Jesús (Mt. 1.5).

Indudablemente la bendición de la fe de Abraham abarca a judíos y gentiles (Ro. 4.9, 12; Gá. 3.7-9, 14, 29). El evangelio fue predicado primeramente a los judíos, pero a poco de inaugurarse la iglesia, también los gentiles fueron alcanzados por el poder de Cristo (Hch. 10.34, 35; 42-45; Ro. 1.16; 2.10; 3.28-30; Ef. 2.11-19). Cuando la iglesia sea completada, cuando la plenitud de los gentiles se cumpla (Ro. 11.25), entonces vendrá de los cielos Jesucristo. Entonces aquellas primicias del día de Pentecostés se transformarán en la gran cosecha. Y el Señor recogerá el trigo en su alfolí (Mt. 3.12; Lc. 3.17).

Así concluyen las cuatro fiestas de primavera: la Pascua, los Panes sin levadura, las Primicias y Pentecostés. Cuatro fiestas que ya tuvieron su cumplimiento profético: la muerte de Cristo, el Cordero pascual; la sepultura de aquella ofrenda perfecta, sin levadura, sin pecado; la resurrección de Cristo, *"primicias de los que durmieron";* y el día de Pentecostés, la inauguración del misterio oculto desde la eternidad: la Iglesia de Jesucristo, el Señor.

Es interesante incluir aquí el comentario de E. Chumney en su libro "The Seven Feasts of the Messiah":

"...en la historia del Éxodo podemos ver que el Cordero fue sacrificado el día catorce de Nisán, el día de la Pascua *(Pesach)*. En el quince de Nisán, el día de los Panes Sin Levadura (Hag *HaMatzah)*, el pueblo salió de Egipto. En el diecisiete de Nisán, los hijos de Israel cruzaron el Mar Rojo. Cincuenta días más tarde, en la Fiesta de las Semanas *(Shavuot)* o Pentecostés, Dios les entregó la *Torá* (instrucción) en el Monte Sinaí... *Yeshua* (Jesús) murió en el día de la Pascua

(Pesach - 14 de Nisán), fue sepultado en el día de los Panes sin Levadura *(Hag HaMatzah* - 15 de Nisán), fue resucitado en el día de las
Primicias o Primeros Frutos *(Bikkurim* - 17 de Nisán), y el Espíritu
Santo descendió sobre los creyentes cincuenta días después de la resurrección de *Yeshua* (Jesús) en el día de Pentecostés (*Shavuot*)".

En los próximos capítulos veremos las tres fiestas de otoño: la
de las Trompetas; la del día de la Expiación y finalmente, la de los
Tabernáculos. Tres fiestas cuya proyección profética aún espera su
cumplimiento, y preanuncian la venida del Mesías, nuestro bendito
Salvador Jesucristo, triunfante y glorioso.

CAPÍTULO 8

AL SON DE LAS TROMPETAS

Fiesta de encuentro

Levítico 23.23 Y habló Jehová a Moisés, diciendo:
24. Habla a los hijos de Israel y diles: En el mes séptimo, al primero del mes tendréis día de reposo, una conmemoración al son de trompetas, y una santa convocación.
25. Ningún trabajo de siervos haréis; y ofreceréis ofrenda encendida a Jehová.

Números 29:1 En el séptimo mes, el primero del mes, tendréis santa convocación; ninguna obra de siervos haréis; os será día de sonar las trompetas.
2. Y ofreceréis holocausto en olor grato a Jehová, un becerro de la vacada, un carnero, siete corderos de un año sin defecto;
3. y la ofrenda de ellos, de flor de harina amasada con aceite, tres décimas de efa con cada becerro, dos décimas con cada carnero,
4. y con cada uno de los siete corderos, una décima;

5. *y un macho cabrío por expiación, para reconciliaros,*

6. *además del holocausto del mes y su ofrenda, y el holocausto continuo y su ofrenda, y sus libaciones conforme a su ley, como ofrenda encendida a Jehová en olor grato.*

¡Feliz año nuevo! Llegó el **Rosh HaShanáh**. Se celebra —según la tradición de la Mishnah— porque es el mes en el cual Dios creó el mundo y, más exactamente, el día en el cual fue creado Adán, el primer hombre. A partir de esta celebración se cuentan los años, por lo tanto ya van —a la fecha de este libro— 5780 años. Es decir, unos 3761 más que nuestro calendario.

Cada año, este día festivo recuerda la antigua conmemoración de las Trompetas, con la que se inauguraba en la segunda mitad del año las fiestas del otoño. Atrás habían quedado las de primavera: la Pascua y los panes sin levadura, la de los primeros frutos —las Primicias— y la de Pentecostés, o las semanas. Un periodo intermedio de tres meses mediaba entre ellas y las siguientes. Y entonces, en el mes de *Tishrí*, se celebraban las últimas tres, en el probablemente más solemne tiempo del año: la fiesta de las trompetas, el día de la expiación y la fiesta de los tabernáculos, con las que concluye la serie de siete fiestas anuales.

La fiesta de las Trompetas es especial, pues en la Escritura no se menciona el motivo para el cual se celebra. Tal vez, para darle un significado concreto, después de la destrucción del templo comenzó a llamársele *Rosh HaShanáh* (que literalmente significa "cabeza del año") y con ella, durante dos días —considerados un día largo— se celebra el comienzo del año nuevo judío. Así que esta fiesta tiene lugar el primero y el segundo día del mes de *Tishrí*, el séptimo mes del calendario hebreo, en la luna nueva o novilunio (rf. Sal. 81.3-5; Col. 2.16, 17)[1]. Coinci

de con el día 4 de octubre en nuestro calendario occidental, y equivale a nuestro 1 de enero, el primer día del año.

---

[1] El calendario judío es lunar, no solar como el nuestro. Por ello, cada mes del año judío comienza con la Luna Nueva *(Rosh Jodesh)*.

Ya comentamos que hay dos tipos de calendarios en la cultura hebrea: El del año religioso y el del año civil.

– El año religioso comienza con el mes de Abib o Nisán (mediados de marzo a mediados de abril de nuestro calendario). Este calendario fue ordenado por Dios, como el comienzo de una nueva etapa, al salir Israel en libertad de la esclavitud de Egipto (Éxodo 12.1, 2).

– El año civil fue establecido posteriormente por la tradición judía, comenzando con el mes de *Tishrí* (mediados de septiembre a mediados de octubre de nuestro calendario), cuando se festeja la fiesta de *Rosh HaShanáh*.

Dice Víctor Buksbazen:

"Tishrí es el séptimo mes del año. Es un mes *sabático*. Lo que es el séptimo día a la semana, Tishrí lo es al año. Así que el primer día es celebrado como un sábado, un día de descanso y un memorial al sonido de trompetas, que es una santa convocación.

En particular, esta quinta fiesta da inicio a un período de diez días que comienza con *Rosh HaShanáh* y termina con *Yom Kippur*, o día *de las expiaciones*, más conocido como el *día de la expiación, o del perdón*.

Estos días festivos son conocidos como *Días Santísimos* y *Días Temibles* (en hebreo, *Yamim Nora 'im*, que literalmente significa, *los días de asombro*). Y según el Talmud la fiesta al son de Trompetas es llamada: el Día de Juicio *(Yom Haddin)*. Por eso algunos rabinos —de acuerdo a la tradición de la escuela del gran rabí Shammai— sostienen que en estos días el Libro de la Vida es abierto y los nombres de aquellos que son justos son inscritos en él para el próximo año, así que ellos dedican estos diez días para prepararse para celebrar el día más solemne de su[2] calendario religioso: el "día del perdón", "el día de la expiación", de Levítico 16.

---

[2] Víctor Buksbazen, *op. cit.*, pg. 30.

Al terminar el **Yom Kippur**, la sexta fiesta, y transcurridos cinco días, llega la séptima y última fiesta, la de **Sukkot** (o **Sucot)**, la fiesta *de los tabernáculos* o *de las cabañas.*

Las Trompetas. En la Biblia se mencionan dos tipos de trompetas: las de plata (Nm.10), que mandó labrar Moisés para convocar al pueblo, y las de cuerno de carnero. Las primeras pueden haber sido rectas, de unos 60 cm. de largo, a semejanza de las usadas en Egipto, y hechas de una sola pieza de plata. Tomándonos la licencia de alegorizar sobre ellas, podríamos decir que, siendo la plata un símbolo de redención (Éx. 30.11-16), las dos trompetas son una figura de la Palabra de Dios, el Antiguo y el Nuevo Testamento, ambos un solo libro y cuyo mensaje es el de la redención en Cristo. Luego fueron usadas en el templo (2Cr. 5.12)[3].

Las hechas de cuerno de carnero (en heb. *shofar*, que hace recordar el carnero que sustituyó a Isaac sobre la cúspide del monte Moriah —Gén. 22— y por ello la fiesta también es conocida como **Shofarot**) se hacían sonar en la fiesta de las trompetas. En esta fiesta se lee al principio de su liturgia el Salmo 47, donde dice en el vers. 5: *"Subió Dios con júbilo, Jehová con sonido de trompeta".* Y al final de ella, el precioso Salmo 27, que comienza con una expresión de confianza en el presente: *"Jehová es mi luz y mi salvación; ¿de quién temeré? Jehová es la fortaleza de mi vida...",* y termina en el v. 13 con una expresión de esperanza futura: *"Hubiera yo desmayado, si no creyese que veré la bondad de Jehová en la tierra de los vivientes. Aguarda a Jehová; esfuérzate y aliéntese tu corazón; Sí, espera a Jehová".*

Las trompetas fueron usadas en diversas ocasiones, generalmente muy importantes o solemnes, según leemos en las Escrituras. Y su denominador común: requerían total e inmediata obediencia. Pedro nos lo recuerda cuando, en su primera epístola, nos dice: *"Elegidos según la presciencia de Dios Padre, en santificación del Espíritu, para obedecer y ser rociados con la sangre de Jesucristo".* En el original podemos

---

[3] Nota al pie en Biblia RV, Versión 1995.

leer mejor: *"para obediencia".* Para eso somos salvos, y esa debe ser nuestra constante disposición. La obediencia a Dios y a Su Palabra. Las trompetas sonaban para recordarles la importancia de obedecer la Ley divina. La primera mención de ellas fue en ocasión de la revelación en el Monte Sinaí, cuando el sonido del *shofar* era estridente y como respuesta temblaron todos los que se encontraban en el campamento (Éx. 19:16b; 20.18; Heb. 12.19: *"No os habéis acercado al monte... que ardía con fuego... al sonido de la trompeta..."*).

Así la trompeta de **Rosh HaShanáh** les recordaría la revelación recibida de parte de Dios a través de la ley divina. También nosotros hemos recibido esa revelación, ahora completa en la Biblia, con la que tenemos un fuerte compromiso de obediencia a la Palabra y a la voluntad de Dios.

Para convocar a congregarse. En Números 10.2, 3 leemos:

"Hazte dos trompetas de plata; de obra de martillo las harás, las cuales te servirán para convocar la congregación... Y cuando las tocaren, toda la congregación se reunirá ante ti a la puerta del tabernáculo de reunión".

Siempre ha sido importante para el pueblo de Dios, tanto en la antigua dispensación como en la nueva, el reunirse en asamblea. Notemos algunas cosas:

– *Toda la congregación.* En plenitud. Hombres, mujeres, niños, ancianos. Todos.

– *A la puerta del tabernáculo de reunión. Allí es el lugar.*

Donde la grey de Dios se reúne. Donde el Señor prometió estar en medio. El lugar *"donde me encontraré contigo",* dice Dios (Éx. 30.6).

Para recordar a Israel que era una parte del pacto hecho con Dios. El pacto era un convenio solemne y condicional —requería cumplimiento de ambas partes— que habían establecido al pie del Sinaí (Éx. 19.1- 24.18), en el cual se comprometían a obedecer las leyes de Dios. *"Haremos todo lo que Jehová ha dicho",* prometieron. Por su parte, Dios se comprometió a bendecirles, siempre que ellos cumplieran su parte. La trompeta le recordaba al pueblo su compromiso, y a Dios el renovar su promesa.

Para indicarles el rumbo de su marcha. Números 10.2, dice: *"Te servirán para convocar a la congregación y para hacer mover los campamentos".* La nube (Éx. 40. 36-38) y las trompetas de plata guiaban a las tribus, que, en orden debían emprender la marcha cuando Dios se lo indicaba (Nm. 10.5, 6). Era necesario por seguridad y certeza esperar la indicación divina para avanzar.

En Números 10.5, 6 leemos: *"Y cuando tocareis alarma, entonces moverán los campamentos de los que están acampados al oriente. Y cuando tocareis alarma la segunda vez, entonces moverán los campamentos de los que están acampados al sur; alarma tocarán para sus partidas. Pero para reunir la congregación tocaréis, mas no con sonido de alarma".* Evidentemente eran sonidos distintos, para congregarse o para salir de camino. Debían conocer el sonido. Y cuando era "de alarma", o "de avance" —una serie de sonidos cortos— debían entender que Dios les mandaba partir. Dios les guiaba en el camino y ellos debían estar atentos a los designios de Su voluntad.

Cuán importante es conocer los sonidos de la "trompeta de Dios". Cuán importante es oír su voz para saber cuándo partir y cuándo quedarnos. Cuándo nos manda seguir nuestro camino o cuándo estar quietos esperando en Su voluntad. La marcha a través del desierto del pueblo de Israel era semejante a la de un ejército en orden. Así es la iglesia del Señor (Cnt. 6.4, 10). Y así debemos entender las órdenes del Jefe para cumplir Sus propósitos. También nosotros tenemos al Espíritu Santo y a la Palabra. Como dice J. Burnett: *"Jamás desentonan. Siempre están en armonía".* Si la trompeta de plata no suena, no te muevas. Si ha sonado, no te detengas.

Para producir arrepentimiento en el pueblo. Cuando Nehemías congregó solemnemente a todo el pueblo que había retornado a la tierra después del cautiverio babilónico (Neh. 8.1-12) y llamó al escriba Esdras para leer al pueblo el libro de la Ley de Moisés, lo hizo "el primer día del mes séptimo". Justamente el día del comienzo del año, el día de **Rosh HaShanáh**. Al oír atentamente la lectura del libro de Dios desde el alba hasta el mediodía, el pueblo adoró a Dios, humillado y llorando. Esdras, el líder espiritual del pueblo les animó a que no lloraran, sino que estuvieran alegres en ese día santo para el Señor, pues *"el gozo de Jehová* —les dijo— *es vuestra fortaleza"*. Y este evento dio comienzo a un tiempo de avivamiento espiritual.

Para llamar a la guerra. Números 10.9: *"Cuando saliereis a la guerra en vuestra tierra contra el enemigo que os molestare, tocaréis alarma con las trompetas; y seréis recordados por Jehová vuestro Dios, y seréis salvos de vuestros enemigos"* (Jos. 6.4, ss; Jue. 3.27; 7.16; 2Cr. 13.14,15; Neh. 4.20; Jl. 2.1; 1Co. 14.8: *"Y si la trompeta diere sonido incierto, ¿quién se preparará para la batalla?"*).

Las trompetas sonaron en los llanos de Jericó, y los muros cayeron (Jos. 5.5, 20). Las trompetas volvieron a sonar con los trescientos valientes de Gedeón, y los madianitas fueron derrotados (Jue. 7.22).

La trompeta de Dios nos llama a una lucha dura y difícil, no contra personas, sino contra *"huestes espirituales de maldad"*. Pero Dios nos ha dejado los recursos para la batalla y para lograr la victoria (Ef. 6.10-18). Es el sonido de "alarma" que debemos oír. Pero ¡gracias sean dadas a Dios! también está la promesa: *"seréis recordados por Jehová, vuestro Dios, y seréis salvos de vuestros enemigos"* (Nm. 10.9).

Para convocar al pueblo para las solemnidades, las celebraciones en las cuales se reunían para adorar a Dios. Leemos en Números 10.10: *"...en el día de vuestra alegría, y en vuestras solemnidades, y en los principios de vuestros meses, tocaréis las trompetas sobre vuestros holocaustos, y sobre los sacrificios de paz, y os serán por memoria delante de vuestro Dios"*. Aún hoy, nos parece oír la trompeta celestial llamándonos a congregarnos. *"Juntadme a mis santos* —dice Dios— *los que hicieron conmigo pacto con sacrificio"* (Sal. 50.5). Congregación que debemos mantener, "tanto más, cuanto veis que aquel día se acerca" (Heb. 10.25).

Para anunciar la libertad de la esclavitud en el año del jubileo. Levítico 25.9-10: *"Entonces harás tocar fuertemente la trompeta en el mes séptimo a los diez días del mes; el día de la expiación haréis tocar la trompeta por toda vuestra tierra y santificaréis el año cincuenta, y pregonaréis libertad en la tierra a todos sus moradores; ese año os será de jubileo, y volveréis cada uno a vuestra posesión, y cada cual volverá a su familia"*, recordándonos que nosotros fuimos libertados de la esclavitud del pecado, de los deseos de este mundo y del yugo de obediencia a Satanás (Ro. 6.12-13; Stg. 4.4).

Para invitar a alabar a Dios. El Salmo 98.5, 6 lo menciona y el 89.15 lo expresa tácitamente, pues donde leemos: *"Bienaventurado el pueblo que sabe aclamarte"*, esa aclamación debe entenderse "al son de trompeta" (Cp. Nm. 10.10; 29.1; 1Cr. 15.24-28; 2Cr. 5.12; 7.6; 29.26).

Aún hoy, cada primer día de la semana especialmente, como pueblo redimido por la sangre del Cordero, la trompeta de Dios nos llama a reunirnos en torno a la mesa del Señor para alabarle "por sus proezas", por todo el bien con que su mano nos enriqueció.

Algunas lecciones espirituales

La Fiesta de las Trompetas nos deja algunas lecciones espirituales:

Reflexión. Durante cada mañana del mes de *Elul*, el anterior al mes de *Tishrí*, se hacía sonar la trompeta cada día con el fin de convocar al pueblo al arrepentimiento y a volver a Dios. A este periodo de cuarenta días, entre el primer día de Elul y el décimo de Tishrí, se le llama *Teshuvah*, es decir, "el arrepentimiento". Cada israelita es llamado a arrepentimiento, a efectuar un auto-examen de la vida ante Dios y retornar a Él en arrepentimiento sincero. También es un periodo para escudriñar las Escrituras y ver en ellas las promesas del retorno del Mesías. Al final de cada liturgia matinal y vespertina se recita el Salmo 27.

El mensaje que se quiere hacer oír durante esos treinta días, hasta llegar al primer día de Tishrí, es: *"Arrepiéntanse. No esperen a que pase*

Rosh HaShanáh, pues de lo contrario se encontrarán en los días temibles". Así que todo el mes de Elul es como un proceso para prepararse a través de un auto-examen y arrepentimiento para los próximos Días Santísimos. El sonido de la trompeta les llama a la reflexión, a la introspección, a examinarse delante del Señor.

Es también un llamado de atención para nosotros, aquellos que pertenecemos a la Iglesia del Señor. Necesitamos que la trompeta de Dios nos recuerde que es tiempo de examen. Para Israel era una vez al año. Para nosotros los creyentes en esta presente dispensación debe ser un ejercicio permanente.

¿Nos examinamos ante Dios? O mejor, ¿le pedimos que Él nos examine como David en el Salmo 139.23-24: *"Examíname, oh Dios, y conoce mi corazón; pruébame y conoce mis pensamientos; y ve si hay en mí camino de perversidad, y guíame en el camino eterno"?*

El verbo *examinar* en el hebreo tiene la idea de *cavar*, de *excavar*, y se usaba para la tarea de buscar metales preciosos. Así que indica una búsqueda en lo más profundo, en lo más recóndito. En este caso, del ser. No solo el examen de lo visible, sino aun de lo invisible. De aquello que no sale a la luz, de lo que queda escondido en la mente, en las intenciones, en los pensamientos. De los pecados *que me son ocultos,* como decía el salmista en el Salmo 19.12, aunque no son ocultos para Dios (Sal. 69.5). Nuestro corazón puede engañarnos, pero el único que realmente lo conoce, que puede llegar con su bisturí hasta el fondo, es Dios. Y ¿cómo lo hace? A través de Su palabra, que es como *"espada de dos filos y penetra hasta partir el alma y el espíritu, las coyunturas y los tuétanos* —la médula de los huesos— *y discierne los pensamientos y las intenciones del corazón. Y no hay cosa creada que no sea manifiesta en su presencia, antes bien, todas las cosas están desnudas y abiertas a los ojos de aquel a quien tenemos que dar cuenta"* (Heb. 4.12-13).

Algo como plaga

Hay una preciosa lección en Levítico 14.33-57. Cuando en Israel alguna familia veía un foco infeccioso, corrosivo, contaminante en las paredes de la casa (tal vez, algún hongo o algo semejante, que fuera peligroso para la respiración, para la piel, etc.) debía dar aviso al sacerdote, diciendo: *"Algo como plaga ha aparecido en mi casa"*. Entonces el sacerdote debía examinar la plaga y si veía en las paredes manchas verdosas o rojizas que parecieran *más profundas que la superficie de la pared,* el sacerdote debía cerrar la casa por siete días.

Luego volvía para examinarla otra vez. Si la mancha había desaparecido, o no se había extendido, declaraba limpia la casa y volvía a ser habitable. Pero si la mancha se había extendido, entonces la orden era: "Arrancarán las piedras en las que estuviere la plaga y las arrojarán fuera de la ciudad en lugar inmundo y hará raspar la casa por dentro alrededor, y derramarán fuera de la ciudad, en lugar inmundo, el barro que rasparen. Y tomarán otras piedras y las pondrán en lugar de las piedras quitadas y tomarán otro barro y recubrirán la casa". Y si la plaga volviera a brotar en aquella casa, la instrucción era: "Derribará la casa, sus piedras, sus maderos y toda la mezcla de la casa y sacarán todo fuera de la ciudad a lugar inmundo".

¡Qué solemne lección! Una mancha que aparecía más profunda que la superficie de la pared. Allí dentro, donde solo una mirada experta podía distinguirla y saber si era plaga, infección, o no. El examen, y la decisión de echar fuera las piedras que estuvieran infectadas, raspar el barro infectado. Y luego cambiar las piedras infectadas por otras sanas... ¿No es esto lo que hace Dios en una vida y en una congregación? Si no nos examinásemos, Dios nos examinará (1Co. 11.31, 32). Y su juicio es justo e inapelable. Las piedras infectadas serán arrojadas afuera y cambiadas por otras sanas.

Si hubiera algo en nuestra vida que sabemos no está dentro de la voluntad de Dios, debemos ir a Él en oración y decirle: "Señor, algo como plaga ha aparecido en mi casa. Examínalo, Señor. Mira si el mal está en lo profundo de mi ser. Por tu misericordia, quita las piedras que estén contaminadas en mi vida y pon otras nuevas".

Lo mismo con nuestra iglesia, aquella en la que nos reunimos. ¿No será que Dios muchas veces tiene que quitar algunas piedras y poner otras nuevas? ¿No será que tiene que *raspar el barro* que nos cubre y poner otro barro nuevo? El barro era la amalgama que unía las piedras una con otra, y, por supuesto, es una figura de los vínculos que nos unen en la congregación: el amor, la tolerancia, la paciencia, la oración, la enseñanza, la comunión.

En Corinto había sucedido. Por eso leemos: *"hay muchos enfermos entre vosotros y muchos duermen"* (1Co. 11.30).

¡Cuidado! Dios aún remueve piedras infectadas cuando no se limpian como conviene. Dice el Salmo 93.5: *"La santidad conviene a tu casa, oh Señor, por los siglos y para siempre".*

¡Necesitamos una renovación verdadera que venga del cielo, de Dios para nuestras iglesias y para nuestras vidas!

Que la trompeta de Dios nos alerte y nos recuerde que debemos someternos al examen divino permanentemente para que Él corrija aquellas cosas que sobran en nuestra vida y nos limpie con la sangre preciosa de Cristo.

Restauración. Es una fiesta "al son de trompetas". El sonido de la trompeta está asociado al despertar. Esta fiesta también es llamada en hebreo **Yom Teruah**, que significa "el día del sonido del *shofar*", o "el día del despertar".

En la Biblia, el sueño muchas veces está relacionado con un estado de pobreza espiritual. Así, recordamos a Sansón en brazos de Dalila (Jue. 16); a la mujer de Cantar de los Cantares capítulo 5; a Jonás en el interior del barco; a las vírgenes en espera del novio en la parábola de Mateo 25; a Pedro, Jacobo y Juan en Getsemaní (Mt. 26.40); a Eutico en la ventana de Troas (Hechos 20.9); etc. Cada una de estas ocasiones nos presenta un motivo distinto por el cual estaban dormidos, pero, en todos los casos el sueño era un síntoma de que espiritualmente algo andaba mal.

El sueño es traicionero. No queremos dormirnos, pero nos vamos durmiendo. Y ese estado somnoliento es muy parecido a un estado de muerte. Significa estar inermes, insensibles a lo que nos rodea, incapaces de andar o hacer, etc. Por eso Pablo dice en Efesios 5.14: *"Despiértate, tú que duermes, y levántate de entre los muertos, y te alumbrará Cristo".* En 1 Tesalonicenses 5.5-9: *"Porque todos vosotros sois hijos de luz e hijos del día; no somos de la noche ni de las tinieblas. Por tanto, no durmamos como los demás, sino velemos y seamos sobrios. Pues los que duermen, de noche duermen, y los que se embriagan, de noche se embriagan, Pero nosotros, que somos del día, seamos sobrios, habiéndonos vestido con la coraza de fe y de amor y con la esperanza de salvación como yelmo, porque no nos ha puesto Dios para ira, sino para alcanzar salvación por medio de nuestro Señor Jesucristo".* Y en Romanos 13.11-12 agrega: *"Y esto, conociendo el tiempo, que es ya hora de levantarnos del sueño; porque ahora está más cerca nuestra salvación que cuando creimos. La noche está avanzada, y se acerca el día... andemos como de día, honestamente...".*

Tal vez estemos dormidos, indolentes. Nos pesan las responsabilidades cristianas, el cumplimiento del deber, la obediencia a los mandatos del Señor. Se nos hace difícil andar y servir a Dios. Hay apatía, desinterés, falta de compromiso. Son síntomas de sueño. De estar en un estado semejante a estar "entre los muertos". La Palabra nos exhorta en Isaías 60.1: *"Levántate, resplandece; porque ha venido tu luz, y la gloria de Jehová ha nacido sobre ti".*

Un grito despertador

Nunca olvido una anécdota que refiere O. Hallesby en su libro "Más allá de la religión". Comenta de un marinero que bajó en un puerto junto a sus compañeros y se habían propuesto hacer cosas nada buenas. Ya habían entrado en un hotel donde les llamaba la seducción del pecado, cuando, de pronto oyó una voz que decía fuertemente una palabra: ¡Madre! En ese momento recordó a su madre cristiana y volvió en sí. Abandonó a sus compañeros y volvió al barco. Vinieron a su mente las palabras de Jesús a Pedro: "Yo he rogado por ti, para que tu fe no falte". Fue ese instante el que cambió el curso de su vida. La voz de su madre en el recuerdo fue la trompeta de Dios que le despertó de su letargo, llamándole a la reflexión y dándole oportunidad de escapar de la tentación.

Dios nos puede despertar de nuestro letargo espiritual, a través de la acción de Su palabra. Ella es como una poderosa trompeta que aviva el corazón dormido. Así lo expresa David en su Salmo 119.25 y 107: *"Abatida hasta el polvo está mi alma; vivifícame según tu palabra... afligido estoy en gran manera; vivifícame según tu palabra".*

Que la trompeta del Señor, la voz poderosa del Espíritu Santo, nos despierte de nuestro estado de sueño espiritual y podamos vivir a la luz gloriosa de Cristo.

Reunión. La trompeta de **Rosh Hashanáh** convocaba a una reunión. Era un llamado al pueblo para celebrar las últimas fiestas del año. Para reunirse en Jerusalén. Para conmemorar en nombre del Señor, sus bendiciones, su perdón, su cuidado y provisión.

Un ejemplo de cómo se celebraba esta fiesta lo podemos ver en tiempos de Nehemías, en el capítulo 8.1-12. Allí dice que *"se juntó todo el pueblo... el primer día del mes séptimo"*, el mes de Tishrí, que coincide en parte con nuestro mes de septiembre y en parte con el de octubre. Era el día de la fiesta de las trompetas. Así que, seguramente allí se oyó el sonido del *shofar* invitando a la fiesta. Eran días de avivamiento espiritual. El sueño había quedado atrás; los días de afrenta habían concluido. El muro había sido levantado por el trabajo esforzado de todo el pueblo bajo la dirección de Nehemías. Y, entonces, llegó el día de la fiesta. ¿Qué sucedió allí? Esdras, el escriba, convocó al pueblo frente a la puerta de las Aguas, y leyó ante *todos los que podían entender* el libro de la ley de Moisés.

Es notable que once veces se menciona la frase *"todo el pueblo"*. Cuánto debemos tenerlo en cuenta en nuestros días, tan necesarios como aquellos, para que toda la familia esté en los atrios del Señor para la comunión, la adoración, la oración y el oír la Palabra de Dios. No existen en el pensamiento de Dios los creyentes solitarios. No existen en sus propósitos los que van "cuando pueden". Su trompeta aún nos llama a estar junto a los suyos. De otro modo perderemos, como Tomás, la bendición de Su presencia.

Todos estuvieron atentos a la lectura del Libro, explicado por su líder espiritual (v. 7, 8) y respondían a la lectura con un fuerte *¡Amén!*, humillándose y adorando a Dios, postrados en tierra. El resultado fue un arrepentimiento expresado con profundo y sincero llanto. Pero luego Esdras les dijo que debían alegrarse, porque *"el gozo del Señor es vuestra fortaleza"* (v. 10), y se gozaron *"con grande alegría, porque habían entendido las palabras que les habían enseñado"*.

Siempre los avivamientos se han producido como resultado de la lectura de la Palabra. Así sucedió en los grandes avivamientos de la historia de la Iglesia. La Palabra es hallada, oída y entendida y el corazón se quebranta, estalla en arrepentimiento y cuando la paz del perdón enjuga el llanto del alma, el gozo del Señor brota en santidad, alabanza y gratitud. Así que, este pasaje de Nehemías nos indica cuáles son las bases de todo avivamiento espiritual: Comunión (v. 2); lectura de la Palabra, oyéndola, explicándola, entendiéndola (v. 8); confesión (v. 9). Y el resultado que produjo (v. 12): Unanimidad *(todo el pueblo)*; compartir con otros *(obsequiar porciones)*; gozo espiritual *(gozar con grande alegría)*.

¿Deseamos un avivamiento? ¿Cantamos aquella vieja canción con genuino deseo de que el Señor conteste el ruego?

> *Avívanos, Señor, tenemos sed de ti;*
> *La lluvia de tu bendición derrama ahora aquí.*
> *Avívanos, Señor con nueva bendición,*
> *Inflama el fuego de tu amor en cada corazón.*

Resurrección. Es notable que el sonar de las trompetas en esta fiesta indicaba un nuevo año, un nuevo tiempo en la vida de Israel. También será el sonido de la trompeta la que indicará un nuevo tiempo en la vida de la Iglesia del Señor, al Israel y las naciones gentiles de los últimos tiempos.

La trompeta en las Escrituras tiene que ver con sucesos escatológicos:

- La segunda venida de Cristo, 1Ts. 4.15-17; 1Co. 15.52.
- La reunión de Israel, Is. 27.13; Zc.9.14; Mt. 24.31.
- Los juicios apocalípticos, Ap. cps. 8, 9.
- El reinado de Cristo en el Milenio, Zc. 9.14-17; cp. Is. 44.23; Jer. 31.7, 8.

Un día no muy lejano los creyentes, *"los que vivimos, que habremos quedado hasta la venida del Señor"* (1Ts. 4.15) oiremos el sonido de la trompeta. Será un sonido muy especial. No la oirá ninguno que no sea de la iglesia del Señor. Será Su llamado personal a cada uno, a semejanza de lo que leemos en Apocalipsis 4.1: *"Después de esto miré, y he aquí una puerta abierta en el cielo; y la primera voz que oí, como de trompeta, hablando conmigo, dijo: Sube acá...".* Será la voz del Esposo celestial a su desposada, en las palabras de Cantares 2.10: *"Levántate, oh amiga mía, hermosa mía, y ven. Porque he aquí ha pasado el invierno...el tiempo de la canción ha venido".*

Dice el apóstol Pablo en 1Corintios 15.51-52: *"He aquí os digo un misterio —una verdad no revelada anteriormente—: "No todos dormiremos —moriremos— pero todos seremos transformados. En un momento, en un abrir y cerrar de ojos, a la final trompeta; porque se tocará la trompeta, y los muertos serán resucitados incorruptibles, y nosotros seremos transformados".*

Y agrega en 1 Tesalonicenses 4.16: *"Porque el Señor mismo, con voz de mando, con voz de arcángel y con trompeta de Dios, descenderá del cielo; y los muertos en Cristo resucitarán primero; luego nosotros, los que vivimos, los que hayamos quedado, seremos arrebatados juntamente con ellos en las nubes para recibir al Señor en el aire, y así estaremos siempre con el Señor".*

¡Qué esperanza gloriosa y alentadora! Podemos decir con el recordado himno:

> *Mas no es la muerte que espero, Señor;*
> *la tumba, mi meta no es;*
> *Tu pronta venida, en tu tierno amor*
> *esperando mi alma hoy está.*
> *Está bien con mi alma... está bien.*

Pero también esta fiesta prefigura la inauguración del "día del Señor", que es el período que comienza con la grande tribulación y termina con el cumplimiento del reino milenial de Cristo y los últimos juicios escatológicos. Es el periodo en el cual el Señor Jesucristo vuelve a relacionarse directamente con el pueblo de Israel. El tiempo que vivimos ahora es llamado *"el año agradable del Señor"* (Lc. 4.19). Pero, el mismo Señor que *"enrollando el libro, se sentó"* (v. 20), es el mismo que un día lo abrirá nuevamente para cumplir aquello que no leyó en la sinagoga de Nazaret, pero que está escrito en la profecía: *"el día de venganza del Dios nuestro"* (Is. 61.2).

Es notable que había un intervalo incierto entre la fiesta de las Semanas, o Pentecostés y la fiesta al sonar de trompetas. La Pascua se celebraba el día 14 de Nisán, de modo que no era el mismo día semanal cada año, aunque la fiesta de los primeros frutos —Pentecostés— caía siempre el mismo día, "el día después del sábado". Así pues, el periodo de tiempo entre Pentecostés y la fiesta de las Trompetas era incierto cada año. Es ciertamente una figura de la era presente de la Iglesia del Señor. No sabemos cuánto durará. Desde su nacimiento, el día de Pentecostés hasta el arrebatamiento, es, pues, simbolizado por el intervalo entre la fiesta de las Semanas y la fiesta de las Trompetas (Lv. 23.15-24).

El reloj de Dios

Cuando la Iglesia sea arrebatada por el Señor en su *parousia*, se cumplirá la expresión utilizada por el apóstol Pablo en Romanos 11.25: *"la plenitud de los gentiles"*, es decir, cuando el último miembro sea agregado a la iglesia, cuando esté completo el Cuerpo de Cristo. Entonces el reloj de Dios respecto a Israel volverá a andar. Repasemos brevemente su historia, enmarcada en aquella expresión que el mismo Señor Jesucristo utilizó en su sermón profético: *"los tiempos de los gentiles"*. Estos tiempos se refieren a la supremacía de las naciones gentiles sobre Israel, y están vívidamente expuestos en la profecía de Daniel.

Después de la época de oro del reino de Israel bajo David y Salomón, una mala decisión de su sucesor, Roboam, motivó que el reino se partiera en dos. Diez tribus constituyeron el reino del norte,

Israel, con capital en Samaria, bajo Jeroboam y sus descendientes, y dos tribus —Judá y Benjamín— el reino del sur, llamado Judá, por ser esta la tribu más importante, con capital en Jerusalén. Después de una serie de reinos idólatras y perversos, Tiglat-pileser, rey de los asirios, en el 738 a.C. y luego Salmanasar, en el año 727 a.C., invadió Israel y llevó cautivo al pueblo. Nunca más volvieron a su tierra como nación. Comúnmente se dice que son "las diez tribus perdidas".

Por otra parte, en el 606 a.C., y, veinte años más tarde, en el 586 a.C., los babilonios bajo Nabucodonosor invadieron el reino del sur y llevaron cautivos a sus habitantes a Babilonia. Setenta años después de la primera incursión, cumpliendo las Escrituras (Jer. 25.11, 12; 29.10), Ciro, rey de los persas firmó en el año 536 a.C. un decreto permitiendo a los judíos volver a su tierra, cumpliéndose el regreso bajo el gobernador Zorobabel y el sacerdote Josué (o Josúa), tal como lo relatan los libros de Esdras y Nehemías, junto con los profetas Hageo, Zacarías y Malaquías.

A Babilonia, el primer imperio de los *"tiempos de los gentiles"* (Lc. 21.24), le sucedieron tres imperios más, que dominaron la tierra de Israel: los medo-persas (536-333 a.C.); los griegos (333-46 a.C.) y los romanos (46 a. C. en adelante). Pero, Israel y Judá jamás volvieron a ser un reino unido.

En el sermón del monte de los Olivos, el Señor Jesús profetizó que el templo sería destruido, la ciudad de Jerusalén, desolada y la nación dispersa entre las naciones (Lc. 21.20-24), como realmente sucedió en el año 70 d.C. bajo el general romano Tito. Fue la confirmación de las profecías de Moisés, Ezequiel, otros profetas, y el mismo Jesucristo. Cumpliendo estas escrituras, durante casi veinte siglos la tierra de Israel estuvo desierta. No había judíos retornando, ni reclamos de los derechos sobre la tierra. A finales del siglo XIX, en 1897, Teodoro Herzl, un judío de nacionalidad austriaca, junto a algunos colaboradores, lanzó oficialmente lo que se conoce como el movimiento *sionista*. La declaración de Balfour, al final de la primera Guerra Mundial, aseguró a los judíos una entrada a la tierra de sus padres. Pero recientemente, en 1948, Israel fue proclamada como nación independiente. Luego vendría la lucha por ella. La "guerra de los seis días" (1967), la "guerra del Yom Kippur" (1973), los conflictos con los palestinos, etc. son acontecimientos que demuestran que Dios está nuevamente moviendo los hilos de la historia en torno a Su pueblo terrenal.

Pero las promesas de Dios se cumplirán y a Israel le espera un gran futuro. Ellos serán

Recogidos de entre las naciones. Ezequiel 36.24: *"Y yo os tomaré de las naciones, y os recogeré de todas las tierras, y os traeré a vuestro país".* Agrega Jeremías 23.7, 8: *"Por tanto, he aquí que vienen días, dice Jehová, en que no dirán más: Vive Jehová que hizo subir a los hijos de Israel de la tierra de Egipto, sino: Vive Jehová que hizo subir y trajo la descendencia de la casa de Israel de tierra del norte, y de todas las tierras adonde yo los había echado; y habitarán en su tierra".*

Reinstalados en su tierra. Ezequiel 37.21, 22: *"...y los recogeré de todas partes, y los traeré a su tierra, y los haré una nación en la tierra, en los montes de Israel, y un rey será a todos ellos por rey...".* Debemos notar que esta profecía nunca fue cumplida, pues el último rey del reino de Judá —Sedequías— había sido depuesto y llevado cautivo a Babilonia por Nabucodonosor (2Re. 25; 2Cr. 36). Y no hubo más reino, y no lo habrá hasta que el Rey de Reyes establezca su reino glorioso. Este Rey un día fue rechazado (Lc. 19.14; Jn. 19.14, 15, 19), pero Dios cumplirá su palabra: *"Yo he puesto mi rey sobre Sion, mi santo monte" (Sal. 2.6).* En Ezequiel 37.24, 25 leemos: *"Mi siervo David será rey sobre ellos, y todos ellos tendrán un solo pastor... y mi siervo David será príncipe de ellos para siempre".* Obviamente la expresión "mi siervo David" es profética y se cumple en "el hijo de David", Jesucristo (Mt. 1.1; 21.9). Por eso, Jeremías 23.5 dice: *"He aquí que vienen días, dice Jehová, en que levantaré a David renuevo justo, y reinará como Rey, el cual será dichoso, y hará juicio y justicia en la tierra".* Y Oseas 3.4, 5: *"Porque muchos días estarán los hijos de Israel sin rey, sin príncipe, sin sacrificio, sin estatua, sin efod, y sin serafines. Después volverán los hijos de Israel, y buscarán a Jehová su Dios, y a David su rey; y temerán a Jehová y a su bondad en el fin de los días".*

Reunidos para siempre. Después de tantos siglos de dispersión, fruto de su pecado (Dt. 28.15, 25, 36, 37, 64, 65; Dn. 12.7; Lc. 21.24; Stg. 1.1), Dios los reunirá en su tierra, y serán una nación. Ezequiel 37.16, 17: *"Hijo de hombre, toma ahora un palo, y escribe en él: Para Judá y para los hijos de Israel sus compañeros. Toma después otro palo y escribe en él: Para José, palo de Efraín, y para toda la casa de Israel sus compañeros. Júntalos luego el uno con el otro, para que sean uno solo, y serán uno solo en tu mano".* Y agrega en el v. 22: *"y nunca más serán dos naciones, ni nunca más serán divididos en dos reinos".* Jeremías 23.3, 4: *"Y yo mismo recogeré el remanente de mis ovejas de todas las tierras adonde las eché, y las haré volver a sus moradas; y crecerán y se multiplicarán, y pondré sobre ellos pastores que las apacienten; y no temerán más, ni se amedrentarán, ni serán menoscabadas, dice Jehová".* Es tan cierto que esto sucederá, que Jeremías dice en 31.35, 36: *"Así ha dicho Jehová, que da el sol para luz del día, las leyes de la luna y de las estrellas para luz de la noche, que parte el mar, y braman sus ondas; Jehová de los ejércitos es su nombre: Si faltaren estas leyes delante de mí, dice Jehová, también la descendencia de Israel faltará para no ser nación delante de mí eternamente".* Lo mismo dice en el capítulo 33.19-26.

Es una realidad que en las últimas décadas, desde mediados del siglo pasado hay un evidente sentimiento de retorno a la tierra de Israel. Alguien dijo, "es como una mano invisible que les lleva allí". Pero este retorno actual no es el cumplimiento de las profecías. Este presente nacionalismo sionista es solo una sombra de lo que sucederá. El Señor lo dijo en Mateo 24.32: *"De la higuera aprended la parábola: Cuando ya su rama está tierna, y brotan las hojas, sabéis que el verano está cerca".* En realidad este retorno es para juicio, como lo expresa Ezequiel en 22.19-22: *"Por tanto, así ha dicho Jehová el Señor: Por cuanto todos vosotros os habéis convertido en escorias, por tanto, he aquí que yo os reuniré en medio de Jerusalén. Como quien junta plata y bronce y hierro y plomo y estaño en medio del horno, para encender fuego en él, para fundirlos, así os juntaré en mi furor y en mi ira, y os pondré allí y os fundiré. Yo os juntaré y soplaré sobre vosotros en el fuego de mi furor, y en medio de él seréis fundidos. Como se funde la plata en medio del horno, así seréis fundidos en medio de él; y sabréis que yo Jehová habré derramado mi enojo sobre vosotros".*

Cuando venga el Señor Jesús por su iglesia comenzará para Israel un tiempo de juicio, de angustia horrorosa, llamado "tiempo de angustia de Jacob (Israel)" (Jer. 30.7), bajo el reinado del "hombre de pecado", como solemos llamar "el anticristo". Daniel 12.1 dice: *"En aquel tiempo... será tiempo de angustia, cual nunca fue desde que hubo gente hasta entonces".* A este personaje, engendro de Satanás, recibirán como su mesías (Jn. 5.43). Pero no será más que un engaño, pues de su mano recibirán el castigo más grande que han recibido en toda su historia (Mt. 24.21; Mr. 13.19).

Pero el retorno que anuncian los profetas en la Escritura es al que se refiere el Señor Jesucristo en Mateo 24.30, 31, al final de la gran tribulación y previo al reino milenial: *"Entonces aparecerá la señal del Hijo del Hombre en el cielo: y entonces lamentarán todas las tribus de la tierra, y verán al Hijo del Hombre viniendo sobre las nubes del cielo, con poder y gran gloria. Y enviará sus ángeles con gran voz de trompeta, y juntarán a sus escogidos, de los cuatro vientos, desde un extremo del cielo hasta el otro".* Notemos el orden en estos versículos: Primero aparece la señal del Hijo del Hombre en el cielo y desciende el Señor con poder y gran gloria. Y luego envía a sus ángeles a juntar a sus escogidos desde todos los rincones de la tierra. Se cumplirá la promesa divina: Deuteronomio 30.1-5.

Pero también ellos recibirán la tierra prometida. Israel nunca hasta hoy ocupó la tierra que Dios prometió a sus padres. Si leemos Génesis 15.18: *"En aquel día hizo Jehová un pacto con Abram, diciendo: A tu descendencia daré esta tierra, desde el río de Egipto hasta el río grande, el río Eufrates",* nos daremos cuenta que Israel nunca tuvo esa extensa tierra en posesión. Aun cuando ocupó la mayor extensión de terreno, fue apenas una parte de lo que Dios le prometió. Hasta podríamos decir que es una décima parte de lo que era suya por herencia divina. Pero un día la tendrán. Is. 27.12 dice *"Acontecerá en aquel día que trillará Jehová desde el río Eufrates hasta el torrente de Egipto, y vosotros, hijos de Israel, seréis reunidos uno a uno".* Notemos "uno a uno", no faltará ninguno a la convocación celestial. Y veamos cómo será (v.

13): "*Acontecerá también en aquel día, que se tocará con gran trompeta, y vendrán los que habían sido esparcidos en la tierra de Asiria, y los que habían sido desterrados a Egipto, y adorarán a Jehová en el monte santo, en Jerusalén*". Finalmente, serán regenerados espiritualmente. Ezequiel 36.23: "*Ni se contaminarán ya más con sus ídolos, con sus abominaciones, y con todas sus rebeliones; y los salvaré de todas sus rebeliones con las cuales pecaron, y los limpiaré; y me serán por pueblo, y yo a ellos por Dios*". Y en los v. 36 a 38, leemos: "*Y haré con ellos pacto de paz, pacto perpetuo será con ellos; y los estableceré y los multiplicaré, y pondré mi santuario entre ellos para siempre. Estará en medio de ellos mi tabernáculo, y seré a ellos por Dios, y ellos me serán por pueblo*". Un verdadero avivamiento espiritual será una realidad en este pueblo que aun hoy rechaza a su Mesías, y con él, a su Dios (cf. Mr. 9.37).

Un despertar espiritual, un retomo a las leyes divinas y a la adoración al Dios verdadero, y una verdadera pasión evangelizadora a las naciones, serán la evidencia de la limpieza que el Espíritu de Dios producirá en Israel (Jl. 2.28, 29). Oseas 3.4, 5: "*Porque muchos días estarán los hijos de Israel sin rey, sin príncipe, sin sacrificio, sin estatua, sin efod, y sin serafines. Después volverán los hijos de Israel, y buscarán a Jehová su Dios, y a David su rey; y temerán a Jehová y a su bondad en el fin de los días*".

Hemos visto que la fiesta de Pentecostés es figura de la inauguración de la Iglesia. Pero dice Levítico 23.22 que, después de cosechar la mies cada uno debía dejar sin segar una parte de su campo, dejando para el pobre y el extranjero algo para cosechar. Los *pobres* son un tipo del residuo fiel de Israel que aceptará a Jesús como su Mesías, y los *extranjeros*, de los gentiles salvos durante los años aciagos de la Grande Tribulación.

Alguien dijo:

"Primeramente, deberán pasar por tiempos de angustia, que vendrá a la tierra como ladrón en la noche (2 Pe. 3.10)".

Sofonías 1.14-16 dice: "*Cercano está el día grande de Jehová, cercano y muy próximo; es amarga la voz del día de Jehová; gritará allí el valiente. Día de ira aquel día, día de angustia y de aprieto, día de alboroto y de asolamiento, día de tiniebla y de oscuridad; día de nublado y de entenebrecimiento*"; y Joel 2.1-2: "*Tocad trompeta en Sión, y dad alarma en mi santo monte; tiemblen todos los moradores de la tierra, porque viene el día de Jehová, porque está cercano. Día de tinieblas y de oscuridad, día de nube y de sombra...*". Cabe notar que esta fiesta —la de las Trompetas— caía siempre en el primer día del mes, y este era de luna nueva (o novilunio), cuando el cielo está totalmente oscuro, carente de la luz lunar, y estos pasajes nos hablan de día de tiniebla y oscuridad, como presagiando el tiempo de profunda oscuridad moral que reinará, por faltar ya la iglesia en la tierra, la luz del mundo (Mt. 5.14). Luego llegará la fiesta de los Tabernáculos, que se celebra el día quince del mes, y ya es luna llena.

La trompeta de Dios

En ese tiempo resonará la trompeta de Dios llamando a su pueblo disperso, y mostrándoles su pecado, el haber rechazado a Dios y a su Cristo: "*Clama a voz en cuello, no te detengas; alza tu voz como trompeta, y anuncia a mi pueblo su rebelión, y a la casa de Jacob su pecado*" (Is. 58.1). Ese sonido de trompeta les despertará, y producirá en ellos profunda humillación y arrepentimiento, expresado en un sentido llanto, reconociendo al fin a Jesús como su Mesías: "*Y derramaré sobre la casa de David, y sobre los moradores de Jerusalén espíritu de gracia y de oración; y mirarán a mí, a quien traspasaron, y llorarán como se llora por hijo unigénito, afligiéndose por él como quien se aflige por el primogénito. En aquel día habrá llanto en Jerusalén, como el llanto de Hadad-rimón en el valle de Meguido*" (Zc. 12.10).

El mismo Señor Jesucristo lo anticipó en su sermón profético del Monte de los Olivos: "*Entonces aparecerá la señal del Hijo del Hombre en el cielo, y entonces lamentarán todas las tribus de la tierra, y verán al Hijo del Hombre viniendo sobre las nubes del cielo, con poder y gran gloria, Y enviará sus ángeles con gran voz de trompeta, y juntarán a sus escogidos, de los cuatro vientos, desde un extremo del cielo hasta el otro"* (Mt. 24.30-31).

Al fin, Isaías 27.13, dice que la trompeta de Dios les llamará a congregarse y adorar al Señor: *"Acontecerá también en aquel día, que se tocará con gran trompeta, y vendrán los que habían sido esparcidos en la tierra de Asiria, y los que habían sido desterrados a Egipto, y adorarán a Jehová en el monte santo, en Jerusalén".* Este era uno de los propósitos por los cuales se tocaba la trompeta en el campamento de Israel, mientras peregrinaban por el desierto (Nm. 10.2).

Un día la "gran trompeta" del Señor será oída y como con un imán gigantesco, serán atraídos a su tierra. Hace años ese éxodo hacia la tierra prometida ya comenzó. Pero ese día se inaugurará un tiempo sin igual. Será el día del despertar. Jesucristo, el Mesías, llamará a Su pueblo y, como dice Romanos 11.26: *"todo Israel será salvo"*[4]. En Miqueas 2.12 encontramos la explica ción a ese "todo Israel". Leemos allí: *"De cierto te juntaré todo, oh Jacob; recogeré ciertamente el resto de Israel; lo reuniré como ovejas de Bosra, como rebaño en medio de su aprisco".* Todo Israel es "el resto —remanente— de Israel". El Israel verdadero, el remanente fiel (Ro. 9.27), limpio de todos aquellos que no son "verdaderos israelitas" (Ro. 9.6), y que habrán pasado *"bajo la vara"* del juicio de Dios, como el pastor hacía pasar a sus ovejas debajo de su cayado para contarlas antes de entrar al redil. Los rebeldes serán apartados, dice Dios, y agrega: *"de la tierra de sus peregrinaciones los sacaré, mas a la tierra de Israel no entrarán; y sabréis que yo soy Jehová".* Así, aquellos que por la fe sean salvos por haber aceptado a Jesús como su Salvador y Mesías, entrarán *"en los vínculos del pacto"* (Ez. 20.37, 38). El Reino del Señor habrá llegado.

El Talmud dice que en el Nuevo Año son abiertos tres libros. Uno para los rectos, otro para los impíos y el tercero para aquellos que no eran ni rectos, ni impíos. Los nombres de los rectos se inscribirían en el Libro de la Vida. Los de los impíos perdidos, serían

---

[4] La palabra *"todo"* se debe entender como un hebraísmo (cp. Mr.1.5). En realidad se refiere a *"todos los que se hallen escritos en el Libro"* (Dn. 12.1), a los *"verdaderos israelitas"* (Ro. 9.6), al *"Israel de Dios"* (Gá. 6.16, cf. Ap. 2.9). Al *"remanente"* fiel (Mi. 2.12; Is. 28.5; 37.32; 49.6; Jer. 23.3; 31.7; Jl. 2.32; Ab. 1.17; Mi. 7.18; Ro. 9.27; 11.5).

borrados del Libro de la Vida e inscriptos en el Libro de la Muerte. Los que aún tenían posibilidad de ser rectos y que se arrepintieran en el lapso de los diez días anteriores al Día de la Expiación, serán finalmente restaurados. Eso es lo que ocurrirá cuando el Día de la Expiación real, final, sea celebrado para Israel.

CAPÍTULO 9

EL DÍA DE LA EXPIACIÓN

Fiesta de perdón

Levítico 23.26 También habló Jehová a Moisés, diciendo:

27. A los diez días de este mes séptimo será el día de expiación; tendréis santa convocación, y afligiréis vuestras almas, y ofreceréis ofrenda encendida a Jehová.

28. Ningún trabajo haréis en este día; porque es día de expiación, para reconciliaros delante de Jehová vuestro Dios.

29. Porque toda persona que no se afligiere en este mismo día, será cortada de su pueblo.

30. Y cualquier persona que hiciere trabajo alguno en este día, yo destruiré a la tal persona de entre su pueblo.

31. Ningún trabajo haréis; estatuto perpetuo es por vuestras generaciones en dondequiera que habitéis.

32. Día de reposo será a vosotros, y afligiréis vuestras almas, comenzando a los nueve días del mes en la tarde; de tarde a tarde guardaréis vuestro reposo.

Levítico 16.5 Y de la congregación de los hijos de Israel tomará dos machos cabríos para expiación, y un carnero para holocausto.

6. Y hará traer Aarón el becerro de la expiación que es suyo, y hará la reconciliación por sí y por su casa.

7. Después tomará los dos machos cabríos y los presentará delante de Jehová, a la puerta del tabernáculo de reunión.

8. Y echará suertes Aarón sobre los dos machos cabríos; una suerte por Jehová, y otra suerte por Azazel.

9. Y hará traer Aarón el macho cabrío sobre el cual cayere la suerte por Jehová, y lo ofrecerá en expiación.

10. Mas el macho cabrío sobre el cual cayere la suerte por Azazel, lo presentará vivo delante de Jehová para hacer la reconciliación sobre él, para enviarlo a Azazel al desierto.

11. Y hará traer Aarón el becerro que era para expiación suya, y hará la reconciliación por sí y por su casa, y degollará en expiación el becerro que es suyo.

12. Después tomará un incensario lleno de brasas de fuego del altar de delante de Jehová, y sus puños llenos del perfume aromático molido, y lo llevará detrás del velo.

13. Y pondrá el perfume sobre el fuego delante de Jehová, y la nube del perfume cubrirá el propiciatorio que está sobre el testimonio, para que no muera.

14. Tomará luego de la sangre del becerro, y la rociará con su dedo hacia el propiciatorio al lado oriental; hacia el propiciatorio esparcirá con su dedo siete veces de aquella sangre.

15. Después degollará el macho cabrío en expiación por el pecado del pueblo, y llevará la sangre detrás del velo adentro, y hará de la sangre como hizo con la sangre del becerro, y la esparcirá sobre el propiciatorio y delante del propiciatorio.

16. Así purificará el santuario, a causa de las impurezas de los hijos de Israel, de sus rebeliones y de todos sus pecados; de la misma manera hará también al tabernáculo de reunión, el cual reside entre ellos en medio de sus impurezas.

Números 29.7 En el diez de este mes séptimo tendréis santa convocación, y afligiréis vuestras almas; ninguna obra haréis;

8. y ofreceréis en holocausto a Jehová en olor grato, un becerro de la vacada, un carnero, y siete corderos de un año; serán sin defecto.

9. Y sus ofrendas, flor de harina amasada con aceite, tres décimas de efa con cada becerro, dos décimas con cada carnero,

10. y con cada uno de los siete corderos, una décima;

11. y un macho cabrío por expiación; además de la ofrenda de las expiaciones por el pecado, y del holocausto continuo y de sus ofrendas y de sus libaciones.

Corría el mes de octubre del año 1973. Una coalición de ejércitos árabes liderados por Egipto y Siria irrumpió sorpresivamente en territorio israelí el 6 de ese mes, justamente el día de la fiesta del *Yom Kippur*. La pretensión árabe era recuperar la península del Sinaí, al sur y los Altos del Golán, al norte, que habían sido capturados por Israel durante la guerra "de los Seis Días", en 1967. Los combates duraron hasta el día 25, en el que el cese del fuego negociado por las Naciones Unidas encontró a Israel, no solo pudiendo retener esos territorios, sino aun ampliando su extensión. Fue llamada "La guerra del Yom Kippur", e hizo muy conocida esa fecha tan especial del calendario religioso de la nación hebrea.

El Yom Kippur es la sexta fiesta, llamado en la Biblia el día de las expiaciones, y comúnmente conocido como "el día del perdón". Es para algunos la fiesta más importante y solemne del año judío, aún más importante que el *Pesach* —la Pascua— y que la de *Sukkot* -la de los Tabernáculos o de las cabañas-. Alguien la llamó "el corazón del Pentateuco".

Su nombre proviene del verbo hebreo *kipper*, expiar, y a su vez proviene del verbo *kafar*, cubrir. Es decir, se trata del acto de propiciar los pecados, cubriéndolos por medio de un sacrificio expiatorio[1].

---

[1] Justamente, el término "propiciatorio" (o expiatorio), que era la tapa que cubría el arca del pacto, en la cual estaban esculpidos los querubines con sus alas, es llamado el *kapporet*. En el Nuevo Testamento corresponde a la palabra "reconciliación", aplicada a la obra de Cristo, el Señor, quien sufrió la muerte como sustituto del pecador,

Era la mayor expresión simbólica de la expiación, el perdón de los pecados. Recibía el distintivo de **Shabat Shabaton**, es decir, el gran día de sábado, o "el sábado de sábados". Los rabinos le llaman simplemente "el Día". Quizá también sea "el ayuno", mencionado en Hechos 27.9, y esto tiene que ver con la expresión "afligiréis vuestras almas" (Lv. 23.27).

Nueve días pasaban entre la fiesta de las trompetas y el día de la expiación. Cinco días después de esta última llegaría la fiesta de los Tabernáculos, en hebreo **Sukkot.**

El día primero del mes **Tishrí**, que corresponde básicamente al mes de octubre en el calendario gregoriano —nuestro calendario— el primer día del nuevo año civil hebreo se inauguraba el tiempo solemne del arrepentimiento, la preparación para el día de la expiación.

Los días previos al **Yom Kippur**, desde el día en que se tocaba el **shofar**, el día de **Rosh HaShannáh**, eran llamados "días terribles" (heb. **yamim nora'im),** "días de arrepentimiento" o "días de asombro", en los cuales afligían sus almas ante Dios, hasta llegar al día de la expiación, entre la tarde del noveno y la tarde del décimo día y en él recibían la bendición del perdón de Dios. Era un día de gran solemnidad, al cual llamaba "la gran trompeta", y se debía seguir un rito con absoluta prolijidad y sin errores.

Tal vez, más que fiesta —debido a su carácter solemne y dedicado a la reflexión y contrición— deberíamos llamarle, como leemos en Levítico 23: *"santa convocación".* Aunque al final de ella y, sabiendo que Dios extendía su perdón al pueblo, este celebraba en términos festivos un día tan especial[2]. Pero antes de celebrarlo, Israel debía reconciliarse con Dios.

---

satisfaciendo la justicia divina, y proveyendo de reconciliación con Dios al que por la fe se acoge de su perdón (Romanos 5.1; 2 Corintios 5. 21; Colosenses 1.20; 1 Pedro2.24).

[2] Es notable que el jubileo, celebrado cada cincuenta años, comenzaba con esta celebración: Levítico 25.9. El jubileo necesitaba comenzar con el día de la expiación, o el perdón, para constituir el año de la "restauración de todas las cosas" (cp. Hch. 3.21; Ro. 11.12).

Aún hoy en día para este pueblo y, aunque la celebración no tiene casi nada que ver con lo que Dios enseña en la Biblia, es la celebración más importante de su calendario, el día 13 de octubre del calendario occidental: el llamado "día del perdón", y es dedicado a la reflexión, al ayuno y la oración.

Cada año, a través de todo el mundo, el pueblo judío celebra esta fiesta. Hombres y mujeres, jóvenes y viejos, religiosos y laicos, todos celebran "el día del perdón", buscando la reconciliación entre ellos y —si son creyentes— la reconciliación con Dios, mediante el perdón de sus pecados. Naturalmente, ellos siguen una tradición, sin conocer que este día apunta a un significado más profundo: el perdón logrado por Cristo en la cruz para todo aquel que en él cree. Y no por el lapso de un año, sino para siempre. Y también la proyección escatológica en el futuro de Israel, que luego veremos.

¿En qué consiste hoy en día la fiesta del Yom Kippur? Obviamente está muy distante del ritual levítico, pues, dado que hoy no hay Templo, ni sacerdotes, ni posibilidad de sacrificios de ganado, los rabíes judíos han sustituido algunas ceremonias y ritos por elementos más sencillos.

La fiesta incluye el arrepentimiento, la reparación de las faltas cometidas, la oración, la caridad y también las comidas festivas. La propiciación (el *kapporot)* se efectúa mediante el sacrificio de un gallo para los varones y de una gallina, para las mujeres. Obviamente esos animales no tienen base en la Ley de Dios, pero, a pesar de ello, el principio del derramamiento de la sangre en expiación por los pecados aún se mantiene.

Una ceremonia previa, celebrada en la tarde del día de año nuevo es el *Tashlikh*, y consiste en un ritual cercano a ríos u otras fuentes de agua, como simbolismo de la limpieza que supone el perdón de sus pecados. Ese término hebreo se encuentra en el versículo 19 de Miqueas capítulo 7, donde se lee: *"Él volverá a tener misericordia de nosotros; sepultará nuestras iniquidades, y echará* (heb. *tashlikh*) *en lo profundo del mar todos nuestros pecados"*.

En tiempos bíblicos era una fiesta distinta a todas las demás, y casi una paradoja, pues no era para estar alegres sino afligidos. La invitación, como una fuerte persuasión es "afligiréis vuestras almas". Tres veces se menciona en los versículos de Levítico 23.26 a 32. Y es tan fuerte ese principio que Dios dice en el v. 29: *"Porque toda persona que no se afligiere en este mismo día, será cortada de su pueblo"*.

En Levítico 16, se dan indicaciones precisas de la ceremonia de este día singular. En él, el sumo sacerdote conducía un rito especial para obtener perdón y purificar el santuario y el pueblo.

Era el único día en el año en el que el sumo sacerdote del culto hebreo entraba en la parte más íntima del Tabernáculo y luego el Templo, llamado el Lugar Santísimo (el **kadosh kadoshim** hebreo, o Santo de los Santos), donde estaba el arca del pacto, de la alianza entre Dios y su pueblo, y donde se manifestaba la presencia de Dios en una nube gloriosa, brillante, la **Shekinah**.

Solo el Sumo Sacerdote

Nadie podía entrar a ese lugar y solo el sumo sacerdote lo podía hacer un día al año: el día de la expiación, el *Yom Kippur*. Tres veces en ese día entraba al *Lugar Santísimo*, detrás del velo. La primera para llevar el incienso aromático encendido con brasas del altar de bronce, el altar de los sacrificios, y perfumar con él el propiciatorio, la cubierta del arca del testimonio, también llamada "el asiento o sitio de la misericordia" (Lv. 16.13); la segunda, con la sangre del becerro, sacrificado por sus propios pecados y por los de su familia, que era rociada siete veces con su dedo hacia el lado oriental del propiciatorio (v. 14); y la tercera para rociar también sobre el propiciatorio y delante de él con la sangre del macho cabrío sacrificado en expiación por el pecado del pueblo (v. 15).

Pero veamos en Levítico 16 cómo era este día, que no solo es una instrucción minuciosa de cómo se había de celebrar esta fiesta tan importante para Israel, sino que, además, presenta la doctrina de la expiación, como dice C. H. Mackintosh, "con una fuerza y una plenitud admirables".

Leemos al comienzo del capítulo: *"Habló Jehová a Moisés después de la muerte de los dos hijos de Aarón, cuando se acercaron delante de Jehová, y murieron"* (Lv. 16.1). Fue una triste historia de un pecado que Dios no podía tolerar, registrada en Levítico 10.1, 2. Los hijos del Sumo Sacerdote Aarón, Nadab y Abiú, aquellos que tenían el oficio más privilegiado que se podía tener en el pueblo de Israel, hicieron algo que no debían: *"ofrecieron delante de Jehová fuego extraño que él nunca les mandó".* El servicio que ofrecieron estaba lejos de la instrucción que Dios les había ordenado. Lo hicieron "a su modo", no "al modo de Dios". La palabra de Dios era suficiente. No necesitaba nada del hombre. Nada más que un espíritu humilde y obediente. No sabemos si lo hicieron pensando que lo que hacían podía ser agradable a los ojos de Dios, o en abierta oposición al mandamiento divino. Un caso similar es el que le ocurrió a Uza cuando tocó el arca que fue llevada, no por sus varas como Dios había mandado, sino en un carro nuevo que David había hecho construir, en total desobediencia al mandato divino (2Sa. 6.3-8).

Dice la Biblia que *"los que viven según la carne no pueden agradar a Dios"* (Ro. 8.8). "La carne, mi carne, nunca es más peligrosa que cuando quiere servir a Dios", decía Horacio Alonso, un eximio expositor bíblico.

C. H. Mackintosh comenta:

"La gracia divina aceptaba lo que era un tipo del precioso sacrificio de Cristo, y se complacía en él; la santidad divina desechaba lo que era fruto de la voluntad corrompida del hombre; voluntad que nunca es más horrorosa y abominable que cuando se inmiscuye en las cosas de Dios"[3].

¿En qué consistía el "fuego extraño" que presentaron Nadab y Abiú? Es posible que fuera por ministrar bajo un estado de ebriedad (Lv. 10.9); o bien, por ofrecer un incienso no hecho conforme al

---

[3] C. H. MACKINTOSH, *Estudios sobre el Libro de Levítico*, Ed. Buenas Nuevas, 1960, pg. 137.

expreso mandato (Éx. 30.32-37); o quizás por un acto de carnalidad, usándolo para satisfacer a los sentidos (Éx. 30.38). Tal vez alteraron la precisa instrucción dada por Dios de que el incienso debía ser encendido con el fuego del altar de bronce. Lo cierto es que hicieron algo "que él nunca les mandó".

Una figura de lo que debe ser el culto verdaderamente santo dedicado a Dios: Hecho en el nombre de Jesucristo, en el poder del Espíritu Santo y para la gloria de Dios. Dice Hebreos 13.15: *"Así que, ofrezcamos siempre a Dios, por medio de él, sacrificio de alabanza, es decir, fruto de labios que confiesan su nombre".*

Cualquier otro culto, por más que sea agradable a los ojos, a los oídos, al sentimiento del corazón del hombre, no es aceptado por Dios. Y si hoy no se escriben más nombres como los de Nadab y Abiú en la historia de la iglesia, es porque la misericordia de Dios es muy abundante y su gracia más grande que nuestro pecado (Ro. 5.20). ¡Cuánta adoración espúrea! ¡Cuánto atractivo para los sentidos! ¡Cuánto *show* para deleite de la carne! ¡Cuánta enseñanza liviana! ¡Cuánto evangelio moderno, en vez de proclamar "la antigua historia de Cristo y de su amor"! ¡Cuánto "fuego extraño"!

C. H. Mackintosh vuelve a decirnos:

"En el culto a Dios no caben ideas o inventos humanos. El Padre es el objetivo, Cristo, el motivo, y el Espíritu Santo, la potencia".

Pero, agrega este gran expositor:

"Se acerca rápidamente el tiempo cuando el fuego extraño se apagará para siempre; cuando el trono de Dios ya no será ultrajado por las nubes de incienso impuro ofrecido por adoradores impuros; cuando todo lo que es falso será abolido y cuando el universo entero no será más que un vasto y magnífico templo, en el cual el único verdadero Dios, Padre, Hijo y Espíritu Santo, será adorado por los siglos de los siglos".

En ese ambiente de tristeza, de *shock* emocional por la muerte repentina de aquellos dos hombres de posición tan elevada, Dios habla a Moisés y le dice: *"Di a tu hermano Aarón que no en todo tiem-po entre en el santuario detrás del velo, delante del propiciatorio que está sobre el arca, para que no muera; porque yo apareceré en la nube sobre el propiciatorio".* La santidad de Dios, su gloria magnífica, aunque velada a causa de la limitación humana, se manifestaba en el Lugar Santísimo. Allí, la *shekinah*, la gloria divina en forma de nube cubría la intimidad del santuario, sobre el propiciatorio donde se haría la expiación por el pecado del pueblo. Una unión de la gloria y la gracia de Dios. La gloria de la nube. La gracia de la expiación mediante la sangre derramada. Gloria y gracia que van muchas veces juntas en la Escritura. Para aquel que confía en él: *"Gracia y gloria dará Jehová; dichoso el hombre que en Él confía"* (Sal. 84.11).

Gloria y gracia que van juntas en la Persona sin igual de Jesucristo: *"Y aquel Verbo se hizo carne, y habitó entre nosotros; y vimos su gloria, glo-ria como del Unigénito del Padre, lleno de gracia y de verdad"* (Jn. 1.14).

Gloria y gracia, que son parte de la salvación que gozamos en el Señor: *"por quien también tenemos entrada por la fe a esta gracia en la cual estamos firmes, y nos gloriamos en la esperanza de la gloria de Dios"* (Ro. 5.2).

Gloria y gracia por las que Dios, a través de Cristo nos hizo acep-tos: *"para alabanza de la gloria de su gracia, con la cual nos hizo aceptos en el Amado"* (Ef. 1.6).

Gloria y gracia, que serán el fin de nuestra carrera: *"Mas el Dios de toda gracia, que nos llamó a su gloria eterna en Jesucristo, después que hayáis padecido un poco de tiempo, él mismo os perfeccione, afirme, forta-lezca y establezca"* (1Pe. 5.10).

La Shekinah

La presencia divina era un impedimento para que el hombre se acer-cara a aquel lugar santísimo donde brillaba en todo su esplendor la gloria de Dios. Pero la gracia del mismo Dios de toda gracia provee el medio para entrar en aquel lugar a fin de hacer la expiación por el pecado. Los sacrificios de animales inocentes, su sangre derramada en lugar del pecador y a favor del pecador era la forma dispuesta por Dios.

Dios dio a Moisés, y este a Aarón precisas instrucciones para la celebración de ese día tan esperado: el día del perdón. Este es un breve resumen de los actos de ese día, de acuerdo a Levítico 16:

Aarón, que actuaba solo ese día, sin la presencia de los demás sacerdotes, debía ofrecer un becerro para expiación y un carnero para holocausto (v. 3). El pecado de Israel no solo era una ofensa hacia Dios y su santidad. Afectaba también el santuario. Así que la sangre rociada santificaba el Lugar Santísimo y también el altar de oro, el altar del incienso, en el Lugar Santo, y el altar de bronce (Éx. 29.36; 30.10; Lv. 16.18-20).

Aarón también debía lavarse totalmente, más de lo que se requería normalmente al oficiar en el santuario. Debía bañarse. Luego debía vestirse con vestiduras especiales de lino, limpias y santas para oficiar ese día (v. 4). No era una demostración de gloria humana, sino mostraba simbólicamente la gloria del carácter divino, puro, perfecto, expresado en las santas vestiduras. Pero eran vestiduras sencillas pues, si iba a ofrecer sacrificio por sus propios pecados, debía ceñirse con vestidos de humillación.

Ahora Aarón podía seguir con la ceremonia de la expiación. Hacía traer los dos cabritos. Uno para ser sacrificado y otro para ser enviado al desierto por mano de un hombre destinado para esa tarea (v. 20-22). Eran dos animales, pero constituían las dos partes de un solo sacrificio. Uno, para ser sacrificado. El otro para dejarlo en libertad. Ese era el clímax del drama de la expiación. El ver desaparecer el cabrito "cargado con los pecados del pueblo" e internarse en la tierra inhabitada embargaría de emoción sus almas. Perdonados, limpios, aceptos ante Dios.

Finalmente Aarón se quitaba las vestiduras de lino, se lavaba en la fuente de agua del santuario, vestía sus ropas de honor y hacía el holocausto y la expiación por sí y por el pueblo (v. 2328). Preciosa figura de Cristo, quien, después de haber dejado su vestido de gloria y haberse humillado a sí mismo para hacer la obra de la expiación, después de resucitado, volvió a ceñirse las vestiduras de gloria y hermosura, exaltado por Dios para sentarse a su diestra (Hch. 2.33; Fil. 2.7-9).

Sería conmovedor ver a Aarón entrar al tabernáculo llevando la sangre del sacrificio expiatorio. La expectación de saber que estaba dentro del santuario, esperando que Dios aceptara el sacrificio y perdonara los pecados. Oír las campanillas que adornaban los bordes de sus vestidos y saber que estaba delante de Dios intercediendo por el pueblo. Sería fascinante verle salir gozoso, sabiendo que Dios había recibido la ofrenda y que su misericordia se extendía sobre el pueblo una vez más. Un año más, la sangre cubría el pecado y los pecadores. Un año más, el perdón de Dios traía paz al alma de aquellos que esperaban en su gracia.

Lo que ocurría anualmente en Israel era una sombra de lo que es la realidad de la obra de Cristo. Ilustra el gran principio de que Dios acepta al pecador sobre la base de la sangre expiatoria. Esa sangre inocente derramada la vemos en los animales muertos para cubrir con sus pieles la desnudez de nuestros primeros padres (Gn. 3.21); en la Pascua (Éx. 12); en la profecía de Isaías 52.13-53.12) y finalmente, perfectamente y con consecuencias eternas, en la cruz de Cristo (Hb. 9.11-14).

Dice Hebreos 10.1-4: *"Porque la ley, teniendo la sombra de los bienes venideros, no la imagen misma de las cosas, nunca puede, por los mismos sacrificios que se ofrecen continuamente cada año, hacer perfectos a los que se acercan. De otra manera cesarían de ofrecerse, pues los que tributan este culto, limpios una vez, no tendrían ya más conciencia de pecado. Pero en estos sacrificios cada año se hace memoria de los pecados; porque la sangre de los toros y de los machos cabríos no puede quitar los pecados".*

Nuevamente C. H. Mackintosh comenta:

"Un hombre imperfecto no podía ser un sacerdote perfecto, y un sacrificio imperfecto no podía hacer perfecta ninguna conciencia".

Dice A. Edersheim:

"Las disposiciones levíticas para quitar el pecado llevan en su misma frente, por así decirlo, esta inscripción: "Nada perfeccionó la ley" —

no teniendo ni una mediación perfecta en el sacerdocio, ni tampoco una "expiación" perfecta en los sacrificios, ni tampoco un perfecto perdón como resultado de ambas cosas"[4].

Ese sacrificio era anual y, por lo tanto, de naturaleza temporal. Sería necesario un sacrificio permanente, perfecto, irrepetible. Pasados los siglos y *"venido el cumplimiento del tiempo"*, *"estando ya presente Cristo, sumo sacerdote de los bienes venideros, por el más amplio y más perfecto tabernáculo, no hecho de manos, es decir, no de esta creación, y no por sangre de machos cabríos ni de becerros, sino por su propia sangre, entró una vez para siempre en el Lugar Santísimo, habiendo obtenido eterna redención"* (Heb. 9.11, 12).

Diferencias entre tipo y realidad

Las diferencias entre el tipo, la figura y la realidad son grandiosas. Algunas de ellas:

- Aarón ofició en el tabernáculo terrenal. Cristo en el celestial (Hb. 9.1-12; 23-28).
- Aarón era el sumo sacerdote, pero Cristo, el "gran sumo sacerdote" (Hb. 4.14).
- El sacerdocio de Aarón era temporal. El de Cristo es permanente (Hb. 7.23-25).
- Aarón necesitaba ofrecer sacrificios por sí mismo. Cristo no lo necesitó, pues era sin pecado (Hb. 9.7; 7.26, 27).
- Aarón ofreció sangre de animales inocentes. Cristo ofreció su propia sangre (Hb. 9.12, 25,26).
- El resultado de la expiación que oficiaba Aarón era para purificación de la carne. El de la obra perfecta de Cristo, "hizo perfectos para siempre a los santificados" y "para limpiar nuestras conciencias de obras muertas" (Hb. 10.14; 9.13, 14).

---

[4] A. Edersheim, *op. cit.*, pg. 323.

- El oficio de Aarón era repetido anualmente. El de Cristo es perfecto, hecho una vez y para siempre. Él se sentó, "habiendo obtenido eterna redención"
- (Heb. 9.12; 1.3; 8.1; 10.12; 12.2).

Cristo es el perfecto antitipo del Sumo Sacerdote de la orden aarónica. Aarón y luego su linaje entraban dentro del velo, en el Lugar Santísimo cada año con sangre ajena, pero Cristo entró en el santuario celestial en el pasado, por el sacrificio de sí mismo, "para quitar de en medio el pecado" (Hb. 9.26); en el presente, "para presentarse ahora por nosotros ante Dios" (v. 24) y en el futuro, "aparecerá por segunda vez para salvar a los que le esperan" (v. 27).

Es cierto que el pecado que mora en nuestros miembros muchas veces nos separa de la perfecta comunión con Dios. Pero la sangre de Cristo, la obra del Calvario es suficiente para limpiar nuestro pecado y perdonarnos de toda maldad (1Jn. 1.7-9). El es la propiciación por nuestros pecados (1Jn. 2.1).

Lo más impactante del ritual del día de la expiación era la ceremonia en la que el sumo sacerdote presentaba delante de Jehová los dos cabritos (o machos cabríos) como ofrenda especial (v. 7). Luego, se echaban suertes para escoger a uno de los cabritos y sacrificarlo y otro para ser enviado al desierto. El primero era el *"de Jehová"*, o *"la suerte del Señor"* (Adonai)", y el segundo, que no se sacrificaba, era el de *"la suerte de Azazel"* (v. 8).

¿Por qué machos cabríos y no corderos? El macho cabrío siempre está relacionado con la expiación, es decir, con el sacrificio por los pecados (Lv. 4.23, 24; 16.15, 27; Nm. 28.15, etc.). Nunca es usado para holocausto, como sí eran usados los corderos, los carneros o los becerros. Los machos cabríos, siempre para hacer expiación. Horacio Alonso dice al respecto[5]:

---

[5] HORACIO A. ALONSO, *Jesucristo, Sumo Sacerdote*, Hebrón, 1990.

"¿Por qué se elegían machos cabríos? Hay algunas suposiciones: a) Se supone que era por su olor desagradable, porque en ese caso eran un símbolo de lo ofensivo que el pecado es para Dios; b) Otra suposición es que estos animales se ofrecían en la expiación debido a que son irascibles, indomables; otra manera de ilustrar lo terrible del pecado, la fuerza del pecado; c) El macho cabrío es además figura de la naturaleza caída, indómita, incontrolable del hombre, que no obedece a Dios ni se sujeta a Él. Por esa razón el Señor ilustra así a los réprobos, en oposición a las ovejas, los creyentes (Mt. 25.33, 41)".

¿*Qué es* Azazel?

No está claro el significado de este término. Algunos interpretan ese nombre como una mención a Satanás, pero no creemos que sea el significado verdadero. Lo más probable es que sea una palabra compuesta por dos: *as*, que en hebreo significa "cabra", y *azel*, que significa "llevar", "quitar", "sacar", "exiliar", "echar a un lado", "poner a un lado", "remover algo completamente".

Todos nosotros nos referimos muchas veces a esta convocación, sin darnos cuenta, en nuestro lenguaje coloquial, vulgar, cuando decimos que alguien es el "chivo expiatorio". ¿Qué queremos decir? Que alguna persona está pagando las consecuencias de algo que no hizo; una pena o castigo por alguna falta que no cometió. Es alguien que "lleva las culpas de otro"[6].

Algunos ven en este doble aspecto, una figura de la muerte y la resurrección del Señor Jesús. Dos acontecimientos, aparte del que estudiamos parecen sustentar este criterio: La experiencia de Isaac, sobre el monte Moriah, en Génesis 22, en la cual, un carnero ocupó su lugar sobre el altar del sacrificio, dejando con vida al hijo unigénito de Abraham, y en Levítico 14.1-9, donde encontramos

---

[6] La versión inglesa más usada, la *King James Version*, equivalente a nuestra Reina-Valera, utiliza este término ("scape-goat") tres veces en Levítico 16. En el libro "El Templo, su ministerio y servicios en tiempo de Cristo" de A. Edersheim, se traduce como "el macho cabrío de escape".

la descripción del ceremonial que se realizaba para los leprosos que eran sanados, muy parecido al rito del día de la expiación. En aquel se traían dos avecillas. Una era sacrificada, y la otra, tocada con la sangre de la avecilla muerta, era dejada en libertad y volaba viva al campo, simbolizando libertad de la culpa y la condenación a causa de la lepra. Así pues, el macho cabrío de la suerte de Azazel podría significar "aquel que lleva la culpa, dejando libres de ella y su condenación al pueblo" (Ro. 8.33, 34; Hb. 9.26). Romanos 4.25 interpreta este doble aspecto del tipo de la expiación de Cristo, diciendo *"el cual fue entregado por nuestras transgresiones, y resucitado para nuestra justificación"*. Dice Hugh K. Downie de este versículo:

"Toma ambas, la muerte y la resurrección de Cristo supliendo las demandas de Dios y las necesidades del pecador. En el macho cabrío sacrificado, tenemos el poder expiatorio de la sangre; en el macho cabrío enviado lejos podemos ver nuestros pecados alejados para siempre"[7][8].

"El sumo sacerdote, dentro del Lugar Santísimo estaba cara a cara con Dios.

Algunos exégetas dicen que *Azazel* proviene del verbo hebreo *azal*, que significa partir, quitar, alejar. Otros consideran que se puede interpretar como "el que es soltado", "el que se va", "lo que se separa de Dios".

Según la Biblia de Estudio de la editorial Mundo Hispano, *Azazel* significa "despeñadero", e indica el lugar a donde era llevado el macho cabrío para ser despeñado al precipicio. Pero esto choca con la idea de que el animal debería quedar vivo, "llevando a cuestas los pecados del pueblo", y tomando la figura del Salvador que lleva los pecados y el juicio de Dios, y que, aunque muerto, resucita para que su obra sea plenamente aplicada a la necesidad del hombre (1Pe. 2. 24; 3. 18; Is. 53.10).

---

[7] Hugh K. Downie, *op. cit.*, pg. 126.
[8] Por esta razón a esta celebración también se le llama "Cara a cara".

El inocente llevando las culpas

Otro aspecto típico del día de la expiación, es que antes de enviar el cabrito al desierto, el sumo sacerdote imponía sus manos sobre la cabeza del cabrito, y, poniéndolo frente a la gente confesaba las iniquidades, transgresiones y pecados del pueblo de Israel, de alguna manera, como transfiriéndolos sobre la cabeza del animal, es decir, como haciendo a ese animalito inocente responsable por las culpas del pueblo. Así dice la Biblia en Levítico 16.20-22: *"Hará traer el macho cabrío vivo; y pondrá Aarón* —el sumo-sacerdote— *sus dos manos sobre la cabeza del macho cabrío vivo, y confesará sobre él todas las iniquidades de los hijos de Israel, todas sus rebeliones y todos sus pecados, poniéndolos así sobre la cabeza del macho cabrío, y lo enviará al desierto por mano de un hombre destinado para esto. Y aquel macho cabrío llevará sobre sí todas las iniquidades de ellos a tierra inhabitada* —al olvido—; *y dejará ir el macho cabrío por el desierto".*

Ese acto de imponer las manos sobre la cabeza del animal no era solo apoyarlas. Era hacerlo con fuerza, con lo que implicaba un sentimiento de confianza en el acto. Era como decirle al animalito inocente: mi pecado es tu pecado, mi condenación es la tuya.

El pueblo estaba fuera viendo al sacerdote primeramente entrar al Lugar Santísimo para efectuar la expiación de los pecados sobre el propiciatorio, la cubierta del arca del pacto, y se postraban en reverencia con un sentir de arrepentimiento, y sabían que por haber cumplido esta ceremonia, al verle salir del interior del santuario, sus pecados quedaban perdonados. Pero luego veían al sacerdote tomar al otro cabrito vivo y, acompañado por una persona ya designada para esa tarea, llevarlo al desierto, a un lugar inhabitado[9], llevando sobre sí, simbólicamente, la carga de sus pecados.

---

[9] La tradición rabínica indica que el macho cabrío de la suerte de Azazel, era llevado a la tierra inhabitada, al desierto rocoso e inhóspito (como el lugar donde estuvo Jesús en su tentación) a través de la puerta de oro, también llamada la puerta oriental, que se conecta, atravesando el valle de Cedrón, al Monte de los Olivos. Por allí también salió Cristo la noche de la entrega, después de participar de la Pascua e inaugurar la Cena de recordación (Jn. 18.1).

Esta ceremonia, la más misteriosa y significativa de todas, les hacía sentir sus conciencias libres del sentimiento de culpa que producen los pecados personales. Pero, además, creaba en el pueblo un sentido impresionante de la Presencia de Dios, quien otorgaba su perdón, purificándolos de todo pecado, y permitiéndoles comenzar un año nuevo limpios y renovados delante de Él.

El sentimiento de transformación era tan profundo que, después del ritual, el ambiente solemne se transformaba en una verdadera celebración.

Qué enseñanza nos deja esta festividad

La necesidad del perdón. Los días previos al día de la expiación y ese mismo día, eran un tiempo de aflicción, de contrición, de sentir profunda pena por el estado espiritual de cada uno de ellos ante Dios.

No es normal que esto suceda con las personas. El hombre, especialmente en esta cultura postmoderna vive desprejuiciado, solo preocupado por lo temporal, por las cosas pasajeras de la vida, sin pensar en la eternidad, sin pensar en Dios, sin pensar en su estado espiritual. El lema de hoy en día parece ser: si te hace feliz, hazlo. Si te hace feliz, obtenlo. No importa cómo lo hagas. No hay tiempo para la reflexión. No hay tiempo para pensar profundamente, y menos para sentirse afligidos por errores cometidos. Generalmente oímos a los delincuentes, y a otros que, sin serlo, han incurrido en alguna falta, en algún acto reprochable, decir: "No tengo de qué arrepentirme". Es algo propio de la naturaleza caída del hombre.

Si no hay un profundo dolor por el pecado cometido, por haber faltado a Dios, no habrá arrepentimiento, y tampoco se alcanzará el perdón. Cuando el pródigo volvió a la casa del padre, dice la Biblia que *"volviendo en sí, dijo... estoy pereciendo... iré a mi padre y le diré: Padre, he pecado...".* Para confesar el pecado, primeramente se debe sentir que se ha cometido pecado, se debe experimentar eso mismo: volver en sí. Cuando en el día de Pentecostés se convirtió aquella gran multitud, como nos dice Hechos cap. 2, leemos que al oír el mensaje del evangelio, se *compungieron de corazón*, y dijeron: ¿qué haremos? Sintieron un profundo dolor por haber pecado contra Dios. Una herida punzante en el alma.

Pero la necesidad de perdón es muy clara para los que ya somos del Señor. Hemos sido perdonados, pero a causa de nuestra naturaleza caída, que tiende al pecado, necesitamos ser perdonados de continuo. Y esto implica que sintamos dolor y profunda y sincera tristeza por nuestros pecados que siempre son una ofensa a la santidad de Dios. Si no hay tristeza por el pecado cometido, jamás iremos al Señor arrepentidos, confesando nuestro pecado y buscando su perdón. Pablo escribe a los corintios y les dice en su 2ª. Epístola 7.9: *"Ahora me gozo, no porque hayáis sido meramente entristecidos, sino porque habéis sido entristecidos para conduciros al arrepentimiento; porque habéis sido entristecidos para con Dios... porque la tristeza que es para con Dios produce arrepentimiento para salvación, de lo cual no hay que arrepentirse...".*

¿Cómo se llega a sentir esa tristeza? Es obra del Espíritu Santo a través de la Palabra de Dios. Recordamos la experiencia de Israel en tiempos de Nehemías, según su libro, capítulo 8: Se juntó todo el pueblo a oír el libro de Dios. Esdras lo leía. Y ellos estaban atentos a la lectura del gran escriba. Y dicen los vs. 8 y 9: *"Y leían en el libro de la ley de Dios claramente, y ponían el sentido, de modo que entendiesen la lectura... y todo el pueblo lloraba oyendo las palabras de la ley".* Cuando abrimos la Biblia, y ponemos el sentido en lo que leemos, es decir, la leemos con atención, interpretándola correctamente y deseando que Dios nos hable, muchas veces nuestro corazón siente profundo dolor, porque Él está hablándonos y nosotros estamos lejos de Él. Muchas veces su voz nos encuentra muy distantes de Su presencia. Oímos como Adán la pregunta: *¿Dónde estás tú?* Y entonces, lloramos. Sentimos aflicción y necesitamos el bálsamo del perdón del Señor que alivie nuestro corazón quebrantado.

Nos pasa como a David, cuando, después de haber cometido aquel gran pecado de adulterio, engaño y homicidio, y reprendido por el dedo acusador del profeta Natán, escribe en el Salmo 51 la confesión de su pecado a Dios con profundo dolor de su alma y clama por perdón en términos muy sentidos: *"Ten piedad de mí, oh Dios, conforme a tu misericordia; conforme a la multitud de tus piedades, borra mis rebeliones; lávame más y más de mi maldad y límpiame de mi pecado"*.

Así que, la exhortación divina al pueblo en Levítico 23.27 *"afligiréis vuestras almas..."*, era, no un imperativo meramente ritual, era una necesidad, un ejercicio espiritual necesario.

Me pregunto y te pregunto: ¿Hace mucho que no lloramos en la Presencia de Dios? ¿Hace mucho que no abrimos el corazón y le confesamos nuestros pecados? ¿Hace mucho que no sentimos que nuestra alma se derrite ante Su Palabra hablándonos con poder?

Tal vez nos haga falta volver a Dios. Nos hace falta estar con el Señor, humildes, como aquella mujer que se sentó a sus pies, y en silencio, lloraba, en acentos de sincero y profundo arrepentimiento y que el Señor nos diga como a ella: *"Tus muchos pecados te son perdonados"*.

El costo del perdón

La fiesta era llamada "el día de la expiación". ¿Qué es *expiación?* El término —dijimos— significa literalmente "cubrir" (en hebreo *kippur* o *kafar)*. Es una palabra que no aparece en el Nuevo Testamento, pero sí está su significado. La única vez que aparece como verbo (gr. *hiláskeszai)* traducida como *"expiar"* en la versión RV60 y otras, es en Hebreos 2.17:

"Por lo cual debía ser en todo semejante a sus hermanos, para venir a ser misericordioso y fiel sumo sacerdote en lo que a Dios se refiere, para expiar los pecados del pueblo".

Otras versiones la traducen como "perdonar" y "propiciar, o hacer propiciación". Esta tarea, propia de los sumos sacerdotes del Antiguo Testamento, significaba satisfacer la justicia y apartar la ira de Dios mediante la presentación de un sacrificio.

Es la misma palabra que se usa en Génesis 6 cuando Dios le dio instrucciones a Noé para hacer el arca. Allí le dijo: *"Hazte un arca de madera resinosa; hazle compartimientos y la calafatearás* —o cubrirás— *con brea por dentro y por fuera"*. La palabra *calafatear o cubrir* es el mismo término que se usa para expiación. Esto quiere decir que, como resultado del sacrificio del día de la expiación, los pecados de aquellos que vivían bajo el sistema levítico, en el Antiguo Testamento, estaban cubiertos por un tiempo. Cubiertos, aunque no quitados, en el sentido absoluto de la palabra. Tal vez, más que los pecados, el que quedaba cubierto era el pecador. Pero, otra vez, temporalmente. Hasta el próximo día de la expiación. Nos recuerda la tarea de Cristo, el gran Sumo Sacerdote, quien realizó sobre la cruz la tarea de la expiación del pecado del mundo. Cristo fue, a la vez, propiciatorio y propiciación, o propiciador, el que hizo la propiciación (Ro. 3.25; 1Jn. 2.2; 4.10). Pero su sacrificio expiatorio fue perfecto y una vez y para siempre quita el pecado de aquellos que en él confían.

Ahora, el perdón tiene un costo. Cuando uno tiene una deuda, por ejemplo con un banco, no está esperando que el gerente del banco le palmee la espalda y le diga: "Vaya tranquilo, si no puede pagar, no pague". Debe pagar hasta el último céntimo, a menos que alguien generosamente se haga cargo de la deuda. La ley divina también es inmutable: *El alma que pecare, esa alma morirá*, dictamina la sentencia de parte de Dios (Ez. 18.4). Así que, o moría el pecador, o alguno debía ocupar su lugar.

Cuando era derramada la sangre de los animales inocentes, ocupando el lugar del pecador, esa sangre espiritualmente cubría los pecados del pecador, de modo que Dios podía verle a través de la sangre y le extendía su perdón. Pero el pecado no era quitado. Era cubierto. Y cada año se repetía el ritual de la expiación.

En Hebreos, el mejor comentario sobre Levítico 16, en su capítulos 9 y 10 explica por qué ese rito de expiación no podía quitar el pecado: *"Pero en estos sacrificios cada año se hace memoria de los pecados; porque la sangre de los toros y de los machos cabríos no puede quitar los pecados"* (10.3, 4). Así que fue necesario un nuevo régimen de parte de Dios, de otro modo, aún se estarían celebrando estos rituales. ¿Cómo lo hizo Dios? Con el sacrificio de Su Hijo. Dice este mismo párrafo de la carta a los Hebreos, versículos 5-10: *"Por lo cual entrando en el mundo dice: Sacrificio y ofrenda no quisiste; mas me preparaste cuerpo. Holocaustos y expiaciones por el pecado no te agradaron. Entonces dije: He aquí que vengo, oh Dios, para hacer tu voluntad, como en el rollo del libro está escrito de mí...quita lo primero, para establecer esto último. En esa voluntad somos santificados mediante la ofrenda del cuerpo de Jesucristo hecha una vez para siempre".*

¿Cuál es la diferencia entre el sacrificio de Cristo y el de los animales en la antigüedad? El sacrificio de los animales era imperfecto. El de Jesucristo fue perfecto. El sacrificio de los animales era requerido permanentemente. El de Jesucristo fue hecho una vez y para siempre. El sacrificio de los animales solo *cubría* el pecado. El de Jesucristo *quita* el pecado. Sí. Juan el Bautista dijo: *"He aquí el Cordero de Dios que quita el pecado del mundo"* (Jn. 1.29). Un teólogo dijo:

"La palabra "quita" (gr. *airo)*, encierra un triple sentido: quita de encima el peso, la culpabilidad del pecado (no solo de los pecados), el fallo de la humanidad respecto a su destino eterno, y lo hace continuamente; lo retira, lo echa lejos, a lo profundo, perdonándolo y olvidándolo; lo carga sobre sí (Is. 53.5-7). El modo de Dios de abolir el pecado fue "hacer pecado" a Su Hijo (2Co. 5.21)".

Juan, el apóstol dice: *"La sangre de Jesucristo nos limpia de todo pecado"* (1Jn. 1.7).

Así que el perdón de Dios ahora es completo y perfecto. Una cosa es "cubrir" y otra "quitar". Nuestro pecado fue en Cristo quitado y limpiado para siempre. Hebreos 9.24-26 lo afirma claramente: *"Porque no entró Cristo en el santuario hecho de mano, figura del verdadero, sino en el cielo mismo para presentarse ahora por nosotros ante Dios; y no para ofrecerse muchas veces, como entra el sumo sacerdote en el Lugar Santísimo cada año, con sangre ajena. De otra manera le hubiera sido necesario padecer muchas veces desde el principio del mundo; pero ahora, en la consumación de los siglos, se presentó una vez para siempre por el sacrificio de sí mismo, para quitar de en medio el pecado"*[25]

Así que el rito del día de la expiación era muy significativo: un cabrito era sacrificado. El otro era cargado con los pecados y llevado a un lugar desierto. Aquella acción de poner las manos en la cabeza del cabrito, era como si le hiciera responsable de los pecados del pueblo. Pero esos animalitos inocentes ¿habían hecho algo, mentido, cometido alguna inmoralidad, matado a alguien, estafado, etc.? Obviamente no. Pero recibían la responsabilidad de la culpa y por ello uno moría y el otro era desterrado. Cada uno de ellos era verdaderamente "un chivo expiatorio". Pero ambos presentan dos figuras preciosas de lo que es el perdón: absolución y remisión. Quitar la culpa y alejar el pecado. El perdón de Dios en Cristo nos absuelve, nos exime de culpa. Cada uno de nosotros puede decir: Jesús la llevó. El murió por mí, lo quitó, lo llevó lejos. Ya no tengo más culpa por mi pecado.

Cantamos:

"Gracias por la cruz, oh Dios,
El precio que pagaste por mí;
Llevando mi pecado allí,
¡Sublime amor! tu gracia me salvó.
Gracias por la cruz, oh Dios,
Tus manos clavadas por mí;
Me has lavado, oh, Señor,
Conozco hoy tu abrazo y tu perdón.

En Isaías 53.4-7, leemos en acentos de profecía: *"Ciertamente llevó él nuestras enfermedades y sufrió nuestros dolores; y nosotros le tuvimos por azotado, por herido de Dios y abatido. Mas él herido fue por nuestras rebeliones, molido por nuestros pecados; el castigo de nuestra paz fue sobre él, y por su llaga fuimos curados. Todos nosotros nos descarriamos como ovejas, cada cual se apartó por su camino; mas Jehová cargó en él el pecado de todos nosotros. Angustiado él y afligido, no* [10] *abrió*

---

[10] La expresión "quitar de en medio", se puede traducir como "cancelar, remover, abolir, anular". Quitar el valor o el poder de todo aquello que se opone a la voluntad de Dios.

su boca; como cordero fue llevado al matadero y como oveja delante de sus trasquiladores, enmudeció y no abrió su boca ".

Llevar y cargar

Los verbos "llevar" y "cargar" explican la suerte de los dos machos cabríos. Uno cargaba con los pecados y era sacrificado. El otro llevaba los pecados del pueblo a tierra del olvido. Dios cargó en Jesucristo nuestro pecado en la cruz. También él los llevó en soledad al olvido.

El verbo *perdonar* significa enviar afuera, despedir, remitir. En el caso de remitir deudas, significa que son totalmente canceladas (Mt. 6.12; 18.27, 32). En el caso específico de pecados, significa que ellos son absolutamente "pasados por alto", alejados de la mente de Dios (Ro. 3.25), lo cual implica también la eliminación total de la causa del delito y la remisión del castigo, liberando al pecador de la pena impuesta por Dios.

Hay expresiones muy vívidas en la Biblia de lo que Dios hace con mis pecados. Por ejemplo, Salmo 103.12: *"Cuanto está lejos el oriente del occidente hizo alejar de nosotros nuestras rebeliones".* Isaías 38.17: *"Amargura grande me sobrevino en la paz, mas a ti agradó librar mi vida del hoyo de corrupción; porque echaste tras tus espaldas todos mis pecados".* Miqueas 7.18-29: *"*¿Qué Dios como tú, que perdona la maldad y olvida el pecado del remanente de su heredad? No retuvo para siempre su enojo, porque se deleita en misericordia. Él volverá a tener misericordia de nosotros; sepultará nuestras iniquidades, y echará en lo profundo del mar todos nuestros pecados".* Hebreos 8.12: *"Nunca más me acordaré de sus pecados y de sus rebeliones".*

Mi salvación tuvo un costo incalculable. El hecho de que la salvación sea *"sin dinero y sin precio"* (Is. 55.1), no implica que sea "sin costo". ¿Cuál fue el costo de mi perdón? La muerte de Cristo en la

---

Cp. 1Jn. 3.5; Hb. 7.18.

cruz. El inocente Cordero de Dios murió por mis pecados y los llevó a tierra inhabitada. Nunca más se acordará de ellos. ¡Aleluya! Una antigua canción dice:

Jamás, jamás mis pecados contará;
Perdonados por siempre, y ante mi mente
Nunca más los ha de mencionar.
Jamás oiré de los días de maldad;
Cristo me ha redimido,
y ha dado al olvido mi pecar.

Es muy precioso leer en Levítico 16.21 tres veces la palabra todo. "Todas las iniquidades", "todas sus rebeliones", "todos sus pecados". ¡Todos! ¡Todos! "La sangre de Jesucristo, su Hijo, nos limpia de todo pecado". ¿Cabe alguna duda?

¿No me moverá a gratitud un perdón tan absoluto, perfecto y eterno?

El resultado del perdón. La fiesta en Israel terminaba con expresiones de alegría. Sentían que Dios les había perdonado una vez más. Y se alegraban en Él.

¿No nos llena de gozosa gratitud también saber que el Señor llevó nuestros pecados "en su cuerpo sobre el madero, para que nosotros estando muertos al pecado, vivamos a la justicia"? (1Pe. 2.24).

¿Qué produce el perdón de Dios en nuestra vida? Produce paz. Produce gozo. Produce libertad. La paz del perdón. El gozo del perdón. La libertad del perdón. Produce amistad con Aquel con el cual, como expresa Pablo a los Colosenses en 1.21, 22: *"a vosotros también, que erais en otro tiempo extraños y enemigos en vuestra mente, haciendo malas obras, ahora os ha reconciliado en su cuerpo de carne, por medio de la muerte, para presentaros santos y sin mancha e irreprensibles delante de él".*

Qué descanso para el alma es saber que aunque en la antigüedad se debían ofrecer muchas veces los mismos sacrificios que nunca podían quitar los pecados, Cristo *"habiendo ofrecido una vez para siempre un solo sacrificio por los pecados, se ha sentado a la diestra de Dios, de ahí en adelante esperando hasta que sus enemigos sean puestos por estrado de sus pies; porque con una sola ofrenda hizo perfectos para siempre a los santificados"* (Heb. 10.12-13).

El Día de la Expiación en el futuro de Israel

Esta fiesta encierra también una proyección escatológica. El día de las propiciaciones, o de la expiación, habla de aquel día futuro en el cual Israel, el pueblo terrenal de Dios, llorará sus pecados, su indiferencia, su incredulidad, y con arrepentimiento aceptarán a Jesús como su Mesías.

Dios llamará a su pueblo con sonar de trompeta. Dice Joel 2.15: *"Tocad trompeta en Sion, proclamad ayuno, convocad asamblea. Reunid al pueblo, santificad la reunión... entre la entrada y el altar lloren los sacerdotes ministros de Jehová, y digan: Perdona, oh Jehová, a tu pueblo, y no entregues al oprobio tu heredad"*. El llamado es para afligirse, para arrepentirse, para pedir perdón. Es la trompeta del *Yom Kippur*.

¿Cuál será la respuesta? Leemos en Zacarías 12.10-14: *"Y derramaré sobre la casa de David, y sobre los moradores de Jerusalén espíritu de gracia y de oración; y mirarán a mí, a quien traspasaron, y llorarán como se llora por hijo unigénito, afligiéndose por él, como quien se aflige por el primogénito. En aquel día habrá gran llanto en Jerusalén..."*. Indudablemente el "gran día de la expiación" fue el día en el que Cristo fue crucificado. Pero para el pueblo de Israel, aún queda otro día en el futuro. El día en el cual llorarán su incredulidad, lamentarán haber quitado de en medio a Aquel que, por amor, vino a rescatarles a precio de su sangre. Será un día tremendo de reencuentro. Buscarán al Señor, doblarán su rodilla ante Su presencia. Se arrepentirán profundamente de haberle negado, de haber dicho, como dijeron en su desvarío: *"Su sangre sea sobre nosotros y sobre nuestros hijos"* (Mt. 27.25). Y como respuesta, recibirán el perdón de Jesús, a quien reconocerán como su Mesías y su Dios. Leemos en Apocalipsis 1.7: *"He aquí que viene con las nubes, y todo ojo le verá, y los que le traspasaron; y todos los linajes de la tierra harán lamentación por él. Sí, amén".*

Es conmovedor recordar aquel encuentro cuando José se manifestó a sus hermanos, después de años de haber sido despreciado y vendido por ellos. Así, un día, aquellos que le rechazaron doblarán delante de él sus rodillas y le confesarán como su Rey y Señor. ¡Qué encuentro será aquel cuando le reconozcan como su Mesías para siempre!

Ese día llegará después de sufrir los horrores de la gran tribulación. En ese día se cumplirá lo dicho por el mismo Señor, cuando en su lamento sobre la ciudad de Jerusalén dijo: *"Porque os digo que desde ahora no me veréis hasta que digáis: Bendito el que viene en el nombre del Señor"* (Mt. 23. 39). La gran trompeta de Dios (el **Shofar HaGadol)** sonará y congregará al pueblo terrenal de Dios, y en respuesta a ella, vendrán y le adorarán en Jerusalén (Is. 27.13; Mt. 24.31).

Será un nuevo y definitivo *Yom Kippur.*

CAPÍTULO 10

LOS TABERNÁCULOS

Fiesta de gozosa esperanza

Levítico 23.33 Y habló Jehová a Moisés, diciendo:

34. Habla a los hijos de Israel y diles: A los quince días de este mes séptimo será la fiesta solemne de los tabernáculos a Jehová por siete días.

35. El primer día habrá santa convocación; ningún trabajo de siervos haréis.

36. Siete días ofreceréis ofrenda encendida a Jehová; el octavo día tendréis santa convocación, y ofreceréis ofrenda encendida a Jehová; es fiesta, ningún trabajo de siervos haréis.

37. Estas son las fiestas solemnes de Jehová, a las que convocaréis santas reuniones, para ofrecer ofrenda encendida a Jehová, holocausto y ofrenda, sacrificio y libaciones, cada cosa en su tiempo,

38. además de los días de reposo de Jehová, de vuestros dones, de todos vuestros votos, y de todas vuestras ofrendas voluntarias que acostumbráis dar a Jehová.

39. *Pero a los quince días del mes séptimo, cuando hayáis recogido el fruto de la tierra, haréis fiesta a Jehová por siete días; el primer día será de reposo, y el octavo día será también día de reposo.*

40. *Y tomaréis el primer día ramas con fruto de árbol hermoso, ramas de palmeras, ramas de árboles frondosos, y sauces de los arroyos, y os regocijaréis delante de Jehová vuestro Dios por siete días.*

41. *Y le haréis fiesta a Jehová por siete días cada año; será estatuto perpetuo por vuestras generaciones; en el mes séptimo la haréis.*

42. *En tabernáculos habitaréis siete días; todo natural de Israel habitará en tabernáculos,*

43. *para que sepan vuestros descendientes que en tabernáculos hice yo habitar a los hijos de Israel cuando los saqué de la tierra de Egipto. Yo Jehová vuestro Dios.*

44. *Así habló Moisés a los hijos de Israel sobre las fiestas solemnes de Jehová.*

Números 29.12 También a los quince días del mes séptimo tendréis santa convocación; ninguna obra de siervos haréis, y celebraréis fiesta solemne a Jehová por siete días.

Deuteronomio 16.13 La fiesta solemne de los tabernáculos harás por siete días, cuando hayas hecho la cosecha de tu era y de tu lagar.

14. *Y te alegrarás en tus fiestas solemnes, tú, tu hijo, tu hija, tu siervo, tu sierva, y el levita, el extranjero, el huérfano y la viuda que viven en tus poblaciones.*

15. *Siete días celebrarás fiesta solemne a Jehová tu Dios en el lugar que Jehová escogiere; porque te habrá bendecido Jehová tu Dios en todos tus frutos, y en toda la obra de tus manos, y estarás verdaderamente alegre.*

16. *Tres veces cada año aparecerá todo varón tuyo delante de Jehová tu Dios en el lugar que él escogiere: en la fiesta solemne de los panes sin levadura, y en la fiesta solemne de las semanas, y en la fiesta solemne de los tabernáculos. Y ninguno se presentará delante de Jehová con las manos vacías;*

17. *cada uno con la ofrenda de su mano, conforme a la bendición que Jehová tu Dios te hubiere dado.*

Números 29.13 Y ofreceréis en holocausto, en ofrenda encendida a Jehová en olor grato, trece becerros de la vacada, dos carneros, y catorce corderos de un año; han de ser sin defecto.

14. *Y las ofrendas de ellos, de flor de harina amasada con aceite, tres décimas de efa con cada uno de los trece becerros, dos décimas con cada uno de los dos carneros,*

15. *y con cada uno de los catorce corderos, una décima;*

16. *y un macho cabrío por expiación, además del holocausto continuo, su ofrenda y su libación.*

17. *El segundo día, doce becerros de la vacada, dos carneros, catorce corderos de un año sin defecto,*

18. *y sus ofrendas y sus libaciones con los becerros, con los carneros y con los corderos, según el número de ellos, conforme a la ley;*

19. *y un macho cabrío por expiación; además del holocausto continuo, y su ofrenda y su libación.*

20. *El día tercero, once becerros, dos carneros, catorce corderos de un año sin defecto;*

21. *y sus ofrendas y sus libaciones con los becerros, con los carneros y con los corderos, según el número de ellos, conforme a la ley;*

22. *y un macho cabrío por expiación, además del holocausto continuo, y su ofrenda y su libación.*

23. *El cuarto día, diez becerros, dos carneros, catorce corderos de un año sin defecto;*

24. *sus ofrendas y sus libaciones con los becerros, con los carneros y con los corderos, según el número de ellos, conforme a la ley;*

25. *y un macho cabrío por expiación; además del holocausto continuo, su ofrenda y su libación.*

26. *El quinto día, nueve becerros, dos carneros, catorce corderos de un año sin defecto;*

27. *y sus ofrendas y sus libaciones con los becerros, con los carneros y con los corderos, según el número de ellos, conforme a la ley;*

28. *y un macho cabrío por expiación, además del holocausto continuo, su ofrenda y su libación.*

29. *El sexto día, ocho becerros, dos carneros, catorce corderos de un año sin defecto;*

30. *y sus ofrendas y sus libaciones con los becerros, con los carneros y con los corderos, según el número de ellos, conforme a la ley;*

31. *y un macho cabrío por expiación, además del holocausto continuo, su ofrenda y su libación.*

32. *El séptimo día, siete becerros, dos carneros, catorce corderos de un año sin defecto;*

33. *y sus ofrendas y sus libaciones con los becerros, con los carneros y con los corderos, según el número de ellos, conforme a la ley;*

34. *y un macho cabrío por expiación, además del holocausto continuo, con su ofrenda y su libación.*

35. *El octavo día tendréis solemnidad; ninguna obra de siervos haréis.*

36. *Y ofreceréis en holocausto, en ofrenda encendida de olor grato a Jehová, un becerro, un carnero, siete corderos de un año sin defecto;*

37. *sus ofrendas y sus libaciones con el becerro, con el carnero y con los corderos, según el número de ellos, conforme a la ley;*

38. *y un macho cabrío por expiación, además del holocausto continuo, con su ofrenda y su libación.*

39. *Estas cosas ofreceréis a Jehová en vuestras fiestas solemnes, además de vuestros votos, y de vuestras ofrendas voluntarias, para vuestros holocaustos, y para vuestras ofrendas, y para vuestras libaciones, y para vuestras ofrendas de paz.*

40. *Y Moisés dijo a los hijos de Israel conforme a todo lo que Jehová le había mandado.*

Ya hacía tiempo que los granos estaban guardados en los alfolíes. Pero ahora también se habían recogido todos los frutos, y la vendimia. Así que la tierra descansaba esperando las "lluvias tardías", preparándose para una nueva siembra y su correspondiente cosecha. Dios les había bendecido nuevamente. Había cumplido su promesa de llevarles a una tierra que fluye leche y miel. Una tierra que está descrita maravillosamente en Deuteronomio 8.8-10: *"Jehová, tu Dios, te introduce en la buena tierra, tierra de arroyos, de aguas, de fuentes y de manantiales, que brotan en vegas y montes; tierra de trigo y cebada, de vides, higueras y granados; tierra de olivos, de aceite y de miel;*

tierra en la cual no comerás el pan con escasez, ni te faltará nada en ella; tierra cuyas piedras son hierro, y de cuyos montes sacarás cobre. Y comerás y te saciarás, y bendecirás a Jehová tu Dios por la buena tierra que te habrá dado". Y esa promesa era corroborada año tras año, así que era un tiempo de gratitud y alegría. Así lo expresa Deuteronomio 16.15: *"porque te habrá bendecido Jehová tu Dios en todos tus frutos, y en toda la obra de tus manos, y estarás verdaderamente alegre".*

La fiesta de los Tabernáculos, también llamada de las Cabañas o Enramadas (tiendas) —en hebreo **Sukkot**, o **hag hassu- kkoth**— como alguien dijo: "la mayor fiesta de gala del año", era celebrada a los quince días del séptimo mes, es decir el mes de **Tishrí**, también llamado **Etanim**, (entre septiembre y octubre de nuestro calendario), exactamente cinco días después del día de la expiación, el **Yom Kippur**, y duraba siete días, desde el 15 al 21 de ese mes. Notoriamente la primera (la Pascua) y la última de las fiestas (los Tabernáculos) duraban lo mismo, siete días. Y en las dos se agregaba un octavo día.

Esta fiesta se celebraba el séptimo mes, durante siete días. El número siete —que significa perfección— también se ve en la cantidad de víctimas que se ofrecían, de acuerdo a las precisas instrucciones de Números 29: 7 cabritos, 14 becerros, 70 carneros y 98 corderos. Todos múltiplos de siete.

Era la fiesta de agradecimiento por las cosechas levantadas en el año. La fiesta de las Primicias era la de los primeros frutos, la gavilla de cebada. La de Pentecostés, la cosecha del trigo, y en general de todos los cereales. La de los Tabernáculos era el fin de las cosechas. Como leemos en Levítico 23.39: *"cuando hayáis recogido el fruto de la tierra"*, o en Deuteronomio 16.13: *"cuando hayas hecho la cosecha de tu era y de tu lagar".* La cosecha de la era, los granos y frutos. La cosecha del lagar, la vendimia de las vides.

Así que **Sukkot** era una gran fiesta muy gozosa, contrastando con la tristeza producida por el arrepentimiento de la fiesta del **Yom Kippur**.

Es de notar que la primera vez que se menciona es en Éxodo 23.16: *"...la fiesta de la cosecha a la salida del año, cuando hayas recogido los frutos de tus labores del campo".* Lo mismo leemos en Éxodo 34.23. "La salida del año", marca una separación entre lo viejo y lo nuevo.

El nombre de *Sukkot* (o *Sucot:* tabernáculos, cp. Gn. 33.17), toma su nombre de las cabañas construidas para la cosecha, adornadas con frutas y flores, que recordaban —y aún recuerdan— al pueblo de Israel las tiendas en que habitaban sus antepasados en su peregrinar por el desierto, después del éxodo de Egipto. En la antigüedad, el *Sukkot* era la culminación del año, y los rabinos lo llamaban simplemente «la Fiesta»; hoy en día ha quedado relegado, en cierto modo, por las festividades de Año Nuevo (el *Rosh HaShanná*) y el solemne Día de la Expiación o Día del Perdón (el *Yom Kippur).*

Cada fiesta tiene su mensaje espiritual, y el *Sukkot,* la fiesta de los tabernáculos, significa para Israel, la transitoriedad de la vida humana.

Sin embargo, a pesar del recuerdo nostálgico que les traía (*"acuérdate que fuiste siervo en Egipto",* Dt. 16.12), el habitar en la tierra prometida y recibir al cabo de cada año las bendiciones con las que Dios les colmaba, la transformaba en una fiesta gozosa. Dios les invita a hacerlo así. Tres veces lo dice en el pasaje de Deuteronomio 16: v. 11, 14, *"te alegrarás",* y en el v. 15, aún con más énfasis: *"estarás verdaderamente alegre".* Nadie podía ser privado de esa alegría. Ni los hijos, ni los siervos, ni los levitas, ni los extranjeros, ni el huérfano, ni la viuda. Nadie podía ser olvidado. Las circunstancias de la vida, por adversas que fueran, eran dejadas atrás y durante la semana de la última fiesta del año, la alegría, el gozo y la gratitud a Dios reinaban en toda la tierra. Durante esta y las otras celebraciones bíblicas estaba prohibido todo tipo de trabajo de servidumbre (Lv. 23:35), lo cual implicaba olvidar las cargas y los problemas que los agobiaban, a fin de celebrar con alegría la fiesta en honor al Señor. Dice E. Danyans:

"La Fiesta de los Tabernáculos —en palabras de Scofield— es (semejante a la Cena del Señor para la Iglesia) tanto recordatoria como profética. Recordatoria en cuanto a la redención de los hijos de Israel de la esclavitud de Egipto (Lv. 23.43), y profética tocante al reino de descanso para Israel, después de su recogimiento y restauración, cuando la festividad se convertirá de nuevo en una fiesta conmemorativa, no solo para el pueblo de Israel reunido y bendecido en el reino mesiánico que aún está por venir, sino que a la conmemoración se unirán también los que sobrevivieren de todas las naciones (Zc. 14:16-21). Espiritualmente hablando, aquí tenemos una ilustración de Romanos 5.1-2"[1].

Pero, algo más. Leemos en Deuteronomio 16.16, referido a esta misma fecha: *"Y ninguno se presentará delante de Jehová con las manos vacías; cada uno, con la ofrenda de su mano, conforme a la bendición que Jehová tu Dios te hubiere dado".* La bendición recibida de parte de Dios a través del año, debía ser plasmada en un corazón alegre y agradecido.

Visión cristiana

Para el creyente, que tiene su mirada puesta más allá de lo temporal, que puede extender sus ojos más allá de lo tangible, le recuerda no solo lo efímero de la vida, y de esta morada terrestre en la cual ahora vive su peregrinaje, sino también la gozosa esperanza que le alienta a seguir adelante hasta el día de su transformación gloriosa, a imagen del Señor. Lo decimos en las palabras del apóstol Pablo a los Corintios, 2ª Epístola 5.1-2: *"Porque sabemos que si nuestra morada terrestre, este tabernáculo, se deshiciere, tenemos de Dios un edificio, una casa no hecha de manos, eterna, en los cielos, y por eso también gemimos, deseando ser revestidos de aquella nuestra habitación celestial".*

De acuerdo a lo instruido por Moisés de parte de Dios en Deuteronomio 16.16-17, la fiesta de los Tabernáculos era en la antigüedad la tercera fiesta importante del año, en la cual todo varón debía concurrir al lugar que Jehová hubiere escogido *"para poner allí su nombre"* (Dt. 16.11), o dicho en otras palabras: donde Él había decidido habitar en medio de Su pueblo, es decir, donde estuviera el Tabernáculo o el Templo para adorarle. Recordamos que la primera gran fiesta era la Pascua (***Pesach***), a la que seguía inmediatamente la fiesta de los Panes sin levadura (***Hag HaMatzah***), en el primer mes,

---

[1] E. DANYANS, *op. cit.*, pg. 443.

Abib o *Nisán;* la segunda —cincuenta días después— era la de las Semanas (o Pentecostés, *Shavuot*), en el tercer mes, el de *Siván;* y la tercera, la de las Cabañas o Tabernáculos *(Sukkot)*, en el séptimo mes, o *Tishrí.* Eran llamadas "fiestas de peregrinaje".

La fiesta de los Tabernáculos era, pues, un tiempo de regocijo. Les recordaba cómo Dios, con mano fuerte y brazo extendido, les había guiado, protegido y provisto durante aquella larga y penosa travesía por el desierto hasta llegar a la Tierra Prometida. A pesar de su desobediencia y de ser un pueblo rebelde, Dios nunca les abandonó; les soportó, les guió y fue fiel a su promesa: les dio la tierra. Por eso, como dice J. E. Hartley[2]: "Las cabañas o tiendas eran hechas con árboles de la tierra prometida y no con los arbustos secos del desierto".

Aún más. Ese Dios majestuoso, maravilloso, lleno de gracia, asombrosamente compartió con su pueblo una tienda. No moró en un palacio. Moró en un tabernáculo, en el cual manifestó su gloria en la nube de día y la columna de fuego de noche, manifestaciones de su gloriosa presencia en medio de los suyos. Precioso anticipo, magnífica figura de lo que sería Aquel que aún siendo *el resplandor de su gloria y la misma imagen de su sustancia y quien sustenta todas las cosas con la palabra de su potencia* (Hb. 1.3), el Verbo de Dios *habitó* —lit. levantó su tabernáculo— *entre nosotros, y vimos su gloria, gloria como del Unigénito del Padre, lleno de gracia y de verdad* (Jn. 1.14).

De acuerdo a Levítico 23.40, los hombres judíos llevaban *"ramas con fruto de árbol hermoso, ramas de palmeras, ramas de árboles frondosos, y sauces de los arroyos"*, para hacer con ellas una tienda precaria, y habitar en ella durante los siete días que duraba la fiesta. Aún hoy en día llevan un manojo o *lulav* de ramas de tres árboles, palmera, mirto y sauce, y cidros (en heb. *aethrog*, una fruta cítrica semejante y algo más grande que el limón) a la sinagoga y los mecen con gozo delante de Dios.

Se puede desprender una lección espiritual de estas ramas y frutos que se presentaban en la fiesta: la *palmera* es un árbol que produce fruto, pero no tiene fragancia. Así algunos creyentes que viven de

---

[2] J. E. HARTLEY, *Leviticus, Word Biblical Commentary,* Dallas, TX: Word, 1992, pg. 389, 390.

acuerdo a la Palabra, fieles a Dios, pero no manifiestan la fragancia de una vida consagrada y de ayuda y bendición para otros. El *mirto* es una planta que posee fragancia, pero no produce fruto. Hay creyentes también así. Tienen fragancia de cristianos; parecen espirituales, se esfuerzan para servir a los demás, pero no producen un fruto que permanece para Dios. Todo es superficial, todo es hecho en la energía de la carne, no en el poder del Espíritu. El *sauce* no tiene ni fragancia ni fruto. Así son también muchos cristianos. Ni una cosa ni la otra. Tristes, melancólicos como sauces llorones. Por tal razón, nunca producen fruto para Dios, y consecuentemente, no tienen una vida fragante para los demás. Finalmente, hay creyentes como el *cidro*. Producen fruto para Dios y los hombres.

La pregunta, después de esto es: ¿a cuál de estos árboles me parezco, te pareces, amable lector? ¿Qué clase de creyentes somos?

La fiesta de las cabañas, hoy

Actualmente, durante la fiesta de los Tabernáculos, se fabrican pequeñas cabañas o enramadas en los alrededores de Jerusalén, en patios o en los balcones de las casas. Estas tiendas se comienzan a construir un día después de la fiesta del **Yom Kippur**, y cuatro días antes de iniciar la semana de **Sukkot**.

La cabaña, o **sukká** puede estar hecha de cualquier material, pero el techo siempre se hace de ramas de palmera. Por dentro, la cabaña se decora con frutas colgando desde el techo porque **Sukkot** es la fiesta de la cosecha final de los frutos de la tierra (Lv. 23:39). No podía ser construida dentro de las casas, sino frente a ellas, en las azoteas o en las plazas. Durante una semana, la familia se reúne en la **sukká** para comer, cantar y alegrarse. Algunas familias aún permanecen en ellas para descansar y aun dormir de noche. Y siempre recordando las frágiles tiendas en las cuales vivió el pueblo de Israel durante su peregrinación por el desierto.

El octavo día de la fiesta era llamado "el gran día de la fiesta", el εξοδιον *(exodion)*, o día de clausura, como lo denomina la versión

LXX (Nm. 29.35-38). En hebreo se denomina el *Azereth*, que significa "clausura o conclusión", y era un día de reposo, aunque no fuera un sábado semanal[3]. Pero el octavo día era también el primero de una nueva semana, el que inauguraba un nuevo tiempo. Era, probablemente, el día después del sábado y era un día especial. Ese fue el día, "el último y gran día de la fiesta", cuando Jesús se puso en pie y alzó la voz, diciendo: *"Si alguno tiene sed, venga a mí y beba. El que cree en mí, como dice la Escritura, de su interior correrán ríos de agua viva. Esto dijo del Espíritu que habían de recibir los que creyesen en él; pues aún no había venido el Espíritu Santo, porque Jesús no había sido aún glorificado"* (Jn. 7.2, 37-39). El agua viva de Cristo[4], su salvación y la presencia del Espíritu Santo en el creyente, daba comienzo a una nueva experiencia, a un nuevo tiempo, a una nueva vida.

Había dos tradiciones en esta fiesta, posteriores a lo dispuesto en la ley mosaica. Una era que los judíos, en conmemoración del manantial que había brotado de la roca en Meriba (Éx. 17.1-7), y anticipando las bendiciones que llegarían a Israel y al mundo anunciadas por el profeta Ezequiel —cp. 47.1-12— y Zacarías —cp. 13.1; 14.8— celebraban una ceremonia que consistía en llevar agua en cántaros desde el estanque de Siloé hasta el altar de los holocaustos y derramarla allí en un recipiente de plata junto al altar y la mezclaba con el contenido de otro. El patio del templo se iluminaba recordando la columna de fuego que brillaba en las noches del desierto (Nm. 14.14) y también se hacía un desfile de antorchas. Finalmente, los sacerdotes, en el "Día del gran Hosanna" recitaban las palabras del Salmo 118.25 que era leído durante la fiesta: *"Oh Jehová, sálvanos ahora ("Hosanná"), te ruego; te ruego, oh Jehová, que nos hagas prosperar ahora".* Esto lo hacían cada día de los siete días que duraba la fiesta.

---

[3] En la actualidad se denomina "el día de la alegría de la Ley" (heb. **simhah ha-Toráh**).

[4] Algunos sostienen que la expresión "correrán de su interior", puede ser referida al Señor Jesucristo, de quien fluye agua de vida para todo aquel que quiera beber (Is. 55.1; Jn. 4.10, 14). Otros, que se trata de agua de vida que brota del creyente en beneficio de otros. Pero lo que parece más ajustarse a la enseñanza impartida por el Señor Jesús es que se trata de una experiencia espiritual de madurez creciente que pueden tener aquellos que, con sed de Dios (Sal. 42.1, 2; 63.1; 84.2) acuden a la fuente de agua viva que es el Espíritu Santo (Gá. 3.5).

En el octavo día probablemente esto no se hacía. Así que, Jesús, ese día especial "el último y gran día de la fiesta" ofreció el agua de vida eterna que Él prometió a todos aquellos que vinieran a él con deseos de beberla.

Más de cinco siglos antes, el profeta Hageo había proclamado una preciosa profecía en esta misma fiesta: "En el mes séptimo, a los veintiún días del mes" (Hg. 2.1) diciendo (v. 5-9): "Según el pacto que hice con vosotros cuando salisteis de Egipto, así mi Espíritu estará en medio de vosotros, no temáis. Porque así dice Jehová: De aquí a poco yo haré temblar los cielos y la tierra, el mar y la tierra seca: y haré temblar a todas las naciones, y vendrá el Deseado de todas las naciones; y llenaré de gloria esta casa, ha dicho Jehová. Mía es la plata, y mío es el oro, dice Jehová de los ejércitos. La gloria postrera de esta casa será mayor que la primera, ha dicho Jehová de los ejércitos; y daré paz en este lugar, dice Jehová de los ejércitos".

El profeta había pronunciado esta monumental profecía como aliento para aquellos que estaban reconstruyendo el templo que había sido destruido por Nabucodonosor. Pero sus palabras trascendían aquel tiempo. No solo la profecía se refería a ese segundo templo, sino estaba apuntando a la gloria final de la casa de Dios, cuando el Deseado de las naciones, el Mesías de Dios venga y llene de gloria la casa de Dios, que será nuevamente levantada, pero también traiga la paz que Su pueblo terrenal y el mundo necesita.[5] En esa época se

---

[5] Hemos seguido la interpretación de la RVA para "el Deseado". Existe otra posibilidad y es que esa expresión no se refiera al Mesías, sino a las riquezas de las naciones que serán traídas a Israel. Dice el Comentario Mundo Hispano: "La frase *y vendrán los tesoros deseados de las naciones* (v. 7), ha sido traducida en forma similar no solo por la RVA, sino también por NVI, DHH y la BJ. Hay un problema muy difícil de resolver, ya que la palabra traducida como "Deseado" (RVR-1960) o "deseo" o "tesoros" en el hebreo es una palabra singular femenina, pero el verbo traducido "vendrá" es plural: *vendrán*. La mayoría de los traductores bíblicos y los comentaristas han adoptado la interpretación de la RVA o algo muy similar. De todas maneras, no se puede desechar la otra posibilidad. Comp. *Comentario Bíblico Moody*, Keil and Delitzsch y *Word Biblical Commentary*, Tomo 32. *The Pulpit Commentary* indica que el significado es que todas las naciones vendrán con sus riquezas para el servicio del Señor (Is. 60.5-7, 11, 17; 65.9-11). Podemos entender de esta manera que el templo será lleno de gloria, ya que, al fin y al cabo, todos los metales preciosos pertenecen a Dios (v. 8; Job 24.1). La escasez del momento de oro y otros metales será suplida con creces. Dios mismo se ocupará de llenar de gloria ese templo".

cumplirá aquella otra profecía de Isaías 12.3: *"Sacaréis con gozo aguas de las fuentes de la salvación"*.

Pero aún, más allá de los ritos, más allá de las profecías, más allá de todo, permanece el mensaje de Jesucristo. Él ofrece su agua de vida, que surgirá del interior de aquellos que creen en él como manantiales de agua pura y refrescante, que saltarán para vida eterna. La vida verdadera. La vida abundante que El produce en los suyos (Jn. 10.10).

La otra tradición en esta fiesta que Jesús usó como figura de sí mismo era la siguiente: cada día se encendía una lámpara que iluminaba las noches del festival. El Señor en Juan 8, en el mismo marco de la fiesta de los Tabernáculos y después de aquel célebre encuentro con la mujer hallada en adulterio, dijo (v. 12): *"Yo soy la luz del mundo; el que me sigue, no andará en tinieblas, sino que tendrá la luz de la vida"*.

Así que agua de vida y luz de vida. Así es la realidad de Jesucristo, al que los tipos del Antiguo Testamento apuntan.

Lecciones sobre la fiesta de los Tabernáculos

La fiesta de los Tabernáculos tiene un enorme contenido espiritual para la iglesia del Señor. Habla de:

Peregrinaje. Cuarenta largos años duró la travesía entre Egipto y la Tierra prometida. Cuarenta años en los cuales el pueblo de Dios debió habitar en tiendas rústicas mientras se debatía entre la incredulidad y el asombro por ver las maravillas que les mostraba la misericordia y la gracia divinas. Estaban de paso, rumbo a *la tierra*. Su incredulidad les costó el que de un pueblo de dos millones de almas, solo dos —Josué y Caleb— pudieran entrar en la "tierra que fluye leche y miel".

Pedro escribe a los cristianos de todas las épocas y les dice en su 1a Epístola 2.11: *"Amados, yo os ruego como a extranjeros y peregrinos que os abstengáis de los deseos carnales que batallan contra el alma, manteniendo buena vuestra manera de vivir entre los gentiles, para que en lo que murmuran de vosotros como de malhechores, glorifiquen a Dios en el día de la visitación, al considerar vuestras buenas obras"*. Y agrega en 1.17: *"Y si invocáis por Padre a aquel que sin acepción de personas, juzga según la obra de cada uno, conducíos en temor todo el tiempo de vuestra peregrinación"*.

La lección es que aquellos que somos "ciudadanos del cielo", que no tenemos aquí "ciudad permanente", vivamos en el mundo como de paso, como quienes no tienen cosas a qué aferrarse, que consideran que —salvo aquellas cosas que percibe y retiene la fe— todo es temporal.

Pablo escribe a los corintios (cp. 7.30, 31) y les dice: *"Pero esto digo, hermanos: que el tiempo es corto; resta, pues, que los que tienen esposa sean como si no la tuviesen; y los que lloran, como si no llorasen; y los que se alegran, como si no se alegrasen; y los que compran, como si no poseyesen; y los que disfrutan de este mundo, como si no lo disfrutasen; porque la apariencia de este mundo se pasa"*.

¿Qué es un peregrino? F. B. Meyer nos dice[6]:

"A través de toda la historia de la humanidad, siempre ha existido en una sucesión sagrada e ininterrumpida, un grupo de hombres y mujeres los cuales han confesado que son peregrinos y advenedizos sobre la tierra. En ocasiones, han tenido que vivir apartados de los demás seres humanos en los desiertos y las montañas, morando entre las rocas y las cavernas de la tierra. Con mayor frecuencia se los encuentra por las plazas y los mercados, y también por las casas, distinguiéndose del resto de la gente por su humilde vestimenta, su control y dominio sobre los apetitos y los deseos de la carne, su poco interés por las posesiones materiales, su indiferencia hacia los elogios, las opiniones y el aplauso del mundo que los rodea y la mirada profunda pero inocente que vislumbran sus ojos, evidencia de que sus afectos se centran, no en las cosas transitorias de la tierra, sino en las realidades eternas que, por encontrarse detrás del velo de lo visible, solamente pueden ser comprendidas por la fe".

---

[6] MEYER, F. B., *Grandes hombres de la Biblia*, Vida, 1984, pg. 17.

Ese gran escritor que fue A. W. Tozer dijo:

"Eres un peregrino en el mundo, no un residente. Estás de paso. Eres cristiano. No edificamos nidos para nuestros corazones en este mundo. Los hijos de Dios no son aves residentes, sino migratorias, que van desde donde están hasta donde estarán. Por supuesto, adonde vamos es al cielo del Dios Todopoderoso... Este no es nuestro hogar; de modo que, mientras tengamos cosas, usémoslas con reverencia, gratitud y sabiduría. Somos peregrinos, y quien guía por el aire sin límite el vuelo seguro del ave también nos guiará hasta que por fin lleguemos a aquellas costas lavadas por las aguas que fluyen del trono de Dios. Hermanos, merece la pena esperarlo"[7].

Peregrinos fueron los patriarcas. Y lo eran por convicción. Dice enfáticamente Hebreos 11.13: *"confesando que eran extranjeros y peregrinos sobre la tierra"*. Peregrinos fueron aquellos hombres y mujeres fieles que, guiados por la fe en el Dios de gloria y sus promesas, vivieron soportando carencias, persecuciones, torturas, martirio. Peregrinos son todos aquellos que, a diferencia de los demás mortales, viven en medio de una sociedad *maligna y perversa,* en medio de la cual resplandecen *como luminarias en el mundo.* Aquellos para los que, muchas veces, las adversidades de la vida no afectan sus verdaderos tesoros. Tienen aspiraciones más elevadas, más trascendentes. Tienen una esperanza que va más allá de la muerte. Tienen un Salvador que les ha rescatado de la miseria y la condenación, y ahora vive en ellos. Tienen un Dios que es vivo y fiel y les espera al final del camino.

Tienda, altar y promesa

Tienen, —como Abraham, el primer peregrino, y así nos lo recuerda nuevamente el inefable F. B. Meyer— tres cosas que son su patrimo-

---

[7] A. W. Tozer, *Los peligros de la fe superficial,* Portavoz, 2015, pg.141.

nio más preciado: una tienda, un altar y una promesa. Una *tienda* que les recuerda la fragilidad de su vida, como lo dice el Apóstol Pablo en 2Co. 5.1: *"Porque sabemos que si nuestra morada terrestre, este taber-náculo se deshiciere, tenemos de Dios un edificio, una casa no hecha de ma-nos, eterna, en los cielos"*. Que también les recuerda que la tienda del peregrino aun en vida no está afincada. Que está siempre dispuesta a levantarse, cuando la voluntad de Dios lo indica, con resuelta obe-diencia. Pero que también les recuerda la necesidad de obedecer lo que el apóstol pedía a sus amados hijos en la fe: abstenerse de los deseos carnales, mantener una conducta ejemplar ante el mundo, y conducirse en temor reverente todo el tiempo de su peregrinación. Un *altar*, que les habla de sacrificio, de rendición, de dedicación. De un sacrificio que involucra la vida toda. Que es costoso. Que es un verdadero acto de adoración diaria, permanente, ofreciendo el cuerpo, y con él la vida entera como *"sacrificio vivo, santo, agradable a Dios"* (Ro. 12.1). Y una *promesa*, que, así como en Abraham fue el estímulo permanente de su vida, porque *"esperaba la ciudad que tiene fundamentos, cuyo arquitecto y constructor es Dios"* (Hb. 11.10), así también es la promesa para aquellos que creemos en Aquel que dijo: *"En la casa de mi Padre, hay muchas moradas; voy, pues a preparar lugar para vosotros. Y si me fuere y os preparare lugar, vendré otra vez, y os tomaré a mí mismo, para que donde yo estoy, vosotros también estéis"* (Jn. 14.2).

Provisión. Durante aquellos cuarenta años de desierto, la provi-dencia divina se hizo presente cada día, cada mañana. El maná del cielo, el agua de la roca, la sombra de día y la columna de fuego de noche, la preservación de sus vestidos y calzado, las victorias de la fe, fueron todas demostraciones de un Dios que habitaba en medio de Su pueblo y que les guiaba *con mano fuerte y brazo extendido*. De aquel cuyos brazos eternos se extendían para sostener, ser refugio y bendecir a los suyos (Dt. 33.27). De aquel *Jehová Jireh*, que les proveía lo necesario para el arduo camino por medio del desierto inhóspito y hostil.

¿No tenemos, aquellos que somos peregrinos en este mundo, una provisión permanente de todo lo que necesitamos en nuestra vida? Su providencia es constante, sus misericordias *"son nuevas cada mañana"*, y podemos decir con gratitud: *"grande es tu fidelidad"* (Lm. 3.23).

El peregrino no lleva cargas. Sus tesoros están en el lugar de destino, no en el camino que transita. *"Haceos tesoros en el cielo* —dijo Jesús— *donde la polilla no destruye ni las cosas se echan a perder ni los ladrones entran a robar"* Mt. 6.20.

Así, la fiesta de los tabernáculos nos recuerda esta gran verdad que fue real en la experiencia de Israel por el desierto: el Dios que mora en medio de Su pueblo es el Dios que provee. Es el Dios proveedor de vida, de paz, de cuidados, de bendiciones, de consolación, de salvación, de perdón, de todos los dones que los suyos reciben solo por gracia infinita. Lo fue para el pueblo de Israel, y lo es para aquellos que somos su pueblo, la Iglesia del Señor. Y lo hace en la Persona de su Hijo, y a través del Espíritu Santo.

Promisión. Hay una proyección profética en esta fiesta preciosa. Apunta a aquel tiempo cuando el reino del Señor Jesucristo sea una realidad en este mundo. Cuando el Mesías que ha de venir estará reinando de forma personal juntamente con su Iglesia, ya perfeccionada y unida a su Esposo, el Cordero celestial[8]; junto a los creyentes del antiguo pacto, resucitados y juzgados y a aquellos creyentes que, aun a costa de sus vidas, aceptarán a Jesús durante el tiempo de la Gran Tribulación. Es decir, el remanente fiel de Israel juzgado, restaurado y completo (Ro. 11.26) y los gentiles que aceptaron a Jesús como Mesías, después de pasar por el juicio de las naciones (Mt. 25.31-45). ¿No es esta la gran cosecha de Dios, como la que motivaba en Israel la celebración de la fiesta de los Tabernáculos? ¿No es la final cosecha de la que habla Juan 12.24 en palabras mismas de Jesús: *"De cierto, de cierto os digo, que si el grano de trigo no cae en la tierra y muere, queda solo; pero si muere, lleva mucho fruto"*?

---

[8] Es notable que el matrimonio en la tradición judía se celebra debajo de un *huppah*, que era una *sukká*, es decir, un tabernáculo sencillo cubierto de flores, que representa el hecho de un cambio: algo queda atrás y de ahí en más todo es nuevo.

Esta fiesta siempre se une a periodos de gozo en Israel. En Deuteronomio 31.10-12 leemos que debía realizarse especialmente cada siete años: *"Y les mandó Moisés, diciendo: Al fin de cada siete años, en el año de la remisión, en la fiesta de los ta- bernáculos... leerás esta ley delante de todo Israel a oídos de ellos... para que oigan y aprendan, y teman a Jehová vuestro Dios, y cuiden de cumplir todas las palabras de esta ley"*. En el año séptimo se cancelaban las deudas, se liberaban los esclavos. Era un año de alegría y libertad, cuando la Palabra de Dios llegaba a los corazones para oír, aprender y, como consecuencia, temer reverencialmente a Dios, obedeciéndola.

También fue celebrada en tiempos de Salomón, en forma fastuosa, cuando se inauguró el Templo dedicado al Señor (2Cr. 6.41). Nuevamente, en época de Esdras, cuando un nuevo Templo, después de haber sido destruido por los babilonios, fue reconstruido, y, aunque, mucho más modesto que el primero, permitió que el culto fuera restablecido y los sacrificios pudieran volver a ofrecerse. Y entonces, en un clima de avivamiento espiritual, y el gozo que este produjo, se volvió a celebrar esta amada fiesta (Esd. 3.2-5).

Otra ocasión fue en tiempos de Nehemías, cuando volvió aquel remanente de la cautividad de Babilonia, después que levantaron el muro y las puertas de la ciudad que estaban caídos y quemados, y en medio de un nuevo despertar espiritual, como consecuencia de la lectura de la Ley del Señor (Neh. 8.1-18). Esta vez se celebró esta fiesta como no se había celebrado desde los días de Josué, es decir, morando en tiendas hechas con ramas (enramadas, v. 14-17).

Ahora Israel está alejado de Dios, viviendo en tiempos de incredulidad y apostasía, teniendo un velo sobre sus corazones (2Co. 3.15). Pero, un día, *"cuando se conviertan al Señor el velo se les quitará"* (v. 16). Un día volverán de esa cautividad espiritual en la que se hallan y cuando vean al que traspasaron y se arrepientan y lloren sus pecados y acepten a Jesús como su Mesías, esas tribus esparcidas por el mundo, y finalmente reunidas en la Tierra prometida, celebrarán una gozosa fiesta en honor al Señor.

Cuatro cosas preciosas

En Ezequiel 36, una profecía sobre lo que sucederá con el pueblo terrenal de Dios nos muestra cuatro cosas preciosas:

Retorno. Dice el v. 24: *"Y yo os tomaré de las naciones, y os recogeré de todas las tierras, y os traeré a vuestro país".* Sin duda, Aquel que "conoce a los que son suyos" un día los recogerá, como el pastor que llama a su rebaño y serán congregados en su tierra.

Restauración (v. 25): *"Esparciré sobre vosotros agua limpia y seréis limpiados de todas vuestras inmundicias, y de todos vuestros ídolos os limpiaré.* La restauración final del pueblo de Israel comenzará cuando reconozcan al Señor como su Mesías. Un día le vieron entrar por Jerusalén montado en un asno, cumpliendo la profecía de Zacarías 9.9: *"Alégrate mucho, hija de Sión; da voces de júbilo, hija de Jerusalén; he aquí tu rey vendrá a ti, justo y salvador, humilde y cabalgando sobre un asno, sobre un pollino hijo de asna".* Y el pueblo le reconoció como Mesías y proclamaron en tonos de alabanza el **Hosanná** (heb. *hoshi'ah-na:* "sálvanos ahora, te rogamos" (Mt. 21.1-5; Jer. 31.7). Aunque este animal nos parece indigno y humillante, realmente era típico que los nobles y príncipes lo usaran como cabalgadura, pues simbolizaba la mansedumbre y la paz que los distinguían. En su primera venida, Jesucristo entró por las puertas de la antigua ciudad de David montando un asno. Pero, volverá a venir, en gloria y esplendor, montando un caballo blanco, como rey y Señor (Ap. 19.11, 19, 21).

Regeneración (v. 26, 27): *"Os daré corazón nuevo, y pondré espíritu nuevo dentro de vosotros, y quitaré de vuestra carne el corazón de piedra y os daré un corazón de carne. Y pondré dentro de vosotros mi Espíritu, y haré que andéis en mis estatutos, y guardéis mis preceptos, y los pongáis por obra".*
La aplicación del nuevo pacto entre Dios y el pueblo, hará que este sea convertido de sus malos caminos y su incredulidad, para

vivir de acuerdo a nuevos principios establecidos por el Espíritu Santo (Ez. 36.24-38; Je. 31.31-34).

Renovación (v. 28): *"Habitaréis en la tierra que di a vuestros padres, y vosotros me seréis por pueblo, y yo seré a vosotros por Dios"*. En los versículos siguientes Dios les promete bendiciones materiales y espirituales y les dice en el v. 33 que les limpiará de todas sus iniquidades.

Aun los que ahora son enemigos de ese pueblo, cuando hayan dejado las espadas y las lanzas, y las vean transformadas en arados y hoces, en instrumentos de labranza, irán a Jerusalén a adorar a Dios y a celebrar esa fiesta, como en antiguos tiempos lo hacían los peregrinos, los prosélitos, los extranjeros que creían en el Dios de Israel (Is. 2.2, 3).

Esta es la proyección profética que anticipa esta fiesta de los Tabernáculos, la última de las siete fiestas de Jehová. Como dice C. H. Mackintosh tan bellamente:

"Tal es la perspectiva que nos ofrecen las inerrables páginas de la inspiración. Las figuras la presentan, los profetas la anuncian, la fe la cree y la esperanza la anticipa".

Zacarías 14.16 nos dice que *"todos los que sobrevivieren de las naciones que vinieron contra Jerusalén, subirán año tras año para adorar al Rey, a Jehová de los ejércitos, y a celebrar la fiesta de los tabernáculos"*. Una vez más, en aquel tiempo el **Sukkot** recordará a los hombres que son peregrinos, que Dios provee y que aun tiene para ellos una promesa a cumplir. Ese reino milenial no será sino un breve anticipo del reino eterno de Dios en el nuevo escenario de cielos nuevos y tierra nueva que esperamos según sus promesas (1Co. 15.20-28; 2Pe. 3.13).

Así como durante la travesía por el desierto, Dios estuvo en medio de su pueblo morando en un tabernáculo, así también un día en el cielo, dice Apocalipsis 21.3 se levantará *"el tabernáculo de Dios con los hombres, y el morará con ellos, y ellos serán su pueblo, y Dios mismo estará con ellos como su Dios"*.

Israel aún no comprende esta bendición que le espera. Aún tienen los ojos velados (2Co. 3.15, 16). Pero sí, por gracia de Dios, lo podemos comprender nosotros. El "último día de la fiesta", es el día que nunca acabará. El día cuando, en cielos nuevos y tierra nueva *"donde mora la justicia"*, se cumplirá la promesa de 1Corintios 15.28: *"Dios sea todo en todos"*. Nos unimos al apóstol Pedro en la salutación y doxología final de su segunda epístola (3.18):

"Antes bien, creced en la gracia y el conocimiento de nuestro Señor y Salvador Jesucristo. A él sea gloria ahora y hasta el día de la eternidad. Amén".

APÉNDICE I

LAS FIESTAS DE LOS JUDÍOS

Celebraciones post-mosaicas
PURIM y HANUKKAH

Hay varias festividades que se agregan a las vistas en Levítico 23, y que hoy en día se celebran en el pueblo de Israel en su tierra y en las naciones donde están los judíos. Su calendario incluye días de ayuno y festividades menores, nacionales, populares, más que religiosas.

En los últimos años se han introducido nuevas fiestas en el calendario:

- La declaración de la independencia israelí, (Yom *HaAtz-maút)*, el quinto día del mes de *Iyar*, que corresponde a parte de nuestro mes de abril y parte de mayo.
- Un día de recuerdo por las víctimas del holocausto nazi *(Yom HaShoá)*, una semana antes.
- El *Yom HaZicarón*, o Día de Recordación de los Soldados Caídos, los israelíes que han muerto en ataques terroristas, además de los soldados que murieron en la defensa de su tierra.

Estas fechas se observan particularmente en Israel. Otras establecidas anteriormente son: el 15 de Shevat, el día de plantación de árboles, o el 18 de *Iyyar (Lag Ba-Omer)*, día de hogueras y picnics.

Solo nos detendremos en las dos más importante: la de *Purim,* o fiesta de la Suerte y *Hanukkah,* o fiesta de la Dedicación o de las Luces.

La Fiesta de PURIM

Ester 9.16 En cuanto a los otros judíos que estaban en las provincias del rey, también se juntaron y se pusieron en defensa de su vida, y descansaron de sus enemigos, y mataron de sus contrarios a setenta y cinco mil; pero no tocaron sus bienes.

17. Esto fue en el día trece del mes de Adar, y reposaron en el día catorce del mismo, y lo hicieron día de banquete y de alegría.

18. Pero los judíos que estaban en Susa se juntaron el día trece y el catorce del mismo mes, y el quince del mismo reposaron y lo hicieron día de banquete y de regocijo.

19. Por tanto, los judíos aldeanos que habitan en las villas sin muro hacen a los catorce del mes de Adar el día de alegría y de banquete, un día de regocijo, y para enviar porciones cada uno a su vecino.

20. Y escribió Mardoqueo estas cosas, y envió cartas a todos los judíos que estaban en todas las provincias del rey Asuero, cercanos y distantes,

21. ordenándoles que celebrasen el día decimocuarto del mes de Adar, y el decimoquinto del mismo, cada año,

22. como días en que los judíos tuvieron paz de sus enemigos, y como el mes que de tristeza se les cambió en alegría, y de luto en día bueno; que los hiciesen días de banquete y de gozo, y para enviar porciones cada uno a su vecino, y dádivas a los pobres.

23. Y los judíos aceptaron hacer, según habían comenzado, lo que les escribió Mardoqueo.

24. Porque Amán hijo de Hamedata agagueo, enemigo de todos los judíos, había ideado contra los judíos un plan para destruirlos, y había echado Pur, que quiere decir suerte, para consumirlos y acabar con ellos.

25. *Mas cuando Ester vino a la presencia del rey, él ordenó por carta que el perverso designio que aquél trazó contra los judíos recayera sobre su cabeza; y que colgaran a él y a sus hijos en la horca.*

26. *Por esto llamaron a estos días Purim, por el nombre Pur. Y debido a las palabras de esta carta, y por lo que ellos vieron sobre esto, y lo que llevó a su conocimiento,*

27. *los judíos establecieron y tomaron sobre sí, sobre su descendencia y sobre todos los allegados a ellos, que no dejarían de celebrar estos dos días según está escrito tocante a ellos, conforme a su tiempo cada año;*

28. *y que estos días serían recordados y celebrados por todas las generaciones, familias, provincias y ciudades; que estos días de Purim no dejarían de ser guardados por los judíos, y que su descendencia jamás dejaría de recordarlos.*

29. *Y la reina Ester hija de Abihail, y Mardoqueo el judío, suscribieron con plena autoridad esta segunda carta referente a Purim.*

30. *Y fueron enviadas cartas a todos los judíos, a las ciento veintisiete provincias del rey Asuero, con palabras de paz y de verdad,*

31. *para confirmar estos días de Purim en sus tiempos señalados, según les había ordenado Mardoqueo el judío y la reina Ester, y según ellos habían tomado sobre sí y sobre su descendencia, para conmemorar el fin de los ayunos y de su clamor.*

32. *Y el mandamiento de Ester confirmó estas celebraciones acerca de Purim, y esto fue registrado en un libro.*

Hay un libro en la Biblia que no contiene el nombre de Dios ni una sola vez. Parece paradójico, porque si hay alguien que se ve actuar a través de todo su contenido es Dios mismo. Además, se cumple lo dicho por Isaías en 45.15: *"Tú, verdaderamente, eres Dios que te encubres, Dios de Israel, que salvas".*

La fiesta de Purim, también llamada "la fiesta de las suertes" *(purim:* plural de *pur,* suerte, en asirio, Est. 9.26) tiene su origen en el Imperio Persa, bajo el reinado de Asuero (mejor "el Asuero", que es un título más que un nombre), o Jerjes I (486 -465 a.C.) en la época de la reina Ester, y celebra, al comienzo del año calendario, la liberación del dominio de ese imperio, en el cual estaban a causa de la deportación de Judá bajo Nabucodonosor. Media y Persia era el imperio que sucedió al babilónico en aquella sucesión de imperios dominantes de Israel de "los tiempos de los gentiles" (Lc. 21.24).

Aún se celebra anualmente y se le conoce también como "la fiesta de Ester" y también, según el libro apócrifo de 2 Macabeos 15.36, se le llama "el día de Mardoqueo", recordando la acción de este primo de Ester que posibilitó la preservación del pueblo de Israel, frustrando el plan del malvado Amán y sus propósitos de exterminarlo. De acuerdo con Ester 9.17-19, se conmemora el 14 y 15 del mes de Adar, que es el último mes del año, correspondiendo aproximadamente a nuestro marzo. El día 13 había sido determinado por Amán para urdir un complot en contra de los judíos y aniquilarlos. Dios, cuyo nombre no se menciona en todo el libro de Ester, pero cuya acción es evidente, guio a estos dos valientes judíos para la preservación del pueblo que, años antes, y después de setenta años de exilio, había recibido el permiso de volver a su tierra, guiados por Zorobabel, bajo el decreto de Ciro persa (536 a.C.).

Esta fiesta es posiblemente la que se menciona en Juan 5.1, "la fiesta de los judíos", que Jesús presenció en la ciudad de Jerusalén, oportunidad en que sanó al paralítico del estanque de Bethesda.

La fiesta comienza con un día de ayuno, el 13 de Adar. En los días 14 y 15 se lee en público en las sinagogas el libro de Ester, o el *Megillah* (rollo). Eran días festivos, recordando la milagrosa liberación del pueblo judío.

Dios está en control de todo y cada uno de aquellos que confiamos en él sabemos ciertamente que Él obra según Su voluntad y Sus propósitos en cielos y tierra. Y en cada uno de nosotros.

De maneras misteriosas suele Dios aún obrar,
Y así sus maravillas por los suyos efectuar.
Él cabalga sobre nubes, y los vientos y tempestad
Son sus siervos enviados para hacer su voluntad.

Sus propósitos perfectos a su tiempo cumplirá,
Y lo que es ahora amargo, dulce fruto llevará.
La incredulidad es ciega, pues no mira más allá;
A la fe Dios se revela, todo nos aclarará.

HANUKKÁH

La fiesta de la Dedicación o Fiesta de las luces
Juan 10.22-23 Se celebraba en Jerusalén la fiesta de la dedicación.
Era invierno, y Jesús andaba en el templo por el pórtico de Salomón.
La única mención de esta fiesta es la que señalamos en el Evangelio de Juan. Su nombre significa "la dedicación" (del altar), y aparece su historia en otro libro apócrifo: 1 Macabeos 4.52-59. Es un festival que se celebraba —y aún se celebra— en el día 25 del mes de Kislev, aproximadamente coincidiendo con nuestro mes de Diciembre. Por lo tanto es muy cercana a nuestra Navidad.

Fue instituida por Judas Macabeo en el año 164 a.C., al obtener la independencia del poder greco-sirio. Desde el año 169 a.C. el general Antíoco Epífanes (175-163 a.C.), uno de los descendientes del imperio griego, después de la muerte de Alejandro Magno, y que tenía a su cargo la provincia de Siria que incluía el territorio de Israel, había dominado el pueblo del pacto, cometiendo una serie de profanaciones, particularmente en el Templo, levantando una estatua del dios pagano Júpiter y sacrificando en su honor y en abierto sacrilegio, una cerda —animal inmundo para Israel— en el altar de bronce. La patriótica intervención de los Macabeos logró la emancipación del yugo pagano de los Seléucidas, restaurando y re-dedicando el Templo, el altar mancillado y el culto al Dios verdadero.

Durante la fiesta, que se extendía por ocho días, se cantaba el "Hallel" (Salmos 113 a 118), portando ramas de palmera y otros árboles y se iluminaban en forma especial el Templo y las casas. De ahí el nombre de "fiesta de las luces". Este nombre deriva del milagro que, dice la tradición, se produjo al multiplicarse el aceite para encender el candelero que solo duraba para un día, hasta alcanzar a usarse durante ocho días.

En memoria de este evento, durante la fiesta de *Hanukkáh* o de las luces, en cada casa, cada día se enciende una vela más, hasta llegar a las ocho en el día octavo.

APÉNDICE II

LAS FIESTAS EN LA ACTUALIDAD

Las Festividades Judías en la actualidad se pueden agrupar en:

- Las de origen bíblico.
- Las de origen talmúdico.
- Las que se celebran luego de la creación del Estado de Israel.

Festividades de origen bíblico.

El sábado *(Shabat)*. El séptimo día de la semana judía, debe celebrarse con total abstención de trabajo, con meditación y oración. Comienza cada viernes con la puesta del sol y concluye después del anochecer el sábado.

El **Shabat,** incluido entre los "diez mandamientos" de la *Torá,* representa una señal del pacto conmemorado entre Dios y el pueblo judío.

Las fiestas de Peregrinación *(shalosh regalim)*. Las tres fiestas principales, llamadas "fiestas solemnes", que requerían la presencia de todo israelita en el santuario de Dios para celebrarlas, eran: la

Pascua *(Pesaj)*, la de Pentecostés *(Shavuot)* y la de los Tabernáculos o cabañas *(Sucot)*. Así lo dispone la ley divina en Deuteronomio 16.16-17: *"Tres veces cada año aparecerá todo varón tuyo delante de Jehová tu Dios en el lugar que él escogiere: en la fiesta solemne de los panes sin levadura, y en la fiesta solemne de las semanas, y en la fiesta solemne de los tabernáculos. Y ninguno se presentará delante de Jehová con las manos vacías; cada uno con la ofrenda de su mano, conforme a la bendición que Jehová tu Dios te hubiere dado".*

La Pascua *(Pesaj)* es la fiesta de la primavera y conmemora la salida de Egipto y la libertad del pueblo de Israel de su esclavitud, es decir su libertad física.

La de Pentecostés *(Shavuot)*, que cae exactamente siete semanas después del segundo día de la *Pesaj*, es la fiesta de la presentación de la primera cosecha[1] y recuerda la entrega de la revelación divina de ley (la *Torá)* desde el monte Sinaí *(Zeman Matan Toraténu)*. Significa la libertad espiritual de la nación.

La fiesta de las Cabañas *(Sucot)*, se celebra en la época de la cosecha final realizada en la tierra prometida. Así que es la unión de ambas libertades: material y espiritual.

En el fin del *Sucot*, se celebra el octavo día (abarcando también el noveno día) y se le llama: *Sheminí Atzéret*. Con él se completa el ciclo anual de la lectura semanal de la Torá, así que se le conoce también como *Simját Torá*, "el regocijo de la Torá". Dice un párrafo de un artículo de la Escuela hebrea Jaim Najman Bialik:

"En las comunidades Ashkenazíes no jasídicas se acostumbra a estudiar algún tema del *Talmud, Halajá o Midrash* a discreción de de cada persona. En el servicio matutino se leen las *Akdamut* (poesía litúrgica sobre la entrega de la Torá) y el libro de Ruth.

En las comunidades sefarditas se leen las *Azharot* (poesía litúrgica sobre los 613 mandamientos de la Torá) en vez de los *Akdamut*".[2]

---

[1] Es la época del año en la que, en el hemisferio norte en general, y en Israel, en particular, se recogen los primeros frutos.

[2] Tomado de Escuela Jaim Najman Bialik.

En la comida festiva se comen lácteos acompañados por siete especias. La razón es que la *Torá*, cuya entrega se celebra en *Shavuot* (Pentecostés) "es como leche y miel, buena, nutritiva y accesible; tal como lo es la Tierra Prometida".

La palabra *jalav*, leche en hebreo, esta compuesta por tres letras, cuyos valores numéricos sumados da exactamente cuarenta. Ese es el número de días que Moisés estuvo sobre el monte de Sinaí recibiendo la revelación divina para transmitir al pueblo. Así se entiende en la numerología hebrea.

Justamente en *Shavuot* se come leche y miel para recordar la promesa divina sobre la tierra.

Los llamados días terribles *(Iamim Noraím)*. Estas festividades son: la fiesta de las Trompetas (el año nuevo, o *Rosh Hashanáh)*, y el día de la Expiación o del Perdón *(Iom Kippur)*.

Rosh Hashanáh: (sign. "cabeza del año"). Es el Año Nuevo espiritual judío y se celebra el primero y el segundo día de Tishrí (primer mes del calendario hebreo, entre nuestro septiembre y octubre). Es el primer mes de acuerdo a la tradición judía, considerándolo como el mes en que Dios creó el mundo y el comienzo de los años del calendario hebreo. En este día, según la tradición, Dios creó a Adán, el primer hombre.

Durante la festividad del *Rosh Hashanáh* es costumbre de participar de distintos alimentos como símbolos de deseos para el año nuevo. Por ejemplo manzanas con miel o azúcar para simbolizar un año dulce.

En esta festividad también se oye sonar el cuerno de carnero o *shofar*. Durante la tarde del primer día se realiza la ceremonia del *tashlij*, yendo a un caudal de agua, un río o bien un recipiente con ella, y simbolizando el abandono de los pecados. También se recita una oración especial alusiva a esta festividad.

Iom Kippur. El día de la expiación o del perdón es considerado el día más santo y solemne del calendario. Es un día de arrepentimiento y contrición para obtener perdón y reconciliación con Dios.

Se celebra con un ayuno total de comida, bebida, las relaciones conyugales y el arreglo personal. El ayuno comienza con la caída del sol, y concluye al anochecer del día siguiente.

Festividades talmúdicas.

Purim. Cada 14 del mes de Adar (sexto mes del calendario judío, entre nuestros febrero-marzo) celebra el milagro de salvación del pueblo judío, bajo el imperio de Asuero (el rey persa identificado como Jerjes I), alrededor del 450 a.C., y de acuerdo al relato del libro de Ester.

Hanuka o Janucá. Este término hebreo significa "inauguración" ó "dedicación". Es llamada "la fiesta de la dedicación" o "la fiesta de las luces". Se celebra durante ocho días a partir del día 25 del mes judío de *kislev* o *kisleu* (el tercer mes del calendario hebreo, entre noviembre y diciembre de nuestro calendario).

En esta fiesta se recuerda la gesta de los Macabeos contra los edictos helénicos de Antíoco Epífanes, la recuperación de la independencia judía, la posterior purificación del Templo de Jerusalén de los ídolos paganos y el milagro de la *Menorá*, el candelabro de siete brazos del Templo de Jerusalén, que se mantuvo prendido durante ocho días consecutivos con una mínima cantidad de aceite para el alumbrado.

Festividades que conmemoran distintos acontecimientos con posterioridad a la creación del Estado de Israel.

Iom Ha 'atzmaut: Día de la declaración de la independencia del Estado de Israel, ocurrida el 14 de mayo de 1948, cuando David Ben Gurión declaró el fin del mandato británico. Se celebra anualmente el 5 del mes de Iyar (octavo mes del calendario judío, entre nuestros abril y mayo), precedido por el *Yom Ha 'zikarón*.

Iom Ha'sho'ah: Día de recuerdo de las víctimas del holocausto *(shoá)* genocida perpetrado por el nazismo durante la segunda guerra mundial. Se celebra el 27 de Nisán (27 de enero) de cada año, o el 27 de abril, si es fuera de Israel, y que corresponde a la fecha del levantamiento del *ghetto* de Varsovia. Se formó una institución *ad hoc*, el *Yad Vashem* o Memorial de los Mártires, inspirada en Isaías 56.5: *"Yo les daré lugar en mi casa y dentro de mis muros, y nombre mejor que el de hijos e hijas; nombre perpetuo les daré, que nunca perecerá"*.

Iom Ha'zikaron: Día del recuerdo de los soldados muertos de Israel y de las víctimas del terrorismo. Se celebra el 4 del mes de Iyar, es decir, un día antes de la festividad del *Iom Ha'atzmaut*.

Otras festividades

Quince de Av: Celebración con antorchas cuyo antecedente pertenece a la época intertestamentaria, y corresponde al comienzo de la vendimia en Tierra Santa. Se sostiene que en ese tiempo cesó la mortandad de israelitas en el desierto (Nm. 14.32). También se permitió el matrimonio entre las tribus de Israel (cf. Nm. 36.5-12). Además, y, entre otros acontecimientos que se recuerdan, los benjamitas fueron aceptados en la comunidad de la nación (Jue. 21.15-23).

Lag Ba'omer: El día 33° del conteo de los *omer* (periodo entre el segundo día de la Pascua y el día de Pentecostés). La tradición dice que ese día comenzó a caer maná del cielo. Es una fiesta en la cual se cancelan todas aquellas restricciones que se imponen en ese periodo. Entre otras cosas, se permite celebrar matrimonios.

Tu bi shevat: Es el "Año nuevo de los árboles", y se celebra el 15 de Shevat (entre nuestro enero y febrero). En ese día comenzaba la dedicación de las primicias, los diezmos de los frutos. En este día se celebra comiendo frutas, plantando árboles, y todo en medio de gran alegría.

APÉNDICE III

CALENDARIOS JUDÍOS

MES JUDÍO	NUESTRO MES	NÚMERO DE DÍAS	MES CALENDARIO CIVIL	MES EN CALENDARIO SAGRADO
TISHRI	SEP-OCT	30	1	7
JESHVAN	OCT-NOV	29 - 30	2	8
KISLEU	NOV-DIC	29 - 30	3	9
TEVET	DIC-ENE	29	4	10
SHEVAT	ENE-FEB	30	5	11
ADAR	FEB-MAR	29-30	6	12
NISAN	MAR-ABR	30	7	1
IYAR	ABR-MAY	29	8	2
SIVAN	MAY-JUN	30	9	3
TAMUZ	JUN-JUL	29	10	4
AV	JUL-AGO	30	11	5
ELUL	AGO-SEP	29	12	6

Calendario civil: el calendario oficial político, de nacimientos, comercial, etc.

Calendario sagrado: el calendario para las fiestas.

APÉNDICE IV

ESQUEMA DE LAS FIESTAS DE PRIMAVERA Y OTOÑO

	Fiestas de Primavera					Fiestas de Otoño			
Nombre de la fiesta	Pascua (Pesaj) 14 de Nisán	Panes sin levadura (Hag Ha Matzah) 15 al 21 de Nisán	Primicias (Hag Habikkurim) 16 de Nisán	Semanas o Pentecostés (Hag HaShavuot) 6 de Siván	Suertes (Purim) 14 de Adar	Trompetas (Rosh HaShanah) 1 de Tisri	Expiación (Yom Kippur) 10 de Tishri	Tabernáculos (Sukkot) 15 al 21 de Tishri	Luces (Hanukah) 25 de Kisleu
Principales fiestas	Fiesta de peregrinación		Fiesta de peregrinación	Fiesta de peregrinación				Fiesta de peregrinación	
Qué se celebra	Cena del cordero pascual	Comer panes sin levadura	Primeras espigas de cebada	Se celebra la cosecha de trigo	Celebra la victoria de Ester	Se toca el shofar. Año nuevo	Día de la expiación o del perdón	Se habita en cabañas 7 días	Se enciende la menorah 8 noches
En el Antiguo Testamento	Día de castigo para Egipto y liberación para Israel	Los panes sin levadura que se comieron al salir de Egipto	Cuando entraron en la tierra prometida dieron lo primero a Dios	Cuando Dios dio la Ley (la Torá) a Moisés	Libro de Ester. Una historia de la salvación de los judíos	Días de reflexión y arrepentimiento antes del día de la expiación	El día más solemne cuando se hacía la expiación por el pueblo	Recordaba la provisión de Dios en el desierto 40 años	Libro de Macabeos. Restauración del Templo, el altar y el culto.
En el Nuevo Testamento	Jesús es el verdadero cordero de Pascua.	Jesús es sin levadura (pecado).	Jesucristo, primicias de la resurrección	La venida del Espíritu Santo y el comienzo de la iglesia del Señor	Milagro de la salvación del pueblo judío	Reunión final en la venida de Jesús por los suyos	El remanente de Israel reconoce a su Mesías y es perdonado	El reino milenial de Jesucristo	"La fiesta de la dedicación"
Lección para el creyente en Cristo	Fiesta de Redención	Fiesta de santidad	Fiesta de Consagración	Fiesta de Plenitud		Fiesta de encuentro	Fiesta de aflicción y perdón	Fiesta de gozosa esperanza	

APÉNDICE V

LAS FIESTAS DEL SEÑOR. SU PROYECCIÓN PROFÉTICA

LAS FIESTAS DEL SEÑOR (LEVÍTICO 23) – SU PROYECCIÓN PROFÉTICA

Cumplido por Jesucristo en su 1ª Venida (Hebreos 9.24-26)				A cumplirse por Jesucristo en su 2ª Venida (Hebreos 9.28)		
La Pascua	**Los Panes sin Levadura**	**Primicias**	**Pentecostés**	**Trompetas**	**Día de la Expiación**	**Tabernáculos**
Israel Liberación de la esclavitud.	**Israel** Celebración con panes sin levadura.	**Israel** Presentación de las primicias de la cosecha.	**Israel** Agradecimiento por la bendición de las cosechas. Entrega de la Ley	**Israel** Llamado final de Israel. El remanente fiel.	**Israel** Aceptación del Mesías, arrepentimiento y perdón del Señor.	**Israel** Instalación del pueblo en la tierra prometida. El milenio.
Iglesia Liberación de la esclavitud espiritual por Cristo, nuestra Pascua.	**Iglesia** Vida de santidad, echando fuera todo signo de corrupción de pecado.	**Iglesia** La resurrección del Señor, primicias de los que durmieron. Vida de resurrección espiritual del creyente.	**Iglesia** Descenso del Espíritu Santo. Comienzo de la Iglesia. La cosecha espiritual.			
		40 días entre la Resurrección de Cristo y su ascensión. 10 días más hasta el descenso del Espíritu Santo.	**Tiempo de la iglesia** Venida de Cristo en las nubes. Rapto de la Iglesia.			
Aplicación para Israel y la Iglesia				Aplicación solo para el pueblo de Israel		

APÉNDICE VI

LA FIESTA DE LA PASCUA EN LA ACTUALIDAD

(Incluimos este texto por la importancia de la celebración de esta fiesta que aún se estila en todo lugar donde existe la comunidad judía. Es tomado del libro "La esperanza de Israel" del Dr. Fernando D. Saraví, CLIE, 1994, pgs. 193-197).

"Es un festival de una semana de duración; los días primero y séptimo son *yom tov,* días de reposo solemne. Se los conoce en la Biblia como *jag ha-Pesaj* y *jag ha-Matzot,* respectivamente Fiesta de la Pascua y Fiesta de los Panes Ázimos (sin levadura): Éx. 12.23; 23.15, etc. También se la conoce como *Zemen Jerutum* o Fiesta de la Liberación, porque recuerda la liberación del pueblo israelita de la esclavitud egipcia."

"La celebración constaba de dos partes. La primera era el sacrificio del cordero pascual en la víspera (14 de Nisán) y su comida ritual, que recuerda la protección de los primogénitos hebreos cuando el Ángel de la Muerte "pasó por alto" *(pésaj)* las casas en cuyas puertas estaba la sangre del cordero. La segunda era la salida apresurada de los israelitas del terriorio egipcio, que no dio tiempo a leudar el pan. La festividad fue así instituida por Dios como un recordatorio permanente de la liberación del yugo egipcio. Tras la destrucción del segundo Templo el sacrificio del cordero pascual dejó de realizarse, pero el resto de la celebración perdura básicamente hasta hoy."

"La ceremonia especial hogareña o comunitaria que se cumple en el primer día se conoce como *Séder Pésaj* u Orden de la Pascua. Es precedida por la búsqueda y eliminación de todo rastro de levadura en la casa, durante la víspera *(bedikat jametz)*. La vajilla que se emplea debe estar absolutamente libre de todo resto de levadura; el Talmud da instrucciones precisas sobre el procedimiento requerido. Muchos judíos, empero, tienen una vajilla reservada exclusivamente para el Séder Pésaj. El Séder se basa en el mandato bíblico: "En aquel día harás saber a tu hijo: Esto es con motivo de lo que hizo conmigo Y ahvéh cuando salí de Egipto... Guardarás este precepto, año por año, en el tiempo debido" (Éx. 13.8, 10)."

"La ceremonia del Séder actualmente en uso data del medioevo. En la mesa, cubierta por un mantel de lino blanco, se disponen tres panes ázimos, envueltos en una bolsa de lino; recuerdan a Abraham, Isaac y Jacob. En un plato se coloca un huevo duro y un hueso de cordero, en recuerdo del sacrificio pascual. Un recipiente con agua salada es símbolo de las lágrimas israelitas y del cruce del mar Rojo; unas "hierbas amargas" *(maror)*, generalmente lechuga, rábano, etc. recuerdan la amargura de la esclavitud y también el hisopo empleado para untar con sangre las jambas y los dinteles; una pasta marrón hecha con manzanas, almendras y vino, llamada *jaroset*, barro, recuerda la argamasa empleada por los judíos durante su esclavitud (y sirve además para endulzar las hierbas amargas). Hay también un recipiente para lavarse las manos, dos velas y una menorá. Se disponen cuatro copas de vino, que han de compartirse y recuerdan las promesas divinas de Éxodo 6.6-8:

- La copa de la santificación; "Y o os libertaré de los duros trabajos de los egipcios".

- La copa de liberación[1]: "Os libraré de la esclavitud".
- La copa de la redención; "Os salvaré con brazo tenso y castigos grandes (contra los opresores)".
- La copa del Pacto, o de la alabanza: "Yo os haré mi pueblo, y seré vuestro Dios".

"También se acostumbra disponer una quinta copa, llamada Copa de Elías, que puede corresponder a la quinta promesa: "Os introduciré en la tierra que he jurado dar a Abraham, Isaac y Jacob, y os la daré en herencia" (Éx. 6.8)."

"Esta quinta copa también señala la esperanza en la venida del Mesías, de quien Elías sería el precursor (Mal. 3. 23): "La reflexión en la liberación del pasado despierta la esperanza de la redención final". El Séder, u orden de la celebración es como sigue:

1. *Jadelaket.* La esposa se cubre los ojos, enciende las velas y recita la oración.
2. *Kadesh,* o santificación; el padre pronuncia la bendición sobre la primera copa de vino, y Dios es alabado por haberle dado las festividades a Israel.
3. *Rejatz,* lavado de manos de carácter ritual.
4. *Karpaso Verdes;* las hierbas se sumergen en agua salada y se ingieren.
5. *Yajatz* o división. El pan ázimo del medio se parte en dos, y una de las mitades es escondida. Es el *afikomen* o "postre", que se come al final de la celebración, como recuerdo del cordero pascual cuyo sabor debía perdurar en la boca. Se acostumbra que los niños busquen el afikomen y quien lo halla gana una recompensa.
6. *Mishpat,* se comparte la segunda copa de vino, no sin antes derramar diez gotas, una por cada una de las plagas de Egipto.
7. *Maggid* o recitación. En la narración del Éxodo, o *agadá.* La Mishná establece que los niños hagan preguntas sobre el

---

[1] Algunos llaman a la segunda copa: la de la alabanza, y la cuarta, la del Hallel.

significado de la cena, las cuales son respondidas "según la inteligencia del hijo". Se canta un himno de acción de gracias y se leen los salmos 113 y 114.

8. *Motzi* o presentación; se agradece a Dios por el pan.

9. *Matzá*, ázimo; se comen los panes sin levadura *(matzot)*, excepto el afikomen.

10. *Maror*, hierbas amargas; se ingieren en esta parte, junto con el jaroset.

11. *Korej*, ligadura: se hace un emparedado con ázimos, hierbas amargas y jaroset. "Es un recordatorio de la práctica de Hillel en el tiempo del Templo, basada en el versículo: "Comerán (el cordero) con pan ázimo y hierbas amargas" (Nm. 9.11)".

12. *Shuljan Aruj* o mesa servida. Aquí se come el plato principal; antes de la destrucción del Templo, correspondía al cordero pascual.

13. *Tzafun*, escondido; se busca y se come el afikomen.[2]

14. *Barej*, bendición, o acción de gracias efectuada tras la comida.

15. *Hallel*, alabanza (de donde viene la palabra Aleluya). Se recitan los salmos 115-118. Según la Mishná, en el tiempo del Templo estos salmos se entonaban durante el sacrificio pascual.

16. *Nirtzá*, o aceptación."

"Se acostumbra luego bendecir la quinta y última copa, la de Elías. Se deja una silla vacía y la puerta de la casa abierta, por si viene Elías; así se muestra que esa es una noche de esperanza, en la cual Israel nada teme. Se observa si no baja el nivel de la quinta copa, lo cual sería evidencia de la presencia de Elías. Una dama judía me contó que a veces los padres derraman algo del vino de esta copa sin que los niños los vean, a modo de juego". "La ceremonia concluye con la esperanza de redención manifestada con las palabras *Leshana*

---

[2] Incluimos el comentario de Alfredo Soria en su libro "Siete fiestas y una cena", Ed. Sembrar, pg. 33: *"Tzafún* (oculto). Se busca el *Afikomen* (pedazo de *Matzát* escondido) y se comparte como si fuera un postre entre los presentes. Es obligatorio comer un pequeño trozo de *Matzát* porque representa el cordero Pascual (como en la Cena del Señor) que hoy no se puede sacrificar porque no existe el templo".

habba Yirushalaim, "El año que viene (celebraremos la Pascua) en Jerusalén".

"El oficio se repite el séptimo día (el octavo en la Diáspora). Algunas comunidades han incorporado oraciones por las víctimas de los nazis, por los judíos de Rusia, y en agradecimiento por la creación del Estado de Israel."

"En la sinagoga hay servicios especiales, con plegarias características. El primero y el séptimo días se recita el Hallel completo (Sal. 113-118), y el resto de los días el "Medio Hallel" (Sal. 115-118). En el rito ashkenazi, se lee el Cantar de los Cantares en el sábado de la Pascua. En la liturgia, la Pascua se denomina "el periodo de nuestra libertad": *Jerut,* libertad, es en efecto la nota dominante de la Pascua"."

GLOSARIO DE TÉRMINOS

Adar: mes que corresponde a periodo entre febrero o marzo.

Adar Bet o *Adar Shení:* en los años bisiestos, el mes de Adar cambia su nombre por Adar Bet (bis), y pasa de duodécimo mes a décimotercero, intercalándose entre este mes y el anterior, Shevat, un nuevo mes de 30 días.

Afikomen: lo que viene al final; el pan de la Pascua que se come durante el *séder* (ritual de comida de la Pascua).

Akdamut: poesía litúrgica sobre la entrega de la Torá.

Artos: (gr.) pan con levadura.

Ashkenazí: rama del judaísmo desarrollada en el norte y este de Europa.

Atséret: conclusión de las fiestas.

Av: llamado también *Menajém Av:* mes que corresponde a periodo entre julio o agosto.

Azazel: algunos interpretan ese nombre como una mención a Satanás, pero probablemente sea una palabra compuesta por dos: *as* (cabra), y *azel* ("llevar", "quitar", "sacar", "exiliar", "echar a un lado", "poner a un lado", "remover algo completamente").

Azymos: pan sin levadura.

Bedikat Jametz: el rito de búsqueda de levadura antes de la Pascua.

Bekor: primogénito.

Bikkurim. Hag HaBikkurim o Jag Habicurim: Fiesta de las Primicias, o los primeros frutos de la cosecha de cebada.

Chag: festival, traducida como "fiesta solemne".

Chag ha atzereth: o simplemente, *atzereth:* "la fiesta de la conclusión".

Didakhé o Didaché: (gr.) es un término griego que significa enseñanza.

'el millu lm: la consagración de los sacerdotes.

Elul: mes que corresponde a periodo entre agosto o septiembre. *Hagadá:* el servicio del *séder.*

Hag Hacatsir: fiesta de la cosecha. En la tierra de Israel, esta es la época de la cosecha, especialmente la del trigo.

Hallel: "alabanza", Salmos 113 a 118 (de este término proviene "Aleluya", o "alabad a Jehová"; el gran *Hallel:* Salmo 136.

Hanukkah: fiesta de la dedicación, o fiesta de las luces. Se celebra durante ocho días a partir del día 25 del mes judío de *kislev* o *kisleu.* Se recuerda la gesta de los Macabeos contra los edictos de Antíoco Epífanes, la recuperación de la independencia judía y la purificación del Templo de Jerusalén.

Hosanna: "Oh Jehová, sálvanos ahora, te ruego".

Huppah: pequeña pérgola adornada, usada para las celebraciones de las bodas judías, debajo de la cual se sitúan los novios, simbolizando su futuro hogar.

Iamim noraim: "días terribles". Periodo que transcurre entre el *Rosh Hashanah* —año nuevo judío— y el día de la expiación, o del perdón *(Yom Kippur).*

Iom Haatzmaut: día de la independencia del Estado de Israel.

Iom Hashoá: día de recuerdo del genocidio perpetrado por los nazis durante la segunda guerra mundial.

Iom Hazikaron: día del recuerdo.

Iyar: mes que corresponde a periodo entre abril o mayo.

Jaguigá: el otro sacrificio que se ofrecía en el Templo, además del cordero de la Pascua.

Jametz: los productos que producen la levadura o fermento.

Januca (o *Hanukkah):* la fiesta de las Luminarias, o de las luces. Celebra la conquista de los Macabeos.

Jaroset: mezcla de manzanas, canela y nueces, que representan la argamasa de Egipto utilizada para la construcción de edificios o monumentos, durante la esclavitud de Israel en esa nación. Es uno de los alimentos simbólicos del *séder.*

Jasídica (judaísmo jasídico): interpretación religiosa ortodoxa y mística dentro de la religión judía que se destaca por la minuciosidad de los mandamientos que la regulan.

Jazeret: trozo o toda la raíz con gusto amargo; comúnmente es un rábano picante que acompaña la comida del *séder.*

Jehová Jireh: "Jehová proveerá".

Jeshván: llamado también *Marjeshván* —octubre o noviembre.

Kádesh: hacer limpio, consagrar, dedicar, purificar, poner aparte, hacer santo.

Kapporeth: el *propiciatorio* o la cubierta del arca del pacto, sobre la cual se hacía la expiación.

Kiporah o Kaporah: "cobertura", expiación que cubre el pecado.

Kisleu: mes que corresponde a periodo entre noviembre o diciembre.

Kódesh: consagrar, dedicar, santificar, poner aparte.

Lulav: manojo de ramas de tres árboles, palmera, mirto y sauce, y cidros usados durante la fiesta de Sukkot, o de los tabernáculos.

Matzá: "sin levadura", torta o tortilla plana sin levadura.

Midrash: método de exégesis de textos bíblicos, para facilitar la comprensión de la *Torah.*

Miqrá: una reunión pública, una asamblea, un ensayo.

Mishnah: cuerpo exegético de leyes judías compiladas por el rabino Yahuda Hanasí, hacia finales del s. II de la era cristiana, que recoge y consolida la tradición judía.

Mo'ed: Cita.

Moadim: citas, se usa para designar las "fiestas solemnes".

Nisán: mes que corresponde a periodo entre marzo o abril.

Ofrenda encendida: ofrenda que era pasada por fuego en el altar de los sacrificios.

Ofrenda mecida: aquella que era presentada con movimientos del sacerdote, para hacerla notoria delante de la presencia de Dios. Se realizaba mediante movimientos horizontales. Si fuera "ofrenda elevada", con movimientos verticales.

Omer, o la cuenta del omer: periodo entre la Pascua y el día de Pentecostés.

Omer, u hómer, o gomer: una medida de peso de granos secos, que equivale a 2,2 litros.

Pésaj: término hebreo para designar la Pascua.

Purim: fiesta que conmemora el milagro de preservación del pueblo judío en tiempos de Ester. Se le llama la fiesta de las suertes, recordando la suerte del pueblo judío, librado de su destrucción por el malvado Amán.

Rosh Jodesh: luna nueva o novilunio.

Rosh HaShanáh: año nuevo judío.

Shabbath o sabbath: sábado o día de reposo.

Shabat Shabaton: el gran día de sábado, o "el sábado de sábados".

Shalosh regalim: las tres festividades de la peregrinación (Pascua y panes sin levadura, Pentecostés y Tabernáculos).

Shavua: semana.

Shavuot o Hag HaShavuot: la fiesta de las Semanas, o —en griego— Pentecostés.

Séder: ritual de comida de la Pascua.

Sefardim: descendientes de judíos que huyeron de España y Portugal por su expulsión en 1492. Hablan el *ladino.*

Selah: silencio para meditar.

Seor: levadura.

Shekinah: la gloria divina visible en forma de nube.

Shemá: confesión hebrea de su fe en "un solo Dios". Primera palabra de Deuteronomio 6.4, de la que deriva el nombre de esa oración.

Shemini atzeret: El día final de la fiesta, el octavo día.

Shevah: número siete.

Shevat: mes que corresponde a periodo entre enero o febrero. *Shmitá':* año sabático.

Shofar: cuerno de carnero.

Shofar HaGadol: el gran shofar.

Siván: mes que corresponde a periodo entre mayo o junio.

Soleth: flor de harina; harina muy fina.

Sukká: casa precaria que se hace para habitar durante la celebración del Sukkot, la fiesta de las cabañas.

Sukkot (o *Sucot):* la fiesta de los tabernáculos o de las cabañas.

Tamuz: mes que corresponde a periodo entre junio o julio.

Tanaj: las Escrituras del Antiguo Testamento, reconocidas por los hebreos.

Tárgum: traducción de las Escrituras al arameo (siglo II era cristiana).

Tashlikh: ritual cercano a ríos u otras fuentes de agua, como simbolismo de la limpieza que supone el perdón de sus pecados.

Tevet: mes que corresponde a periodo entre diciembre o enero.

Tikun Leil Shavuot: texto místico conformado por una selección de versículos de todos los libros de la Biblia.

Tishrei o *Tishrí:* mes que corresponde a periodo entre septiembre u octubre.

Torah: la ley divina, el Pentateuco.

Vayikra: "y Él llamó", corresponde al título hebreo del libro de Levítico.

Yamim nora im: "días terribles", "días de arrepentimiento" o "días de asombro".

Yeshúa: Nombre hebreo de Jesús (expresado en griego).

Yom HaAtzmaút: la declaración de la independencia israelí, el quinto día del mes de *Iyar.*

Yom Kippur: Día de la expiación (o del perdón).

Yom Teruah: el día del sonido del *shofar,* o "el día del despertar".

Zeman Matan Toraténu: la época de la entrega de nuestra Torá. Según la tradición judía, esta es la fecha en la cual el pueblo judío recibió la *Torá* (la Ley), en el Monte Sinaí.

BIBLIOGRAFÍA

ALONSO, HORACIO A., *El Tabernáculo y el sacerdocio del creyente,* CLIE, *1990.*

————, *Jesucristo, Sumo sacerdote,* Hebrón, 1990.

BACKHOUSE, ROBERT, *Manual Portavoz del Templo Judío,* Portavoz, 1996.

BRIGHT, BILL, *Un hombre sin igual,* Unilit, 1992.

BRIGHT, JOHN, *La historia de Israel,* Editorial Española, 1969.

BROMILEY, GEOFRREY W., *The International Standard Bible Encyclopedia,* Eerdmans, 1979.

————, *Theological Dictionary of the NT -Abridged in One Volume,* W. Eerdmans Publ. Co., 1985.

BRUCE, F. F., *La Epístola a los Hebreos,* Ed. Nueva Creación, 1987.

BUKSBAZEN, VÍCTOR, *The Gospel in the Feasts of Israel,* The Friends of Israel Gospel Ministry Inc., 2004.

BULLINGER, E. W. *Cómo entender y explicar los números de la Biblia,* CLIE, 1990.

BURNETT, JAMES, *Las fiestas de Jehová,* serie de artículos en Revista Campo Misionero (agosto 2012 a mayo 2013).

CEIL & MOISHE ROSEN, *Cristo en la Pascua,* Portavoz, 2006.

CHEVALLEY, P. *(trad.)*, *Les Sept Fetes de L 'eternel; Las Siete Fiestas de Jehová*, LEC, 1960.

CHUMNEY, EDWARD, *The seven festivals of the Messiah*, Hebraic Heritage Ministries Intl., 2002.

CONNER, KEVIN J., *El Tabernáculo de Moisés*, Peniel, 2003.

DANYANS, EUGENIO, *Conociendo a Jesús en el Antiguo Testamento*, CLIE, 2008.

DE LANGE, NICHOLAS, *Atlas cultural del Pueblo Judío*, Editorial Óptima.

DEIROS, PABLO, *Historia del Cristianismo - Primeros 500 años*, Edic. del Centro, Bs. Aires, Argentina, 2005.

DOWNIE, HUGH K., *Harvest Festivals*, Gospel Folio Press, John Ritchie Ltd., 1994.

EDERSHEIM, ALFRED, *El Templo, su ministerio y servicios en tiempo de Cristo*, CLIE, 1990.

EXPÓSITO, FELIPE, *Estudio analítico a 1ª Corintios*, LEC, 2004.

FEE, GORDON, *Primera Epístola a los Corintios*, Ed. Nueva Creación, 1994.

GHIRELLO CORREA, DARCI, *As Festas Bíblicas para Israel*, Missao Brasileira Messianica, 2002.

GONZÁLEZ, JUSTO L., *Historia ilustrada del Cristianismo - T.1 La era de los mártires*, Ed. Caribe, 1978.

HALLEY, HENRY H., *Compendio Manual de la Biblia*, Ed. Moody.

HARLOW, R. E., *Levítico, el camino para entrar*, Publicaciones Cotidianas, 1985.

HASTINGS, JAMES, (ed.) *Dictionary of the Bible*, Charles Scribner's Sons, 1909.

HENRY, MATTEW, *Comentario Bíblico - Pentateuco*, 1983.

KEIL & DELITZSCH, *Commentary on the Old Testament*, Hendrickson Publishers, 1989.

KELLOGG, S. H., *Studies in Leviticus*, Kregel Publications, 1988.

LACUEVA, FRANCISCO, *Comentario Exegético Devocional "Matthew Henry"*, Ev. Mateo, CLIE, 1983.

MACARTHUR, JOHN, Biblia anotada, Grupo Nelson, 2011.

MACDONALD, WILLIAM, *Comentario al A. T.*, CLIE, 2001

MACKINTOSH, C. H., *Estudios sobre el libro del Éxodo*, Ed. Buenas Nuevas, 1960.

————, *Estudios sobre el libro de Levítico*, Editorial Buenas Nuevas, 1960.

MacLAREN, ÁLEXANDER, *Expositions of Holy Scripture*, Baker Book House, 1984.

MAER, W. Q., Edit. Evang. Bautistas, 1956.

MEYER, F. B., *Grandes hombres de la Biblia*, Vida, 1984.

MOTYER, J. Á., *Éxodo*, Andamio, 2009.

PENTECOST, DWIGT, *Una fe que perdura*, Editorial Caribe, Inc.

PÉREZ MILLOS, SAMUEL, *Comentario Exegético al Texto Griego del N. T., 1ª. y 2ª. Timoteo, Tito y Filemón*, CLIE, 2016.

POP, F. J., *Palabras Bíblicas y sus Significados*, Ed. Escatón, 1972.

ROPERO, ALFONSO, *(ed.) Gran Diccionario Enciclopédico de la Biblia*, CLIE, 2013.

ROSEN, CEIL & MOISHE, *Cristo en la Pascua*, Ed. Portavoz, 2009.

ROSWALL, SAMUEL, *El pueblo escogido de Dios: Israel*, Siembra, 2001.

SARAVÍ, FERNANDO D., *La Esperanza de Israel*, CLIE, 1994.

SCHRUPP, ERNST, *Israel y el Mesías*, LEC, 1999.

SHÜRER, EMIL, *Historia del pueblo judío en tiempos de Jesús (2 Tomos)*, Ediciones Cristiandad, 1985.

SORIA, ALFREDO, *Siete Fiestas y una Cena*, Sembrar Ediciones Cristianas, 2015.

STRONG, JAMES, *El Tabernáculo de Israel*, Ed. Portavoz, 2003.

SWINDOLL, Ch. R., *El Despertar de la Gracia*, Ed. Bethania, 1995.

TIDBALL, DEREK, *Levítico*, Andamio, 2009.

TOZER, A. W., *Los peligros de la fe superficial*, Portavoz, 2015.

TRENCHARD, ERNESTO, *1ª. Epístola a los Corintios*, Literatura Bíblica, 1980.

———— y RUIZ, A., *El libro del Éxodo*, Portavoz, 1994.

VAN RYN, AUGUST, *His Appointments*, Christian Missions Press.

VINE, W. E., Diccionario Expositivo de Palabras del Antiguo y del Nuevo Testamento, Ed. Caribe, 1999. |

WINKLER, FREDI, *Las Fiestas Judías*, Llamada de Media Noche, 2003.

ZORRILLA, HUGO, *Las Fiestas de Yavé,* La Aurora, 1988.

Varios autores sobre el tema:
J. B. Nicholson, Jr., Editor, Revista UPLOOK, Gospel Folio Press.

Varios artículos extraídos de la web:
Brimmer, Rebeca J., Puentes para la Paz, Un año en la vida de Israel.
CasaIsrael.com, El día de reposo, 2005.
————, La Pascua Judía, relación con la Santa Cena, 2005.
El Jumaah, Preparándose para el sábado.
Escuela Jaim Najman Bialik: Festividades Bíblicas.
Koniuchowsky, Moshe Joseph, Manual de primera respuesta para el creyente mesiánico, 2003.
Missao Brasileira Mesianica: As Festas Bíblicas do Senhor Jeová com Israel.
Murphy, Richard, Jesucristo, dentro de los símbolos mayores en los festivales, 2001.
————, Panorama de los festivales bíblicos, 2001.

Printed in the USA
CPSIA information can be obtained
at www.ICGtesting.com
LVHW011544140724
785402LV00007B/15